HEYNE <

Über die Autorinnen:

Nicole Basel, Jahrgang 1980, studierte Kommunikationswissenschaft sowie VWL in Münster und absolvierte anschließend die Henri-Nannen-Schule in Hamburg. Danach arbeitete sie als Redakteurin bei der *Financial Times Deutschland.* Nicole Basel ist heute freie Journalistin und lebt mit ihrem dänischen Freund in Kopenhagen.
Marike Frick, Jahrgang 1980, studierte Politik- und Kulturwissenschaft in Tübingen. Sie absolvierte die Henri-Nannen-Schule in Hamburg und arbeitet seitdem als freie Autorin. Zu ihren Auftraggebern gehören unter anderem *DIE ZEIT*, *Mare*, *Brigitte Woman* und *National Geographic.* Marike Frick lebt seit fünf Jahren in Hamburg zusammen mit ihrem spanischen Ehemann.

Nicole Basel & Marike Frick

Tapas zum Abendbrot

Wie man eine internationale
Beziehung (über-)lebt

WILHELM HEYNE VERLAG
MÜNCHEN

MIX
Papier aus verantwortungsvollen Quellen
FSC® C014496
FSC
www.fsc.org

Verlagsgruppe Random House FSC-DEU-0100
Das für dieses Buch verwendete
FSC®-zertifizierte Papier *Holmen Book Cream*
liefert Holmen Paper, Hallstavik, Schweden.

Originalausgabe 06/2012

Printed in Germany 2012
Redaktion: Alexandra Baisch
Umschlaggestaltung: Büro Überland
Satz: C. Schaber Datentechnik, Wels
Druck und Bindung: GGP Media GmbH, Pößneck

ISBN: 978-3-453-60228-1

www.heyne.de

Hinweis

Wer einen Menschen aus einem anderen Land liebt, hat viel zu erzählen: Heiteres, Ärgerliches, Überraschendes, Intimes. Gerade Letzteres muss der Bäcker von nebenan aber nicht wissen. Daher haben wir zum Schutz unserer Interviewpartner ihre Namen und teilweise auch ihre Wohnorte geändert. Damit sie ehrlich erzählen konnten, wie man eine internationale Beziehung (über-)lebt.

Nicole Basel & Marike Frick

Inhalt

Wie man in drei Sprachen spricht

(und sich trotzdem versteht)

NEUSTRELITZ, 14. AUGUST

Heute ist nicht irgendein Samstag. Es ist der Samstag vor meiner Hochzeit. Eine Woche noch habe ich Zeit, um die To-do-Liste abzuarbeiten, die vor mir auf dem Schreibtisch liegt. Eine Woche noch organisieren und vorbereiten. Eine Woche noch, ehe ich die Frau von einem Mann sein werde, der einen für Deutsche schwer auszusprechenden Nachnamen trägt, der meine Landsleute unkommunikativ und das deutsche Händeschütteln merkwürdig findet und der mich so sehr liebt, dass er trotzdem mein Ehemann sein möchte, hier in Deutschland. Dieser Mann kommt aus Spanien, genauer gesagt aus der Nähe von Barcelona, und immer, wenn er das sagt, erntet er sehr erstaunte Blicke: »Barcelona? Was machst du dann hier in Deutschland?« Kein Deutscher kann sich vorstellen, Barcelona gegen das nordisch-kühle Hamburg einzutauschen.

Roberto aber hat sogar eingewilligt, mich in Norddeutschland zu heiraten. Hier, nicht unter der Sonne Spaniens. Mittlerweile weiß ich nicht mehr, ob das eine so gute Idee war.

Die Wettervorhersage lässt sich am besten mit dem Wort »düster« beschreiben, und nach Aussage meiner Mutter ist dieser August der regnerischste, den sie je erlebt hat. »August ist gut«, hatte sie gesagt, damals, vor mehreren Monaten, »der August ist immer sehr stabil.« Von Stabilität ist in diesen Tagen aber weit und breit nichts zu sehen. Stattdessen ziehen Wolken verschiedenster Grauschattierungen über den Himmel, immer wieder regnet es, die Temperaturen stagnieren bei etwa 14 Grad. Meine romantischen Vorstellungen von einer Hochzeit am See kann ich damit wohl getrost in die Tonne kloppen.

Zugegeben, das Wetter ist derzeit gar nicht unser größtes Problem. Viel mehr Kopfzerbrechen bereiten uns die Fluglotsen. Ja, Fluglotsen.

Dass ich mich einmal so ausgiebig mit Flughafenpersonal beschäftigen würde, hätte ich noch vor zwei Wochen nicht gedacht. Damals saß ich gerade im Büro, als Roberto mich anrief und mit düsterer Stimme fragte: »Hast du schon gelesen?« Er tat das auf Englisch, genauso gut hätte es aber auch auf Spanisch oder Deutsch sein können. Denn wenn wir miteinander sprechen, wechseln wir die Sprache quasi sekündlich. Auch unsere Hochzeit wird in einem großen Sprachen-Wirrwarr enden, das war uns von Anfang an klar. Schließlich sprechen meine Eltern kein Spanisch, nur wenig Englisch – seine Eltern dagegen kein Deutsch und so gut wie gar kein Englisch. Deshalb paukt Roberto derzeit mit einer Privatlehrerin täglich zwei Stunden deutsche Vokabeln und Grammatik, als Vorbereitung auf unseren großen Tag. Schließlich wird er übersetzen müssen, hin und her zwischen Spaniern und Deutschen, den lieben langen Tag hindurch. Es soll unser ganz persönliches interkulturelles Projekt werden: 25 Spanier, 40 Deutsche und ein Fest, das drei Tage dauern wird.

Wir haben uns alles genau überlegt: Es soll spanischen Schinken geben, frisch gesäbelt von einem eigens dafür importierten Schweinebein, deutschen Weißwein, katalanischen Sekt, Rotwein aus dem Rioja, einen Paso doble als ersten Tanz, außerdem spanischen Gitarren-Pop und deutsche Klassiker. Mein Opa bereitet »La Paloma blanca« auf seinem Schifferklavier vor, meine Mutter erkundigt sich immer mal wieder nach spanischen Grundvokabeln, meine Brüder sagen seit Wochen nur noch »Qué pasa!«, wenn sie ans Telefon gehen und im Süden übt meine zukünftige Schwiegermutter bereits eifrig ihr »Guten Tag«. Die Spanier haben ihre Tickets seit Langem gebucht. Wir haben Hotelzimmer und Ferienwohnungen reserviert. Berlin-Abstecher sind in Planung. Und nun sagte mein Freund: »Ich habe dir gerade eine Mail geschickt. Klick mal auf den Link.« Die E-Mail trug den Betreff »Problems!!!«. Ich klickte. »Spanische Fluglotsen wollen zur Hochsaison streiken«, las ich. Und weiter: »Ab 15. August geht auf Spaniens Flughäfen wohl nur noch wenig: Mitten in der Reisesaison treten die Lotsen in den Ausstand. Regierung und Tourismusbranche sind verärgert.« Weiter erfuhr ich, dass die Lotsen gegen ihre Arbeitsbedingungen protestieren wollten. Und dass es durchaus auch später losgehen könne, der 15. August sei lediglich der frühestmögliche Termin.

Unsere Hochzeit sollte am 21. August stattfinden. »Problems!!!« erschien mir also keineswegs übertrieben.

»Was machen wir jetzt?«, fragte ich meinen Freund entsetzt. »Meinst du, die streiken wirklich?«

»Phhhhifff.« Roberto stieß konsterniert Luft aus. »Das weiß man nie bei denen. Wir müssen uns etwas überlegen. Wir könnten Autos mieten. Dann müssten aber alle einen Tag vorher losfahren, mindestens. VW-Busse vielleicht. So ein Mist! Warum müssen die ausgerechnet jetzt streiken?«

Wir schwiegen ratlos. 25 Tickets waren gekauft, einige der Gäste sollten erst spät am Vorabend der Hochzeit ankommen. Wenn diese Flüge nun kurz vorher abgesagt würden, kämen die Spanier nie im Leben rechtzeitig zu unserem großen Festtag an. Meine ganze perfekte Planung wäre über den Haufen geworfen! Wegen ein paar dummer, gieriger Fluglotsen.

Mittlerweile, zwei Wochen später und damit einen Tag vor dem 15. August, kündigen die Fluglotsen an, morgen würden sie wohl nicht streiken. Aber vielleicht übermorgen. Oder nächste Woche. Stündlich klicke ich mich deshalb durch die Nachrichten-Webseiten, spanische wie deutsche.

Keine Neuigkeiten seit heute Morgen.

Was habe ich mir auch dabei gedacht, ausgerechnet jemanden aus Spanien heiraten zu wollen? Die mit ihren hochkochenden Gefühlen immer! Wenn ein Spanier überzeugt ist, er sei im Recht, dann vertritt er das mit Leib und Seele. Und Spanier fühlen sich meistens im Recht.

»Immer noch nichts Neues von den blöden Fluglotsen«, schreibe ich im Skype-Chat an meine Freundin Nicole. Mit Nicole teile ich momentan alles, und Skype ist unser Lieblingsmedium. Die Erfindung, dass man über das Internet telefonieren und sich dabei sogar sehen kann, hilft nicht nur uns in Kontakt zu bleiben. Für Paare, die Tausende Kilometer voneinander entfernt wohnen, ist das eine Revolution. Eine Bekannte von mir hat beispielsweise ihren Laptop fast immer bei sich. Genau wie ihr Freund in Dubai. Die beiden sind per Liveschaltung immer über Skype verbunden: Sie frühstücken zusammen, trinken Kaffee, manchmal sehen sie sogar gemeinsam einen Film, indem sie die gleiche DVD in den Computer schieben und gleichzeitig starten. Abends gehen sie dank Skype gemeinsam ins Bett, stellen den Laptop neben sich, sagen »Gute Nacht« und lassen die Kamera die ganze

Zeit laufen – sodass sie sich gegenseitig am nächsten Morgen wecken können.

Ganz so weit geht das bei Nicole und mir natürlich nicht. Aber trotzdem fühlen wir uns so verbunden – schließlich sehen wir uns viel zu selten. Manchmal tauschen wir über den Skype-Chat nur Belanglosigkeiten aus wie: »Bin müde, und du?« Ein andermal schicke ich ihr Links zu Brautkleidern, die mir möglicherweise stehen könnten. (Dabei hängt mein Kleid längst fix und fertig auf mich zugeschnitten im Schrank.) Nicole ist genauso heiß darauf, sich Brautkleider anzusehen wie ich, sie ist Journalistin wie ich, und sie lebt mit einem Mann aus einem anderen Land zusammen – wie ich. Und doch ist sie in einer ganz anderen Situation: Sie hat für ihren Freund ihre Heimat verlassen und muss sich jetzt in einem fremden Land mit einer fremden Sprache zurechtfinden.

Es ist ein dreiviertel Jahr her, dass wir ihr Hab und Gut in einen Transporter packten und sie sich auf den Weg machte. Ihr Ziel: Eine niedliche Straße in Kopenhagen, in der ihr Freund Morten eine Wohnung für die zwei gefunden hatte. Es ist ja nur Dänemark, dachten wir beide, als sie in den Transporter stieg und den Zündschlüssel herumdrehte. Nur Dänemark? Sicher, nach China oder Mexiko auszuwandern wäre eine größere Sache gewesen. Für China oder Mexiko entscheidet man sich nicht mal eben so. Aber dass auch das Auswandern nach Dänemark so seine Tücken haben kann, glaubt kaum jemand. Nicole weiß es jetzt. Sie erzählt mir auf Skype und am Telefon immer wieder von ihren neuesten Frustrationen. Davon, dass Morten ihr dabei helfen muss, das Ticketsystem der U-Bahn zu kapieren, Formulare auszufüllen, andere Menschen zu treffen und die Anleitung auf der Backmischung zu verstehen. Und davon, wie sehr sie das manchmal ärgert. Nicole mag ihre Unabhängigkeit. Fürs Erste hat sie sich jedoch von ihr verabschieden müssen. Ja, es ist nur Dänemark. Aber letztendlich erleben alle Ähnliches, wenn sie für die Liebe in ein fremdes Land ziehen, wie groß oder klein die Entfernung auch sein mag.

Ich dagegen befinde mich in der genau entgegengesetzten Situation: Mein Freund ist für mich nach Deutschland gekommen. Ich bin diejenige, die sich um ihn kümmern muss, ihm auch mal etwas bieten will, die sich Sorgen macht, ob er hier wohl Wurzeln wird schlagen können. Nicole und ich sind beide an einem Punkt, an dem wir merken: International zu lieben, das ist nicht immer nur aufregend und wunderschön. Es ist manchmal auch aufreibend und anstrengend.

Vor mir auf dem Bildschirm leuchtet ein orangefarbenes Fenster auf. Nicole hat geantwortet.

NICOLE_IN_DENMARK: Doofe Fluglotsen. Die sollen sich mal zusammenreißen. Was macht ihr eigentlich, wenn …?

Tja, was machen wir, wenn?

Roberto hat seine Notfallpläne schon akkurat ausgearbeitet. Er hat bei Mietwagenfirmen in Spanien angerufen und seinen Freunden versichert, er würde sich an den Spritkosten beteiligen. Er hat den besten Weg nach Norddeutschland herausgesucht und auf einer Karte eingezeichnet, hat die Kilometer und die voraussichtliche Fahrtzeit ausgerechnet. Alle wissen jetzt, wann sie spätestens abfahren müssten, um pünktlich zu unserer Trauung zu erscheinen. Weil Roberto nichts dem Zufall überlässt, hat er auch mögliche Staus einkalkuliert. Für die Strecke von Berlin bis zum Haus meiner Eltern in Mecklenburg hat er eine detaillierte Wegbeschreibung verfasst.

Manchmal ist mein Freund wirklich deutscher als jeder Deutsche.

Nicht, dass das eine neue Erkenntnis wäre. Schon ganz am Anfang unserer Beziehung merkte ich: Dieser Spanier ist nicht so, wie man sich einen typischen Südländer eben vorstellt. Es war einer meiner ersten Tage in einem Stockholmer Wohnheim, ich hatte gerade mein Erasmus-Jahr in der schwedischen Hauptstadt angetreten. An diesem Tag stellte sich mir Roberto als neuer Mitbewohner vor, verstaute seine Koffer im Zimmer zwei Türen weiter, betrat die Gemeinschaftsküche und legte nach einem Blick auf Fußboden und Armaturen die Stirn in Falten. Kurz darauf sah ich ihn mit dem Wischmopp den Boden bearbeiten. Seine Erklärung: »It's not clean enough.«

Nein, es war wirklich nicht sauber in unserer Wohnheimküche. Aber bis jetzt hatte noch niemand den Enthusiasmus aufgebracht, den es braucht, um einen leicht klebrigen Fußboden und verkrustete Herdplatten zu schrubben. War ja nicht unser Dreck, wir Erasmus-Studenten waren ja gerade erst eingezogen. Wir alle fanden uns damit ab, sowohl die Deutschen als auch die Südkoreanerin und die Schweden, mit denen wir uns die Küche teilten. Und ausgerechnet der Spanier zeigte uns nun, wie Sauberkeit ging.

Und er macht das noch heute.

Damals musste ich mein erstes Vorurteil gegenüber »Südländern« revidieren. Ja, sie waren gern laut, ja, sie feierten gern – aber nein, in puncto Ordnung ließen sie fünfe nicht *gerade sein. Heute weiß ich: Der Sauberkeitstick ist ein landesweites Phänomen. Noch nie ist mir so viel Chlor begegnet wie in Spanien, noch nie eine solche Masse an Putzmitteln.*

Ich merkte aber auch schnell, dass man mit diesem Mann aus dem Süden viel Spaß haben konnte. Bald lachten wir auffällig viel miteinander, ich kokettierte, er schmeichelte, einmal legte ich beim Fernsehen spielerisch meinen Kopf auf seine Schulter, ein andermal hakte ich mich beim Gehen bei ihm ein – und dann kam der Abend auf dieser Studentenparty. Wahrscheinlich war es doch eher eine Erasmus-Party, denn mehr als die Hälfte der Feiernden kam aus Holland, Frankreich, Großbritannien oder Italien. Wir tanzten viel, tranken süßen Apfelwein, weil alle anderen Alkoholika sündhaft teuer waren, der DJ spielte ein Dirty-Dancing-Best-of, später liefen andere alte Klassiker – und Roberto und ich verringerten nach und nach den Abstand zwischen uns. Irgendwann waren da nur noch wenige Zentimeter. Als wir uns küssten, johlten und applaudierten mehrere Spanier in einer Ecke. Wir waren beobachtet worden; so war das nun mal in der Erasmus-Welt. Alles schien leicht, unkompliziert, eine Wolke der Unbeschwertheit. In diesen Wochen fanden sich viele Paare. Manchmal nur für eine Nacht, manchmal für länger. Ob es halten würde, ob es überhaupt halten könnte, darüber machte sich kaum jemand Gedanken. Es war eine andere Welt, eine kuschelige Sphäre abseits vom Alltag daheim.

Und so kam es, dass ich mich in Roberto verliebte.

Anfangs dachte ich noch, das Ganze sei nur Spaß, ein Flirt, eine Affäre. Ich würde es später beenden, dachte ich, und das sagte ich ihm auch: Es sei eine Liebelei auf Zeit, keine Beziehung. Aber dann fingen wir damit an, einmal in der Woche Salsa zu tanzen und blickten uns dabei tief in die Augen. Wir kochten abends zusammen, tranken Rotwein, erzählten viel, unternahmen Streifzüge durch die Stadt, aßen schwedischen Himbeerkuchen in kuscheligen Cafés, und schon bald sagte er mir, dass er sich sehr verliebt hätte. Als wir dann noch mit Hundeschlitten durch die Eiseskälte Nordschwedens kurvten und am Kaminfeuer Händchen hielten, war klar: Ein Flirt war das auch für mich schon längst nicht mehr.

Als Roberto einen Monat später zurück nach Barcelona ging, war er todunglücklich. Ich würde ein ganzes Jahr in Schweden bleiben, so war es seit Langem geplant. Und Roberto verbrachte von nun an viel Zeit in Flugzeugen. Viermal besuchte er mich in den folgenden Monaten, zweimal flog ich nach Barcelona. Wahrscheinlich ist es dort passiert, an einem blauhimmligen Tag unter der Sonne Spaniens, dass ich merkte: Du hast dich verliebt. Dort sagte er mir auch, dass er für mich nach Deutschland kommen würde. Heute weiß ich, dass mein Zukünftiger kein Risiko mag, dass er kein großer Abenteurer ist. Umso mehr staune ich rückblickend darüber, wie ein Mensch ohne Weiteres ein Land in Betracht ziehen kann, dessen Sprache er nicht spricht und das er, abgesehen von einer Stippvisite, noch nie gesehen hat. Mir war in dem Moment wohl nicht bewusst, was für ein riesengroßer Schritt das für Roberto war. Für mich Deutsche waren Auslandsaufenthalte ja auch etwas ganz Normales. Die meisten Spanier aber reisen deutlich weniger. Für meinen Freund bedeutete das Projekt Deutschland also ein großes Abenteuer.

Als wir dann schließlich im September gemeinsam seine Koffer packten und das Auto seiner Eltern bis obenhin vollstopften, war er aufgeregt und optimistisch. Aber auch ein wenig besorgt. Erst viel später erzählte er mir, was er in seiner ersten Nacht in Deutschland gedacht hatte: Was machst du hier bloß? Er hatte alles auf eine Karte gesetzt. Und war sich plötzlich nicht mehr sicher, ob das richtig gewesen war.

Wir hatten in Tübingen eine Dreizimmerwohnung gefunden, in der wir einen der Räume als Arbeitszimmer nutzen konnten. Dort wollte Roberto an seiner Doktorarbeit schreiben, während ich zu Ende studierte. Immer wieder würde er nach Barcelona fliegen, um in Blockseminaren an der Uni zu unterrichten. Was danach kommen würde, wussten wir nicht. Deutschland? Spanien? Ganz woanders? Wir wollten für alles offen sein. Klar würden wir das schaffen. Wir waren ein Paar wie jedes andere auch! Kulturunterschiede? Ach was, dachten wir: Spanier und Deutsche trennen doch keine Welten!

Ja, so dachten wir damals. In den Jahren darauf zogen wir erstens nach Hamburg und wurden zweitens eines Besseren belehrt.

Noch immer keine Neuigkeiten von den Fluglotsen. Aber wenigstens bin ich mit meiner To-do-Liste weitergekommen. Zufrieden streiche ich mehrere Punkte durch. Ja, ich war zur Vorbesprechung bei meiner Friseurin. Ja, ich habe einen Termin für die Maniküre ausgemacht. Ja, die Marmeladengläser für die Gastgeschenke sind angekommen. Was noch auf meiner Liste steht: Marmelade kochen, 65 Etiketten beschriften, Blumen aussuchen, Pralinen für die Kellner besorgen (kleine Bestechung vorab), Dankeskarten für die Musiker schreiben, Wegbeschreibung an den Fotografen schicken, Zimmerreservierungen überprüfen, Ohrringe und Musikequipment abholen, Wein ins Hotel bringen, letztes Vorgespräch beim Standesamt führen, Eheversprechen ausdrucken und auswendig lernen. Zwischendrin die ersten ankommenden Gäste bespaßen. Der ganz normale Hochzeitswahnsinn.

»Wie läuft's mit deiner Rede?«, schreibe ich Nicole. Ich habe sie gebeten, durch unsere Trauung zu führen – wir werden weder Pastor noch Standesbeamten dabeihaben. Keinen Pastor, weil wir beide nicht religiös sind, und keinen Beamten, weil der uns klargemacht hat, dass er nicht außerhalb seines Standesamtes traut, grundsätzlich nicht. Deshalb heiraten wir offiziell erst am Montag in eineinhalb Wochen, im

sehr kleinen Kreis. Am Samstag, zwei Tage zuvor, findet die inoffizielle große Sause statt.

Dann wollen wir uns an einem See unter altehrwürdigen Eichen das Jawort geben, in unserer ganz persönlichen Zeremonie, ohne Beamtensprech. Deshalb ist der Einsatz unserer Freunde gefragt. Nicole wird auf Deutsch moderieren, mein zukünftiger Schwager auf Spanisch, die Trauzeugen werden in beiden Sprachen einige Worte sagen, und auch wir zwei wollen zueinander sprechen, ebenfalls zweisprachig. Unsere Hochzeit wird also genauso maßgeschneidert sein wie mein Brautkleid und Robertos Anzug.

Wieder blinkt es auf dem Bildschirm.

NICOLE_IN_DENMARK: Die Rede? Geht so. Ich komme mir bestimmt blöd vor, wenn ich spreche und weiß, dass die Hälfte mich nicht versteht.

MARIKE80: Halb spanisch, halb deutsch, das ist der Deal. Ist ja auch gerecht: Jeder versteht 50 Prozent. Ist eben eine ganz besonders moderne Hochzeit! Wer im 21. Jahrhundert noch jemanden von nebenan heiratet, ist doch total von gestern.

NICOLE_IN_DENMARK: Früher konnte ich mir das ja gar nicht vorstellen, dass man mit jemandem aus Spanien oder sonst woher glücklich sein kann. Allein die Frage, wie man miteinander spricht. Als ich euch kennengelernt habe, hab ich mich gefragt, wie das geht: in einer fremden Sprache eine Beziehung führen. Da war ich echt skeptisch, das muss ich jetzt mal gestehen.

Ich grinse, klicke auf »Anrufen« und setze meine Kopfhörer auf. Es klingelt zweimal, dann höre ich Nicoles Stimme. »Na?« Sie klingt, als säße sie im Nachbarzimmer.

»Das solltest du in deine Rede schreiben«, sage ich. »Dass du einer zweisprachigen Beziehung damals keine Chance gegeben hättest.« Ich lache.

»Man lernt ja auch dazu«, sagt Nicole. »Mit Morten spreche ich schließlich jeden Tag Englisch. Ich merke das mittlerweile gar nicht mehr. Aber damals fand ich eben, dass Roberto irgendwie traurig aussah. Ein sonnenverwöhnter Spanier, gestrandet in der steifen Hamburger Brise. Der Arme. Und dann konnte er noch nicht mal in seiner Muttersprache sprechen. Da habe ich mich echt gefragt, wie man sich überhaupt nah sein kann.«

»Kann man. Jetzt weißt du's ja aus eigener Erfahrung.«

»Schon komisch«, sagt Nicole und hält kurz inne. »Vor 40, 50 Jahren wären wir Exoten gewesen. Und heute sind wir ganz normal. Erst neulich habe ich wieder ein internationales Paar auf einer Hochzeit getroffen. Und kurz danach auf einer Zugfahrt. Da war einer, der sich gerade von seiner amerikanischen Freundin getrennt hatte.«

»Gibt ja auch genug Probleme zu bewältigen in solchen Beziehungen.«

»Hey, du heiratest in einer Woche!« Nicole lacht. »Solltest du nicht optimistischer sein?«

»Bin ich doch«, beruhige ich sie. »An uns sieht man schließlich, dass es funktionieren kann! Trotz unterschiedlicher Muttersprachen.«

Nicole seufzt. »Obwohl das manchmal echt kompliziert sein kann, das mit der Sprache.«

»Ach was«, sage ich. »Wir haben es ja noch gut! Bei uns geht es schließlich hauptsächlich darum, die Worte des anderen richtig zu verstehen. Aber stell dir vor, es kommt noch die Metaebene dazu!«

»Metaebene?«

»Na ja, eben Unausgesprochenes. Habe ich dir denn noch nie von Manoj und Sonja erzählt?«

Wer Türen knallt, reicht die Scheidung ein

Rumms! Mit einem lauten Knall fällt die Tür ins Schloss. Sonja ist aus der Küche gestürmt, hat noch einmal »Mach den Scheiß doch alleine« geblafft und dann die Tür hinter sich zugeworfen. Zurück bleibt Manoj, den Kochlöffel in der rechten Hand, die Augen erschrocken geweitet. Sonja und er haben zusammen gekocht, oder, wie Sonja wohl sagen würde: Sie hat gekocht, und er hat alles besser gewusst. Wenn er ihr ständig reinredet, findet sie, dann soll er es doch selbst machen.

Doch Manoj blafft nicht zurück. Er holt seinen Koffer aus einer Ecke, legt ihn aufs Bett und beginnt Hemd für Hemd, T-Shirt für T-Shirt, seine Kleidung darin zu stapeln. Warum er das mache, fragt Sonja. Manoj schweigt. Dass er nicht so übertreiben solle, versucht Sonja es noch einmal. Doch ihr Freund will nicht reden, will ihre Entschuldigungen nicht hören, nichts ausdiskutieren. Er will zurück nach Singapur, wo er sich vor ein paar Monaten in ein Flugzeug gesetzt hat, um mit ihr zusammen sein zu können. Mehrere Monate haben sie in einem einzigen Zimmer in Sonjas Wohngemeinschaft gelebt, ausgerechnet im beschaulichen Konstanz. Singapur hat 4,8 Millionen Einwohner, Konstanz 84 000. Manoj macht das nichts, Manoj ist flexibel. Aber das jetzt, das hat ihn tödlich verletzt. Stoisch packt er weiter seinen Koffer. Sonja entschuldigt sich, redet auf ihn ein, entschuldigt sich wieder. Und fragt sich gleichzeitig, wie man nur so übersensibel sein kann. Ein kurzer Wortwechsel, ein Türknallen – und schon wird die Beziehung infrage gestellt?

Doch dann beginnt Manoj seinerseits, Fragen zu stellen. Was er getan habe, um eine so drastische Reaktion zu verdienen. Ob sie denn wirklich nichts mehr mit ihm zu tun haben wolle, nur weil sie von seiner Besserwisserei genervt sei. Sonja beginnt zu begreifen. Sie lernt an diesem missglückten Kochabend mehr über Manoj, als in all den Wochen zuvor: In seiner Kultur, so wird nach und nach klar, bedeutet ein Türknallen so viel wie: »Ich will nicht mehr mit dir zusammen sein!« Wer Türen knallt, reicht nonverbal die Scheidung ein.

»Wir mussten da beide sehr offen sein«, erzählte mir Sonja einige Jahre nach diesem ersten großen Krach. »Er musste verstehen, warum ich sein Kofferpacken nicht sofort einordnen konnte. Und ich musste einsehen, dass ich ihn aus seiner Sicht extrem unhöflich und hart behandelt hatte.« Manoj ist mittlerweile 45 Jahre alt, Sonja ist 33. Sie sind seit 13 Jahren zusammen, seit sechs Jahren auch verheiratet – und sie haben gelernt, dass Kommunikation nicht nur aus Sprache besteht. Kommunikation, dazu gehören auch kleinste Gesten, das kann ein Gesichtsausdruck sein oder ein bestimmter Tonfall.

Paare wie Manoj und Sonja gibt es mittlerweile zuhauf. Historisch gesehen sind sie natürlich nichts Neues – Ländergrenzen und Kulturen standen Amor schließlich noch nie beim Abschießen seiner Pfeile im Weg. Frauen haben sich während des Krieges in Soldaten des Feindes verliebt, Entdecker in schöne Mädchen aus fernen Ländern, Gastarbeiter in die Töchter ihrer Chefs. Aber was früher die Ausnahme war, ist heute Bestandteil jeder gut sortierten Party. Nicoles früherer Mitbewohner etwa ist mit einer Südafrikanerin verheiratet, einer ihrer Bekannten in Kopenhagen bekommt demnächst ein Kind mit einer ostafrikanischen Prinzessin, und auch in meiner eigenen Familie hat die grenzüberschreitende Liebe zugeschlagen. Denn meine Großeltern haben neun Enkel – und davon sind vier in einer internationalen Beziehung. Mein großer Bruder liebt eine Chinesin, meine Cousine einen Mann aus dem Niger, ihre Schwester einen Tunesier – und dann bin da natürlich noch ich mit meinem Spanier.

Wie funktionieren solche Beziehungen – und warum funktionieren sie manchmal auch nicht? Wie bändigt man einen wütenden Italiener, wie überlebt man den Behördenterror im Ausländeramt und wie fügt man sich in eine muslimische Großfamilie ein? Um solche Fragen und andere zu klären, haben Nicole und ich in den letzten Monaten eine Menge Paare getroffen, die in der gleichen Situation sind. Wir wissen jetzt: Es kann verdammt schwer sein, anders zu handeln als so, wie wir es für »ganz normal« halten – einfach, weil wir es schon immer so gemacht haben. Und oft ist es schwierig, überhaupt erst einmal zu benennen, was das eigentlich ist: »normal«. Schließlich ist so etwas in der eigenen Kultur nie notwendig. Weil der andere aber mit anderen Selbstverständlichkeiten groß geworden ist, fühlt er sich von unserem Verhalten oft auf den Schlips getreten – und zwar zu Recht, wie er findet. Dann denkt er: Wie kann die Freundin nur verlangen, dass er sie zu Verabredungen mit seinen Kumpels mitnimmt? Ein anderer fragt sich: Wieso beschämt die Ehefrau ihn so, indem sie sich mit einem anderen Mann allein in einem Raum aufhält? Und eine Dritte versteht nicht: Warum bezeichnet der Freund Rumschreien und Beleidigen als »ganz normales Diskutieren«?

Den anderen zu begreifen, gleicht oft einem Puzzle, das man erst nach und nach zusammenlegen kann. »Lernen durch Erfahrung« nennt man so etwas wohl.

Laut Statistischem Bundesamt betrifft das mittlerweile doppelt so viele Deutsche wie noch in den 90er-Jahren: 1,2 Millionen verheiratete internationale Paare soll es hierzulande im Jahr 2010 gegeben haben. Das machte zu diesem Zeitpunkt sieben Prozent aller Ehen aus. Nicht mitgezählt wurden dabei die vielen unverheirateten Paare, außerdem all diejenigen Deutschen, die für die Liebe ins Ausland gegangen sind.

Für unsere Generation ist es selbstverständlicher denn je, ein Auslandssemester in Rom einzulegen, ein Praktikum in Santiago de Chile zu absolvieren und während der Semesterferien Work and Travel in Australien zu machen. Billigflieger, kostenlose Internet-Telefonverbindungen via Skype und Webcams machen es uns leichter, Kontakt zu halten. In Großbritannien sind Paare wie wir sogar schon so normal geworden, dass sie in der Statistik gar nicht mehr getrennt erfasst werden. Und in Frankreich vergibt man bereits Spitznamen: arabisch-französische Paare heißen dort »Couscous-Pommes frites«, schwarz-weiße Paare »Dominos«. Die Globalisierung betrifft also nicht nur die Wirtschaft, die Finanzmärkte und die Politik. Sie hat definitiv auch die Liebe erreicht.

Für internationale Paare potenzieren sich so diejenigen Fragen, die Beziehungen des 21. Jahrhunderts sowieso schon mit sich bringen: Wie viel will ich für den anderen aufgeben? Bin ich etwa bereit, meine Stelle zu kündigen und alles hinter mir zu lassen? Wie anpassungsfähig will ich sein? Kann ich mit den Marotten des anderen leben? Was ist Toleranz – und was Selbstverrat?

Bei internationalen Beziehungen vergrößern sich diese Fragen: Da geht es dann nicht um einen Umzug von Stuttgart nach Hamburg, sondern von Johannisburg nach München. Da geht es darum, einen Job anzunehmen, für den man eigentlich überqualifiziert ist, nur weil der eigene Abschluss im anderen Land nicht akzeptiert wird. Und es geht manchmal darum, in einer völlig fremden Gesellschaftsform zu überleben.

Plötzlich tauchen Fragen auf, über die sich die meisten vorher noch nie Gedanken gemacht haben: Wie löst man Konflikte in einer fremden Sprache? Welche Rolle dürfen religiöse Vorstellungen in der Beziehung und in der Kindererziehung spielen? Und was, wenn der andere kein Visum bekommt oder ein Behörden-Mitarbeiter vor der Tür steht, weil er eine Scheinehe vermutet?

Das offensichtlichste, erste Problem, mit dem internationale Paare konfrontiert werden: Sie sprechen nicht die gleiche Sprache. Was sie aber zu diesem Zeitpunkt meist kaum ahnen: Es gilt nicht nur, Wörter zu übersetzen, sondern auch hinter diese Wörter zu schauen – und deren zweite, verborgene Bedeutung zu erlernen. Denn in Finnland freut oder ärgert man sich anders als in Griechenland. Und auch in Thailand werden Stimmungen und Gefühle anders ausgedrückt als etwa in den USA. Das Problem dabei: Jeder hält seine Gesten und seinen Tonfall für normal, für naturgegeben – und für eindeutig interpretierbar.

Weihnachten ist relativ

Es ist ein sommerlich-warmer Tag, als ich nach einem Interviewtermin durch die Kölner Fußgängerzone laufe. Mäßig interessiert schaue ich in die Schaufenster der immer gleichen Geschäfte. Da höre ich plötzlich Geigenmusik. Ich spiele selbst Geige, und wenn jemand in einer Fußgängerzone dieses Instrument einmal wirklich gekonnt einsetzt, dann muss ich zwangsläufig aufhorchen. Beim Näherkommen läuft mir ein Schauer über den Rücken: Die kleine Musikgruppe, die da zwischen Deichmann und Karstadt steht, spielt den berühmten Kanon von Johann Pachelbel. Der, der ganz leise beginnt und sich dann immer weiter zu einem furiosen Finale steigert, mit der sich stets wiederholenden, eingängigen Melodie. Ein echter Ohrwurm. Nun stehe ich vor den Musikern, muss den Kloß in meinem Hals herunterschlucken und weiß sofort: Das ist es. Das will ich auf meiner Hochzeit hören, während der Trauung. So sicher bin ich mir nicht einmal gewesen, als ich mein Brautkleid zum ersten Mal anhatte.

Zurück zu Hause erzähle ich Roberto von meiner Idee, voller Begeisterung in der Stimme. Es gehe um etwas ganz Besonderes, schwärme ich: Ich will meine drei ehemaligen Geigenlehrerinnen, bei denen ich nacheinander an der Musikschule Unterricht gehabt hatte, um den Pachelbel-Kanon bitten. Sie sollen ihn gemeinsam spielen, wenn wir uns das Jawort geben. Roberto sieht mich an, runzelt die Stirn und sagt forsch auf Spanisch: »No.« Na wunderbar, denke ich, schön, dass wir darüber gesprochen haben. Irritiert mache ich mich an mein nächstes Projekt: die Sitzordnung an den Tischen. Bei einer spanisch-deutschen Hochzeit potenzieren sich die Herausforderungen: Wen von den Spaniern kann man mit Deutschen an einen Tisch setzen? Wer spricht englisch, wer von den Deutschen spanisch? Wer kennt sich von Reisen, von Besuchen, wer ist findig genug, um andere auch mit Händen und Füßen zu verstehen? Ich unterbreite meinem Freund also einen Vorschlag. Roberto schaut gefühlte eineinhalb Sekunden lang auf die Liste, runzelt die Stirn und sagt schließlich: »Das geht nicht.«

Wieder bin ich irritiert. Nein, ich bin sauer. »Warum lehnst du das sofort ab?«, frage ich. »Warum entscheidest du, wie wir es machen sollen? Habe ich denn gar nichts zu sagen?«

»Natürlich hast du etwas zu sagen«, antwortet mein Freund erstaunt. Wie ich denn auf die Idee käme, dass dem nicht so sei. »Wir können gern darüber reden!«

»Wie denn, wenn du es sowieso gleich ablehnst!«, gebe ich zurück.

Und dann setzen wir nach und nach das Puzzle zusammen: In Spanien, so wird irgendwann klar, ist ein »No« erst einmal nur eine Meinungsäußerung. So in etwa, als würde ein Deutscher sagen »Ich sehe da ein paar Schwierigkeiten«. Ich dagegen habe sein »Nein« als unumstößlich aufgefasst, als Todesurteil für meine Ideen. Eine Spanierin hätte das vermutlich nicht einfach so hingenommen, sondern nach dem Grund für die Ablehnung gefragt – und dann hätte sich ein Gespräch entsponnen. Ich aber habe gar kein Gespräch zugelassen, weil ich mich so brüskiert fühlte. »No« bedeutet in meiner Übersetzung »Nein, basta«.

Gelernt habe ich das schon in der Uni. Theoretisch jedenfalls. Signifikant und Signifikat sind die Begriffe, an die ich mich gerade noch so erinnere. Signifikant meint das zu Bezeichnende, die Aneinanderreihung von Buchstaben zu einem Wort, einem Lautbild – zum Beispiel das Wort »Baum«. Signifikat ist das, was wir mit dem Wort zu verbinden gelernt haben, der Inhalt, den wir einem Lautbild zuordnen. Und der kann für jeden Menschen höchst unterschiedlich sein. Bei dem Wort »Baum« sieht ein Europäer wahrscheinlich einen braunen Stamm und grüne Blätter vor dem inneren Auge, etwa eine Eiche. Ein Afrikaner aus einem trockenen Gebiet wird dagegen ein gedrungenes Gewächs mit dem Wort verbinden. Die Buchstabenfolge ist neutral – das, was wir damit meinen, aber höchst subjektiv.

In Deutschland verwenden wir ein klares »Nein« vor allem dann, wenn wir uns einer Sache sehr sicher sind. Es ist ein Statement, ein abschließendes Urteil, dem einige Überlegungen vorausgegangen sind. Haben wir noch keine klare Meinung, fragen wir lieber erst mal nach. In Spanien bedeutet das nicht übermäßig laut, nicht besonders leidenschaftlich ausgesprochene »No« viel weniger. Es kann auch nur eine erste Meinungsäußerung sein, mehr nicht.

Später einigen wir uns übrigens doch auf den Pachelbel-Kanon. Roberto hatte den Vorschlag nur deshalb von sich gewiesen, weil er selbst eine andere musikalische Idee gehabt hatte.

Dass unser kleiner Streit in der Kommunikationstheorie bestens bekannt ist, erklärt mir Elisabeth Jupiter. Die österreichische Paartherapeutin berät viele internationale Paare und sagt: »Wenn er auf dem einen Kanal sendet, sie aber auf einem ganz anderen empfängt, dann kann das nicht funktionieren.« Dafür, so Jupiter, müsse man noch nicht einmal aus verschiedenen Kulturen kommen. Man stelle sich vor, ein Paar steht mit dem Auto an der Ampel, sie sitzt am Steuer, er auf dem Beifahrersitz. Dann sagt er: »Es ist grün.« Gemeint ist das aus seiner Sicht als Hinweis, als Hilfe, als einfache Feststellung. Sie aber denkt: Glaubt der, ich bin zu blöd, das selbst zu sehen? Muss er mich immer bevormunden?

Reagiert sie dann über? Oder ist er zu unsensibel? Habe ich das Recht, von Roberto zu fordern, er solle seine Sätze mit einem diplomatischen »Ich denke …« beginnen? Muss er sich meiner Empfindlichkeit anpassen? Wessen Kommunikationsregeln sollen gelten – seine oder meine?

Ich für meinen Fall bediene mich mittlerweile auch mal der Regeln meines Freundes: hebe die Stimme, wenn ich möchte, dass er den Ernst der Lage begreift. Oder weise ihn scharf in die Schranken. Einfach, weil ein lasches »Ich finde das jetzt nicht so gut« für ihn gar nichts bedeutet. Gemeint ist es von mir als deutliche Beschwerde. Soll aber bei ihm, dem Empfänger, tatsächlich ein deutliches Beschweren ankommen, dann muss ich auf dem gleichen Kanal senden, seine Regeln anwenden. Denn er interpretiert alles, was bei ihm ankommt, nach eben diesen Regeln, die er sein ganzes Leben lang gelernt und verinnerlicht hat.

Wenn ich früher Paare hörte, die einen scharfen Tonfall anschlugen, dann dachte ich: »Wie furchtbar. So redet man einfach nicht miteinander.« Mittlerweile weiß ich: Sehr viele reden so. Nicht nur in Spanien. Denn auch innerhalb meines eigenen Landes gibt es unterschiedliche Sprechkulturen. Im Prinzip muss man sich in jeder Partnerschaft aufeinander einpegeln. Bei uns sieht das so aus: Ich werde auch mal lauter, ohne mich dabei unwohl zu fühlen – und er beginnt manche Sätze mit einem vorsichtigen »Also, ich bin der Meinung, dass …«

Immer noch nicht gewöhnt habe ich mich aber an Robertos Ankündigungen. Wenn er sagt: »Ich denke, ich werde endlich mal wieder regelmäßig schwimmen gehen«, dann freue ich mich. Weil er in seinem Job den ganzen Tag am Schreibtisch sitzt. Weil ich finde, dass er Sport treiben sollte. Weil ich ihm das schon oft genug mitgeteilt habe, er aber immer nur »Jaja, irgendwann, wenn ich mehr Zeit habe« antwortet. Also frage ich nach ein paar Tagen nach: »Wolltest du nicht schwimmen gehen?«

»Jaaa, aber ich hatte noch keine Zeit.«

Wieder ein paar Tage später: »Du wolltest doch schwimmen gehen!«

»Aber Marike, ich habe dir doch gesagt: Ich habe gerade keine Zeit!«

Ich, ratlos: »Du hast es dir doch vorgenommen!«

Er, leicht verärgert: »Habe ich einen Vertrag unterschrieben, nur, weil ich davon gesprochen habe?«

Als Roberto seine Doktorarbeit schrieb, sagte er alle paar Monate Sätze, die mit »… will ich fertig sein« endeten. Wahlweise lautete der Anfang dieser Sätze »Bis Weihnachten«, »Bis zum Sommer« oder »In drei Monaten«. Anfangs hakte ich nach ein paar Wochen nach: »In dem Tempo schaffst du es aber nicht bis Weihnachten.« – »Mal sehen«, sagte Roberto dann. »Aber du willst doch bis Weihnachten fertig sein?«, fragte ich jedes Mal verwundert. Und er erwiderte, dass ich ihn nicht so kontrollieren solle.

Meine Freunde schüttelten irgendwann auch nur noch den Kopf. Der belügt sich doch selbst, befanden sie, und glaubten ihm – genau wie ich – kein Wort mehr, wenn er wieder eine Ankündigung machte. Irgendwann war mir klar: Entweder ist mein Freund ein Schnacker, der immer nur redet und nie etwas macht. Oder aber wir reden hier grundsätzlich aneinander vorbei, wobei ich die zweite

Alternative durchaus bevorzugte. Daher dämmerte mir langsam, dass Roberto seine Aussagen gar nicht als Ankündigung verstand. Sie waren eine Absichtserklärung, ein Wunsch. Ein Deutscher hätte vermutlich gesagt: »Ich hoffe, dass ich es bis Weihnachten schaffe.« Dann hätten meine Freunde und ich auch nicht so verwundert reagiert, wenn sich Weihnachten als ein völlig abstruses, abwegiges, unrealistisches Ziel herausstellte. Aber er hatte nun einmal gesagt: »Weihnachten will ich abgeben!« Er musste sich doch Gedanken gemacht, einen Zeitplan aufgestellt, alles gut kalkuliert haben, um zu einer solchen Aussage zu kommen!

Ich habe mehrere Jahre gebraucht, um zu begreifen, dass ich mit dieser Annahme grundlegend falschliege. Auch wenn er sagt »Ich mache das«, heißt das nicht, dass er es bereits fest vorhat. Es heißt lediglich »Irgendwann mache ich das.« Mein Freund schüttelt jedes Mal den Kopf, wenn ich ihn an eine vermeintlich feste Zusage erinnere. Ich schüttele den Kopf, weil man so einem ja gar nichts mehr glauben kann.

Als ich in einer lustigen Runde am Vorabend einer Hochzeit Robertos Verwandten von seinen »Ich werde«-Sätzen und deren mangelhafter Umsetzung erzählte, lachten sie herzlich. Diese Deutsche! Dass die aber auch alles so genau nehmen musste!

Was man sagt, so ist mir jetzt klar, ist das eine. Was man damit tatsächlich sagt, etwas völlig anderes.

Witz gemacht, nicht gelacht

Im Fall von Manoj und Sonja ist sie bis heute der sprichwörtliche Elefant im Porzellanladen, verbal gesehen. Für ihn kann es nicht höflich genug zugehen, er findet sie und andere Deutsche häufig zu direkt. In seiner Kultur sagt man sich Kritik nicht ins Gesicht, und wenn, dann ist das wie eine Kriegserklärung. Darauf hat sich Sonja eingestellt. Die beiden sprechen Englisch miteinander. Das bedeutet: Manoj ist im Vorteil, denn in seinem Heimatland Singapur ist Englisch Amtssprache. Sonja beherrscht die Sprache gut – aber so gut nun auch wieder nicht.

»Ich bin eigentlich ein sehr lustiger Mensch«, sagt sie. »Aber Humor findet bei mir auf Deutsch statt.« Stundenlang kann sie mit ihrem Bruder oder Freunden über eigene Witze lachen; dann bleibt Manoj außen vor. Sie mag Ironie, sie spielt gern mit Worten. Mit ihren Kollegen lacht sie viel. Aber Späße auf Englisch? Die fallen ihr schwer. »Manchmal denke ich, die im Büro finden mich viel lustiger als mein Mann. Einen Teil von mir bekommt er gar nicht zu 100 Prozent mit.« Asiaten seien eher humorlos, findet sie. »Da muss man immer aufpassen, dass es nicht respektlos rüberkommt.«

Sonja und Manoj leben in Dortmund. Sie arbeitet als Abteilungsleiterin in einem großen Konzern, vier Tage die Woche. An diesen Tagen passt Manoj auf die zwei Kinder auf. Für einen Mann aus Singapur ist das ungewöhnlich. »Meine Eltern finden es komisch, wenn ich sage, dass ich zu Hause bleibe und nicht meine Frau«, erzählt er. Respekt verdient er in den Augen seiner Landsleute vor allem deshalb, weil er die restlichen drei Tage in der Woche selbstständig arbeitet: Er entwickelt Computer-Lernprogramme für Flugingenieure in Singapur. Sonjas und Manojs Leben unterscheidet sich meist kaum von dem anderer Paare mit Kindern: Da muss der Große zum Kindergarten gebracht und abgeholt werden, Einkäufe sind zu erledigen, und irgendein Wehwehchen gibt es immer zu beruhigen. »Manchmal müssen wir uns in diesem stressigen Alltag richtig daran erinnern, was für eine besondere Geschichte wir haben«, sagt Sonja.

Alles fängt mit einer Anzeige an, damals, im Jahr 1997. Sonja hat gerade ihr Abitur gemacht – aber jetzt gleich studieren? Darauf hat sie keine Lust. Sie würde gern etwas von der Welt sehen, möchte nicht schon wieder immer nur lernen. Eines Morgens entdeckt ihr Vater in der Zeitung eine kleine Annonce: Ein deutscher Siemens-Manager in Malaysia sucht für seine Kinder ein Au-pair-Mädchen.

»Wäre das nicht etwas für dich?«, fragt Sonjas Vater.

Es ist etwas für sie. Wenig später packt Sonja die Koffer, sie ist 19 Jahre alt und neugierig auf die Welt. Diese Neugierde, diese Offenheit ist es, die Manoj auffällt, als er sie in einer Kneipe mitten in Kuala Lumpur kennenlernt. Manoj ist Pilot und besitzt mit seinen 31 Jahren bereits eine eigene Flugschule. Vor einigen Jahren ist er von Singapur nach Malaysia gezogen. Er will den Abend eigentlich mit Freunden verbringen – doch die werden bald zur Nebensache, als er in der Kneipe mit diesem sehr großen, sehr schlanken Mädchen aus Deutschland ins Gespräch kommt. Irgendwann erzählt er von seinem Motorrad, und Sonja reagiert beeindruckt: »Du hast ein Motorrad? Wahnsinn!«

»Willst du mal mitfahren?«, fragt Manoj.

»Na klar!«, antwortet Sonja.

Eine malaysische Frau, so erfährt sie später, hätte das nie sagen dürfen. Zu einem Fremden aufs Motorrad? In Malaysia ein Unding. Aber gerade das gefällt Manoj. Die beiden verabreden, dass sie sich später in der Nacht noch treffen wollen, um eine Spritztour zu unternehmen. Als Manoj dann nicht auftaucht, geht Sonja enttäuscht nach Hause. Den siehst du wahrscheinlich nie wieder, denkt sie noch, bevor sie ins Bett geht. Doch dann klingelt am nächsten Morgen das Telefon: Manoj ist am anderen Ende – und erzählt, dass er in der Nacht zuvor einen kleinen Unfall hatte. »Weil ich so aufgeregt war«, sagt Manoj heute. Damals sagt er: »Können wir uns wiedersehen?«

Als er Sonja wenig später in seinem Flugzeug mit nach Singapur nimmt und ihr die Stadt zeigt, verlieben sie sich ineinander. Mitten in dieser irren Metropole mit den sechsspurigen Straßen und den großen Shopping-Malls. Zurück in Malaysia sehen sie sich, so oft sie können, verbringen jede freie Minute miteinander. Doch dann kommt der Abschied. Und mit ihm die bange Frage: Werden wir uns jemals wiedersehen? Sonja weint am Flughafen, sie weint auf dem Weg nach Hause, und auch später am Telefon heult sie sich die Augen aus. Bis er eines Tages plötzlich sagt: »Ich komme nach Deutschland.« Er kennt das Land nicht, genauso wenig wie die Sprache – aber er will für diese Deutsche alles hinter sich lassen. Und so zieht er zu Sonja in das kleine Konstanzer WG-Zimmer, mitten hinein in das beschauliche Süddeutschland. Erst da merkt Sonja, dass es auch kulturelle Unterschiede zwischen ihnen gibt. Und dass ihre verschiedenen Muttersprachen zu einigen Problemen führen. Nicht nur in der Beziehung, auch im Alltag.

Denn in diesen ersten Wochen und Monaten fühlt sich Sonja für vieles verantwortlich. Auch auf das Ausländeramt begleitet sie ihren Freund. »Dort sprach ja kein Mensch englisch«, erzählt Sonja, »und die Unterlagen für die Aufenthaltsgenehmigung waren alle auf Deutsch.«

Elisabeth Jupiter sagt, dass genau dieses sprachliche Ungleichgewicht in ein Beziehungs-Ungleichgewicht münden könne. In vielen Fällen, so die Wiener Psychotherapeutin, erledigt der einheimische Partner alles für den anderen – weil der es ja nicht selbst kann. Besonders häufig betreffe das in ihrem Heimatland Österreich Frauen mit afrikanischen Partnern, sagt Jupiter. »Er ist hilflos, also kümmert sie sich. Anfangs ist er ihr noch dankbar. Aber dann wächst in ihm das Gefühl der Ohnmacht, wenn sich die Situation nicht ändert. Schließlich werden wegen seiner fehlenden Sprachkenntnisse viele Entscheidungen über seinen Kopf hinweg getroffen. Und was tut ein Mann, wenn er sich ohnmächtig und schwach fühlt? Er wird aggressiv. Die Frauen sind dann völlig ratlos, weil sie doch so viel für den anderen getan haben.«

Auch bei Sonja und Manoj haben sich die Zuständigkeiten kaum verändert: Dass sie für das Formale zuständig ist, für Behörden und Versicherungen, das ist noch heute so. Manchmal nerve sie das, sagt Sonja. Aber würde nicht Manoj in seinem Land genau das Gleiche für sie tun?

Weil Manoj immer noch nicht fließend Deutsch spricht, ist der vierjährige Sohn Leo ihm manchmal bereits sprachlich überlegen. Und auch Sonja hat nicht immer Lust auf englische Konversation. Das sind die Momente, in denen sie abgespannt von der Arbeit nach Hause kommt. Dann auf Englisch detailliert zu erzählen, was sie erlebt hat, das sei ihr manchmal zu viel, sagt sie. Denn es ist schwieriger, drauflos zu plaudern, wenn man nicht alle notwendigen Wörter kennt, wenn sich eine geeignete Sprachwendung nicht einfach so übersetzen lässt. Wenn man fünf Sätze braucht statt drei Worte, um ein Gefühl auszudrücken.

Cómo, you have schon gegessen?

Die ersten Spanischvokabeln habe ich schon in der neunten Klasse gelernt. Zwei Jahre lang beschäftigte ich mich fast jeden Tag im Unterricht mit den Beugungen spanischer Verben, dem Futur, dem Präteritum, der indirekten Rede. Dann aber verschwanden die Vokabeln und die Grammatik nach und nach in irgendeiner weit entfernten Ecke meines Gehirns, in einer Schublade, die ein paar Jahre später fest verschlossen schien. Als ich Roberto kennenlernte, war ich gerade noch in der Lage, mich auf Spanisch vorzustellen. Weil ich zu dieser Zeit versuchte, mein Schwedisch zur Alltagstauglichkeit auszubauen, blieb die Spanisch-Schublade geschlossen. Ich kam einfach nicht mehr an sie ran. Mein Kopf war voller schwedischer Vokabeln. Sollten die zwei Jahre Spanischunterricht umsonst gewesen sein?

Dann reisten wir zum ersten Mal gemeinsam nach Spanien. Und ich musste plötzlich mit Freunden, Eltern und Verwandten kommunizieren. Oft fühlte ich mich wie amputiert, weil ich sagen wollte, dass Roberto einen Parkplatz suche, mir aber weder das Wort für »parken« noch das für »suchen« einfallen wollte. Robertos Familie und die meisten seiner Freunde sprechen kaum ein Wort Englisch, da halfen dann oft nur Hände und Füße. Echte Gespräche oder gar Diskussionen waren aber kaum möglich. Doch irgendwann öffnete sich die Schublade langsam wieder. Worte fielen mir wieder ein, Grammatikregeln, sogar Redewendungen. Eine einmal gelernte Sprache verschwindet nun mal nicht einfach so. Mittlerweile kann ich sogar fließend davon erzählen, wie wir vor sechs Jahren auf einer Reise nach Nordschweden bei minus 25 Grad drei Pullover übereinander trugen oder wie das war, als Roberto mir einen Heiratsantrag machte.

Warum mir das so wichtig ist? Weil ich jetzt weiß, wie mein Freund in seiner eigenen Sprache tickt. Wie er lustige Situationen wiedergibt, wie die Sprachmelodie sich dann vom Englischen unterscheidet. Genauso notwendig finde ich, dass er mich in meiner Sprache versteht. Deshalb geht es manchmal bei uns zu wie beim Turmbau zu Babel. Manche Dinge sagen wir ausschließlich in einer der drei Sprachen, mit denen wir täglich umgehen, auch, wenn wir spontan und ohne Nachdenken reagieren. Ein sehr fragendes, überraschtes »Cómo?«, wenn wir »Wie bitte? Im Ernst? Warum das denn?« ausdrücken wollen. »Gute Nacht« sagen wir auf Deutsch, genauso wie »Guten Appetit« oder »Tschüss«. (Wobei Roberto besonders gern das langgezogene, in hohen Tonlagen geflötete »Tschühüss!« vieler Deutscher imitiert.) Und morgens verabschieden wir uns meist mit »Have a good day!« Manchmal kann sogar ein einziger Satz trilingual sein. Einmal fragte Roberto: »Should we eat something?« Ich antwortete (mit pädagogischer Absicht, weil ich öfter deutsch mit ihm sprechen wollte): »Ich habe schon gegessen.« Er, überrascht: »Cómo, you have schon gegessen?«

Paartherapeutin Elisabeth Jupiter findet unsere Sprachwahl übrigens besonders problematisch. »Weil sich keiner hundertprozentig so ausdrücken kann, wie er das möchte, wenn man eine dritte Sprache wählt.« Ich dagegen finde: Wir sind gleichberechtigt fremd in unserer Alltagssprache. Außerdem war diese Wahl nun wirklich keine bewusste: Als wir uns kennenlernten, sprach jeder um uns herum Englisch. Es war völlig selbstverständlich, dass wir diese Sprache beibehielten, als wir dann ein Paar wurden. Was auch sonst? Mein Spanisch war damals nicht alltagstauglich, und Roberto konnte außer »Fröhliche Weihnachten« und »Das Frühstück ist fertig« kein Wort Deutsch. (Warum er ausgerechnet diese Brocken lernte, entzieht sich leider meiner Erinnerung.) Umso wichtiger finde ich es, dass wir nach und nach beide die Sprache des anderen lernen.

Elisabeth Jupiter erzählt, dass in ihrer psychotherapeutischen Praxis ausländische Klienten oft in ihre Muttersprache zurückfallen, wenn es sehr emotional wird. Sie bietet die Therapie deshalb auch auf Französisch und Italienisch an – beides spricht sie sehr gut. Und trotzdem sagt sie: »So richtig fallen lassen kann ich mich in keiner der beiden Sprachen.« Wenn sie ein Buch lese, dann immer auf Deutsch. Weil sie sich beim Lesen entspannen wolle. »Ich will da reinkippen«, sagt sie. »In einer Partnerschaft ist es das Gleiche: Da möchte man nicht viel denken.«

Manchmal ist Elisabeth Jupiter in Italien. Sie hat einmal versucht, dort vor einheimischen Freunden Witze zu erzählen. »Ein Desaster«, sagt sie. »Keiner hat gelacht, das war einfach nur peinlich.« Ganz klar: Die Südländer haben einen anderen Humor. Jupiter sagt, der sei eher »genitaler«. So wie die Sprache allgemein. Auch bei den Spaniern kommen ständig »Cojones« und »Coño« ins Spiel. Wer die genaue Übersetzung wissen will, möge an dieser Stelle ein Wörterbuch bemühen.

Robertos Lieblingswitz geht so: Treffen sich zwei Basken (dazu muss man wissen, dass die Basken in spanischen Witzen stets als Bäume fällende Riesen auftreten). Sagt der eine: »Ich habe gehört, du hast dich beschneiden lassen?« Sagt der andere: »Ja, stimmt.« Der erste wieder: »Ist es denn wahr, dass man die abgeschnittene Haut mit nach Hause nehmen kann?« Antwortet der andere: »Siehst du denn meine tolle neue Jacke nicht?«

So viel zu spanischem Humor.

»Das ist mir fast ein bisschen peinlich«

So gut Roberto und ich mit unserem Drei-Sprachen-Chaos auch klarkommen – Sorgen machen wir uns trotzdem. Was, wenn wir einmal Kinder haben? Überfordern wir die nicht mit dem Sprachengewirr?

Um das herauszufinden, treffe ich mich mit Elke Montanari, Autorin mehrerer Bücher zum Thema bilinguale Erziehung. Die Expertin macht mir sowohl Mut als auch Angst: Kinder, sagt sie gleich zu Beginn unseres Gesprächs, hätten überhaupt kein Problem mit Mehrsprachigkeit. Sie kämen sogar damit klar, wenn ein Elternteil verschiedene Sprachen anwende. Die bekannte Regel »eine Person, eine Sprache« müsse also gar nicht unbedingt sein. »Spätestens mit dem zweiten Geburtstag können Kinder verschiedene Sprachen gut auseinanderhalten. Sie orientieren sich zum Beispiel an der Satzmelodie.« Klingt alles ermutigend. Dann aber kommt das Problem. Und das, sagt Elke Montanari, seien die Eltern. Vielen sei es nämlich zu anstrengend, häufig genug und in verschiedenen Situationen in beiden Sprachen mit dem Kind zu sprechen. »Sprachumgebung schaffen«, nennt Montanari das. Und meint damit Folgendes: Nur am Abendbrottisch Spanisch zu reden, reicht leider nicht, solange Roberto und ich mit unseren Kindern in Deutschland leben. Dann lernen sie zwar, wie man vom Tag berichtet, mehr aber auch nicht. Elke Montanari rät deshalb: Wenn wir unseren Kindern einen reichen Wortschatz vermitteln möchten, dann sollten wir erstens in beiden Sprachen sehr viel mit ihnen reden und das zweitens in ganz verschiedenen Situationen: auf dem Spielplatz, beim Märchenvorlesen, auf Ausflügen. »Da muss man fantasievoll sein, sich immer wieder etwas einfallen lassen«, sagt Montanari. Vor allem aber müssen die Kinder möglichst viele spanischsprachige Menschen kennenlernen – denn umso größer ist das Angebot an Vokabular, Ausdrücken und Redewendungen. Das macht es deutlich einfacher, eine Sprache in all ihrer Komplexität weiterzugeben.

Aber was, wenn ein Kind die Sprache des einen Elternteils verweigert? Auch bei Sonjas und Manojs kleinem Sohn war das so: Lange Zeit wollte und wollte er einfach nicht englisch sprechen. Und das, obwohl Manoj sich die meiste Zeit um ihn kümmerte und nur englisch mit ihm redete. Doch wenn er seinen Sohn etwas fragte, antwortete Leo auf Deutsch. Wirklich beunruhigt waren Sonja und Manoj allerdings nicht. Immerhin ist Manoj selbst sogar dreisprachig aufgewachsen: Mit seinen indischen Eltern sprach er Hindi, in seiner Heimatstadt Singapur war die Amtssprache Englisch, und darüber hinaus ging er auf eine chinesische Schule. »Wir wussten also, dass das funktioniert«, sagt Sonja. Tatsächlich ist es global gesehen der Normalfall, dass ein Kind zwei- oder mehrsprachig aufwächst – denn in vielen Ländern gibt es neben lokalen Sprachen oder Dialekten noch eine Amtssprache.

Mit vier Jahren sagte Leo schließlich eines Tages seine ersten englischen Sätze. »Allerdings mit einem furchtbaren deutschen Akzent«, erzählt Sonja. »Das ist mir fast peinlich.« Aber Leo ist nun mal ein ziemlich deutsches Kind: Er isst am liebsten Leberwurstbrote und besteht auch im hitzig-schwülen Singapur auf Socken in den Sandalen. Deutsch ist bis heute die Hauptsprache des Vierjährigen. Nix da mit fließender Zweisprachigkeit! Dabei haben Sonja und Manoj eigentlich alles richtig gemacht: Manoj sorgt für den englischen Input, Sonja für den deutschen, tagsüber geht Leo außerdem in einen deutsch-englischen Kindergarten. Er verbringt also genug Zeit mit jeder der Sprachen. Wie kann man ihn dazu bringen, das Englische mehr anzunehmen?

Elke Montanari kennt solche Situationen: »Es ist für Eltern häufig sehr verletzend, wenn das Kind die Sprache des einen nicht sprechen will.« Sie rät in solchen Situationen zu mehreren Schritten. Man kann erstens einen ausgedehnten Urlaub machen, und zwar dort, wo Gleichaltrige die andere Sprache sprechen. »Etwa auf einem Campingplatz, oder beim Besuch von Cousins und Cousinen.« Dann merkt das Kind nämlich: Wenn ich dazugehören will, muss ich auf die andere Sprache umschwenken.

Zweitens kann man aber auch erst einmal die eigenen Erwartungen herunterschrauben. »Vielleicht gibt das Kind ja Zeichen, dass es das Englische durchaus versteht – zum Beispiel, indem es die passende Antwort auf Deutsch gibt.

Das ist schon ein Erfolg – nur bemerken das Eltern oft nicht, leider.«

Und man kann drittens helfen, etwa, indem man Worte anbietet. Wenn Leo beispielsweise auf Deutsch sagt: »Ich möchte gerne zum Spielplatz«, dann könnte Manoj auf Englisch antworten: »Ah, you want to go to the playground!« Denn wenn das Wort »Spielplatz« in Leos Umgebung vor allem auf Deutsch gebraucht wird, ist es schließlich nicht verwunderlich, dass er die gesamte Bitte auf Deutsch formuliert. Selbst wenn er mit Manoj spricht.

Generell ist es so, dass mehrsprachige Kinder selten zu den ganz frühen Sprechern gehören. Sie fangen allerdings auch nicht wesentlich später als einsprachige Kinder damit an. Immer weitermachen, lautet also die Devise. »Viele Eltern machen den Fehler, dass sie irgendwann aufgeben, weil es ihnen zu anstrengend wird«, sagt Elke Montanari. Dabei soll das Kind doch auch mit den Großeltern, Onkel und Tanten reden können!

Gerade über diese ausländische Verwandtschaft wundern sich die meisten zweisprachigen Kinder anfangs sehr: Es gibt also Spanier, die kein Deutsch verstehen! »Das begreifen Kinder oft erst mit etwa vier Jahren«, sagt Elke Montanari. »Deshalb müssen sie regelrecht üben, wie man mit Menschen umgeht, die leider nur einsprachig sind. Sie machen nach und nach die Erfahrung: Bei den Eltern funktionieren Sätze, die halb spanisch, halb deutsch sind. In der Kita klappt das aber beispielsweise nicht.«

Dass Kinder Sprachen anfangs oft munter durcheinandermischen, findet die Expertin unproblematisch. »Irgendwann hören sie damit auf und lernen, welche Sprache sie in welcher Umgebung benötigen.« Für Eltern heißt das aber keineswegs, dass sie sich dann zurücklehnen können.

»Man kann nicht aufhören, beide Sprachen regelmäßig zu benutzen, weil das Kind jetzt vier ist und ganz gut sprechen gelernt hat.« Wieder und wieder müssen Eltern Antworten finden: Wie bringe ich neue Themen an mein Kind heran? Wie bringe ich es mit Kinderliteratur in Kontakt? Wie kann es in der anderen Sprache Lesen und Schreiben lernen? Soll es das überhaupt, oder will ich damit warten? Soll das Kind ein Jahr im anderen Land zur Schule gehen, etwa kurz vor dem Abitur? »Das geht so weiter, bis das Kind ein junger Erwachsener ist.«

Klingt anstrengend. Sonja und Manoj werden es demnächst aber schon mal etwas einfacher haben, was ihren Sohn Leo und das Englischlernen angeht. Die Familie zieht nämlich für ein Jahr nach Singapur. Das habe sich beruflich so ergeben, sagt Sonja. Ob Leo dann am Ende des Jahres wohl noch mit ihr Deutsch sprechen will? Gut nur, dass Sonja und Manoj auch damit ganz entspannt umgehen würden.

I no money!

Florian ist in einem besonders gut: darin, sich in Luft aufzulösen. Das muss er auch können, denn seine Freundin ist Japanerin. Und das oberste Credo der meisten Japaner lautet: Bloß nicht auffallen. Oft ist es am besten, so zu tun, als sei man gar nicht da. Deshalb redet Florian weniger als sonst und auch nicht so laut, wenn er seine Freundin in ihrer Heimat besucht. Er unterbricht niemanden, er stellt keine Forderungen, er putzt sich nicht in der Öffentlichkeit die Nase, verbeugt sich mit einem perfekt geraden

Rücken und vor allem: Er lächelt. Bis ihm die Backen wehtun.

Und all das für Sakura: 24 Jahre alt, klein, mit frechen kurzen Haaren. Halten sie sich in ihrem Apartment in Tokio auf, dann sind laute Musik und laute Gespräche tabu. Türen dürfen nur leise geschlossen werden. Florian hält sich daran, denn er weiß: Aus der Reihe zu tanzen, das ist für viele Japaner das schlimmste anzunehmende Übel. »In Japan gibt es ein Sprichwort«, erzählt Florian. »Wenn irgendwo ein Nagel aus der Wand steht, dann muss man ihn wieder reinhämmern.« Florian will aber nicht in die Wand gehämmert werden.

Dass Florian fließend Japanisch spricht, ist für die Beziehung natürlich optimal. Immerhin kann er seiner Freundin in deren Muttersprache vom Tag erzählen und sich über Träume, Sorgen oder Hoffnungen austauschen. Es gibt genug Menschen, die unter weniger guten Voraussetzungen eine Partnerschaft mit jemandem aus einem fernen Land eingehen. Dann wird auf Englisch gebrochen, oder der Partner versucht sich in ersten holprigen Deutschkenntnissen. Gerade neulich erst sah ich eine TV-Doku, in der ein Mann aus Sachsen seine thailändische Internetbekanntschaft in ihrer Heimat besuchte. Viel mehr als »I no money« konnte er nicht stammeln, als sie ihm eine teure Hochzeit aufschwatzen wollte. Wie lange so etwas wohl gutgehen kann?

Doch die Sprache zu beherrschen, ist in Japan nur der erste Schritt. Denn viel wichtiger ist das, was passiert, wenn man nicht spricht. Die japanische Kultur kennt Hunderte ungeschriebene Regeln der Kommunikation: wann man etwa lächeln oder wer sich bei der Begrüßung tiefer verbeugen muss. Japaner prüfen stets, in welchem Verhältnis sie zu einem anderen Menschen stehen: ob sie der »Senpai«, der Überlegene, oder der »Kohai«, der Unterlegene sind. Das wirkt sich dann auf die Art und Weise aus, wie sie miteinander sprechen. Man muss in Japan auch wissen, dass die Menschen dort nur selten Gefühle zeigen, dass sie manchmal lächeln, wenn ihnen etwas Schlimmes passiert ist, um Mitleid zu vermeiden. Sie würden einem anderen Japaner nie direkt einen Wunsch ausschlagen. Wenn dagegen jemand auf eine Bitte mit Herumdrucksen reagiert, dann bedeutet das ein klares Nein. Und die vielleicht wichtigste Regel: Man muss wissen, wann man die Klappe zu halten hat.

Genau das fällt Florian manchmal schwer. Denn er redet gern. Einmal redete er ganze zehn Minuten lang, weil ihn keiner der umstehenden japanischen Freunde unterbrach. Dann hörte er auf, alle schauten ihn an – und wechselten schließlich das Thema. Da war Florian klar, dass er den Bogen überspannt hatte. Unterbrochen hätte man ihn aber niemals. Es gilt die Regel: Jeder lässt jeden aussprechen, anschließend gibt es eine kleine Pause, und erst dann ist der nächste an der Reihe. Zehn Minuten am Stück – so einen Fehler können nur Ausländer begehen.

Daneben gilt es, in Japan eine ganze Reihe von Sitten zu beachten: Niemals laut niesen, niemals vor anderen die Nase putzen, niemals öffentlich streiten, niemals öffentlich küssen. Niemals Nein sagen (damit stößt man sein Gegenüber vor den Kopf), niemals krank werden (damit stößt man die Kollegen vor den Kopf, die dann mehr arbeiten müssen), niemals die Essstäbchen senkrecht in den Reis stecken (damit stößt man die Toten vor den Kopf). Und das sind nur die Anfängerregeln.

Florian ist trotzdem der Meinung, dass seine Freundin es noch schwerer habe als er selbst, wenn er sie in Japan besucht. Denn: Als Ausländer merke man es ja oft gar nicht, wenn man sich danebenbenommen oder etwas Falsches gesagt hat. Und er gestehe sich einfach zu, ab und an auch mal Regeln brechen und Deutscher sein zu dürfen. »Ich weiß zwar viel über Japan«, sagt er, »ich halte mich in einer Gruppe Japaner zurück, nehme Rücksicht auf alle. Aber Sakura muss es einfach aushalten, dass ich trotzdem hin und wieder in Fettnäpfchen tappen werde.« So wie neulich, als er im falschen Moment nickte.

Damals spazierten Sakura und Florian durch Tokio, und irgendwann hatte Florian die Idee, noch ein paar »Meronpan« zu kaufen, Melonenbrötchen. Die beiden betraten eine Bäckerei. Der Verkäufer stellte nun einige Fragen, irgendetwas mit einpacken und Tüte, so genau weiß Florian das heute nicht mehr. Er weiß nur, dass er nickte. Und lächelte. Und dachte, er mache alles richtig.

Doch als Sakura und er den Laden verließen, da wusste er, dass nichts richtig war. »Es wäre wirklich besser«, sagte Sakura zu ihm, »wenn du in einer solchen Situation einfach Englisch sprechen würdest. Dann wäre klar, dass du es nicht besser weißt.« Sie will damit sagen: Dann wäre das alles auch nicht so peinlich für mich. Denn Florian hat auf die Fragen des Bäckers mit einem Nicken geantwortet – was unter Freunden auch in Ordnung gewesen wäre. Beim Bäcker aber wäre es höflich gewesen, »hai« zu sagen, »ja«. Eine kleine, feine Regel – aber für Japaner ein großer Unterschied. Für uns Deutsche ist das kaum verständlich. Sakura reagiert über, würden wir sagen, das kann doch so schlimm nicht sein! Florian aber erklärt: »Stell dir vor, dein

Freund wischt sich im Restaurant mit der Tischdecke den Mund ab. So ist das für sie.«

Ob Florian es je schaffen wird, nicht nur perfekt Japanisch zu sprechen, sondern auch in der nonverbalen Kommunikation Experte zu werden? Ob er die Fallstricke jemals alle erkennen und umgehen können wird? Ob er sich wirklich integrieren kann? Das ist schwer vorzustellen: Der blonde junge Mann fällt einfach zu sehr auf. Er redet gern, gestikuliert, macht mit Vorliebe ironische Witze. Es ist nicht anzunehmen, dass er in Japan je der Norm entsprechen wird.

Natürlich hilft es ihm sehr, dass er schon oft in Japan war, die Kultur sehr gut kennt. Dass er bereits auf dem Gymnasium in München die Sprache büffelte. Dass auch seine erste Freundin aus Japan stammte. Vier Jahre war er mit ihr zusammen, vier Jahre lang wurden seine Sprachkenntnisse immer besser. Allerdings, sagt Florian, spreche er jetzt so etwas wie Mädchen-Japanisch. »Ich muss mich ganz schön zusammenreißen, dass das nicht total schwul klingt.«

Red um dein Leben

Wie man von anderen eingeschätzt wird, hat viel mit Kommunikation zu tun. Vor allem damit, welche Art der Kommunikation diese anderen gewohnt sind. Was würden wir wohl von jemandem halten, den wir gerade erst kennengelernt haben und der ohne Punkt und Komma von seiner letzten Urlaubsreise oder seinen Ansichten über die Deutsche Bahn redet? Egoist, würden wir denken, Selbstdarsteller, der interessiert sich ja überhaupt nicht für mich.

Spanier dagegen würden sich pudelwohl fühlen.

Es ist ein brütend heißer Tag, an dem mir das so richtig klar wird. Wir sind zu Besuch in Córdoba, der Geburtsstadt meines Freundes, und ich merke, dass er irgendwie unzufrieden mit mir ist. Warum ich denn gestern Abend beim Abendessen mit seinem Cousin nicht mehr geredet habe, will er wissen.

»Was sollte ich denn sagen?«, frage ich zurück.

»Irgendwas«, sagt Roberto. »Erzähl von Deutschland, von deiner Arbeit, von der Hochzeit im August.«

»Vielleicht wollen sie das ja gar nicht alles im Detail wissen«, sage ich.

Roberto ist verwirrt. »Warum sollten sie es denn nicht wissen wollen?«

»Gefragt haben sie jedenfalls nicht«, gebe ich zurück.

Wir sitzen zu diesem Zeitpunkt in einer kleinen Bar, um uns herum mehrere Spanier, die sich hier wohl jeden Tag treffen und einen Plausch halten. Alles wird von ihnen kommentiert, jeder weiß eine noch bessere Geschichte. Und tatsächlich sind sie großartige Geschichtenerzähler. »Hört zu, ich treffe mich also mit José«, sagt der eine, als würde er einen Krimi erzählen. »Ich warte und warte, aber er kommt nicht. Gut, bestelle ich mir also noch einen Wein. Da taucht er plötzlich auf – mit so einer ganz Jungen im Schlepptau! Stellt euch nur vor!« So geht es minutenlang weiter. Die anderen kommentieren ab und zu »Nein!« oder »Das gibt's nicht!« und scheinen insgesamt eine richtig nette Zeit miteinander zu haben. Und sobald sich die Geschichte dem Ende zuneigt, hat schon einer die nächste parat.

So sei das eben bei den Spaniern, erklärt mir Roberto: Es geht nicht darum, Interesse für andere zu zeigen, sondern selbst zu Wort zu kommen. Besonders wichtig ist es auch, ständig und im Brustton der Überzeugung zu kommentieren: »Claro, hombre!« (Mensch, ist doch klar!) Oder eben: »Hombre, claro que no!« (Mensch, natürlich nicht!) Vor allem aber gilt die Regel: Wer viel zu erzählen hat und das lustig verpackt, der kommt richtig gut an.

Unter diesen Gesichtspunkten habe ich gestern Abend wohl ziemlich schlecht abgeschnitten. Ab und zu fiel mir zwar etwas ein, das ich hinzufügen konnte, im Großen und Ganzen aber habe ich die anderen reden lassen. Ich war die langweilige Deutsche. Schließlich kenne ich Robertos südspanische Familie kaum, und er kann die Hochzeitsvorbereitungsdetails sowieso viel besser erklären.

Nun aber ist meine Neugierde geweckt. Bei einem weiteren Treffen am Abend, diesmal mit seinem Onkel und dessen Frau, schaue ich genau hin – und beobachte, dass Roberto ständig unterbrochen wird, lange bevor er zum eigentlichen Kern einer Geschichte gelangt. Stets haben sein Onkel oder die Tante selbst eine Erfahrung, eine Geschichte oder einen Kommentar hinzuzufügen. Es wird wortreich zugestimmt oder mit viel Überzeugung widersprochen. Und wenn der Onkel oder die Tante dann fertig sind, fordern sie Roberto nicht etwa auf, jetzt doch bitte weiterzuerzählen, weil er ja leider unterbrochen wurde – nein, mein Freund muss selbst dafür sorgen: »Also, wie gesagt, wir haben uns Folgendes überlegt …« Zwar wird genickt, zwar sagt man »Si, claro« und suggeriert Interesse – mir aber kommt es nicht echt vor. Ich weiß allerdings auch, dass diese Wertung kulturell gefärbt ist, dass ich nur so empfinde, weil ich anders erzogen wurde. Roberto wiederum findet es sehr anstrengend, dass er bei

Deutschen oft nach Themen suchen muss. Manchmal überlegt er sich schon vorher Fragen, die er stellen kann, damit ja nicht der Gesprächsstoff ausgeht.

Auf mich kommt dagegen in Spanien immer jemand zu, es entspinnt sich immer ein Gespräch. Insbesondere in Südspanien besteht eine gute Unterhaltung daraus, dass man sich die Bälle zuwirft. Stille, Sich-Anschweigen, das ist mir dort noch nie begegnet. Es ist nun mal nicht das Zuhören, was man in Spanien schätzt – sondern die Interaktion. Ich überlege mir deshalb für den Abend ein Experiment. Ich weiß jetzt: Während ich den guten Willen habe, mein Gegenüber nicht mit unnötigem Geschwafel belästigen zu wollen, fragt sich der, warum um alles in der Welt ich nur so schweigsam bin. Vielleicht schmeckt das Essen nicht? Gefällt mir der Wein nicht? Bin ich am Ende gar nicht gern hier?

Später am Abend treffen wir die ganze Familie zu einem ausgiebigen Abendessen in einem Restaurant. Mein Experiment kann beginnen. Ungefragt spekuliere ich gegenüber dem Freund von Robertos Cousine, welches Land wir wohl in den nächsten Ferien besuchen werden, überlege hin und her, als würde ich laut denken. Dann erzähle ich einer Tante, dass unsere Hochzeit in einem Schlosshotel stattfinden soll, einem Cousin, woran ich derzeit so arbeite und dem Onkel, welche Sehenswürdigkeiten wir in Córdoba besucht haben. Ich habe viele Meinungen, ich habe viel erlebt, und alle Welt soll davon erfahren! Es ist nicht so, dass sich das gut anfühlt. Aber wenigstens spüre ich nun einen Integrationsfortschritt: Man findet mich sympathisch.

»Und, wie war ich?«, frage ich, als wir spätnachts im Taxi zurück zum Hotel fahren.

»Wunderbar«, sagt Roberto glücklich und küsst mich. Experiment gelungen!

Ja, so ist das in internationalen Beziehungen: Manchmal muss man einfach genau das tun, was einem am fernsten liegt. Das nennt man dann »kulturelle Anpassung«.

Let's talk about sex, baby

Florian wollte sich eigentlich nie wieder kulturell anpassen. Nachdem er sich von seiner ersten Freundin trennte, weil ihm die Fernbeziehung und die Unterschiede einfach zu anstrengend wurden, hatte er keine Lust mehr auf eine Beziehung mit einer Japanerin. Die ganzen Probleme könne man mit Liebe gar nicht aufwiegen, sagte er sich damals. Doch dann schoss Sakura in sein Leben. Nun ja, sie schloss sich eher hinein.

Florian arbeitete damals an der Uni als Tutor für japanische Austauschstudenten. Am ersten Tag stand bei ihm immer eine schwer schließende Tür auf dem Programm. Denn durch seine jahrelange Japan-Erfahrung wusste Florian: Deutsche Schließsysteme und Japaner, das passt einfach nicht zusammen. »Bei deutschen Türen muss man ein bisschen drücken, dann den Schlüssel drehen, dann ziehen. In Japan dreht man genau andersrum.« Die neuen japanischen Studenten mussten sich also an der Tür versuchen. Alle brauchten ein paar Anläufe, bis es klappte. Dann war Sakura an der Reihe. »Bong«, sagt Florian, da ist die Tür offen. »Mich hat das irgendwie beeindruckt«, erzählt er heute. Ob er sich schon damals verliebte? Auf jeden Fall traf er sich fortan ab und zu mit Sakura. Und er wähnte sich sicher: Er wusste, dass ein japanisches Mädchen nie den ersten Schritt machen würde. Keine bis auf Sakura. »Suki dai io«, sagte sie irgendwann zu ihm. »Ich liebe dich, du Idiot.« Da blieb ihm nichts anderes übrig als zu sagen: »Ja, ich dich auch.«

Die Bilder seiner Japanreisen hat Florian in kleinen Fotoalben gesammelt: Sakura und er in ihrer Wohnung, Sakura bei der Kimonoanprobe, mit Sakuras Eltern beim Essen. Äußerlich sieht er auf den Bildern aus wie immer: groß, blond, mit Igelfrisur. Aber innerlich, so sagt er, sei er in Japan ein anderer.

Die Verwandlung kommt, wenn er die Sprache wechselt. Im Japanischen klingt er automatisch ein bisschen weicher, rücksichtsvoller, kurz: weiblicher. Es ist ein wenig, als würde er das Geschlecht wechseln: Alles ist dann so lieblich. Und so kompliziert. Denn er muss immer erahnen, was sein Gegenüber gerade denken, fühlen oder wollen könnte.

Zum Beispiel auf diesem Städtetrip von München nach Hamburg. Im Zug überlegten Florian und seine japanischen Freunde, was sie sich ansehen wollten. Zwei interessierten sich für die Kunsthalle, Florian aber wollte lieber eine Hafenrundfahrt machen. »Wir können uns ja für zwei Stunden trennen«, schlug er vor, »und nachher treffen wir uns dann zum Essen.« Florian sah sich schon über die Elbe schippern. Die anderen sahen ihn fassungslos an.

Heute kennt Florian den Grund: Reisen Japaner als Gruppe, dann bleiben sie zusammen, komme, was wolle. Natürlich hat jeder Einzelne Wünsche und Interessen. Trotzdem würde kein Japaner fordern: »Ich will ins Museum.« Stattdessen fallen Sätze wie dieser: »Ich habe gehört, da gibt es ein schönes Museum.« Und dann sagt ein anderer: »Der

Hafen soll auch ganz schön sein.« Irgendwer ordnet sich dann unter – und die Einigung ist gefunden.

Für das Enträtseln und Entschlüsseln unausgesprochener Wünsche gibt es in Japan eine Redewendung: kuuki wo yomu – die Luft lesen. Wer einen Raum betritt, der fragt sich sofort: Wie ist die Stimmung? Selbst unter guten Freunden redet man über viele Dinge nicht. Es gilt, zu fühlen, was der andere denkt, zu fühlen, wenn es ihm schlecht geht. Ganz oft, erzählt Florian, könne man als Ausländer die Luft aber nicht lesen. »Und wenn man sie nicht lesen kann, dann merkt man auch nicht, wenn sie schlecht ist.«

Bei seiner ersten japanischen Freundin hat Florian einmal miese Luft verursacht, weil er ihr nicht erzählte, dass er abends ausging – obwohl sie viele Tausend Kilometer entfernt in Japan war. Er wollte nicht gefragt werden, sagt Florian, was er wann, wo, mit wem gemacht habe. »In Japan ist das aber üblich. Da herrscht in einer Beziehung viel mehr Kontrolle. Meine Freundin konnte einfach nicht verstehen, warum ich nicht Rücksicht nahm. Wann man zu Hause zu sein hat, wann man wen trifft, das ist in Japan viel strenger geregelt. Die Erwartungshaltungen sind immens, auch wenn sie nicht ausgesprochen werden.« Aus der Sicht der Freundin hätte Florian also eigentlich wissen müssen, dass sie natürlich informiert werden wollte. Ist doch selbstverständlich – oder?

Wenn ein Paar sich solche Erwartungen nicht bewusst macht, wird es an Punkten wie diesen immer wieder zu Konflikten kommen. Dann versteht der eine nicht, warum der andere sich so aufregt. Oder sie ist enttäuscht, weil er eine Regel nicht einhält, die in ihrem Land üblich ist. Deshalb gilt für internationale Paare: Was man als selbstverständlich empfindet, muss deutlich ausgesprochen werden – deutlicher, als wenn der Partner aus demselben Kulturraum stammt. Deshalb ist Kommunikation so wichtig – und deshalb ist es auch so elementar, dass beide die gemeinsame Sprache sehr gut beherrschen. Das vergessen viele, die im ersten Rausch denken, Worte seien nebensächlich.

»Die erste Verliebtheit hat mit Sprache erst mal wenig zu tun«, sagt Paartherapeutin Elisabeth Jupiter. Untersuchungen zeigen etwa, dass der emotionale Gehalt einer Aussage schneller beim Gegenüber ankommt als der Inhalt. Was genau gesagt wird, ist da gar nicht so wichtig, solange es mit Emotionen beladen ist. »Man versteht vielleicht die Worte nicht, aber die Gefühle«, sagt Frau Jupiter. Und peng, ist man verknallt. Eine Weile lässt es sich sicher auch ohne viele Worte aushalten. Aber irgendwann hat man dann doch das Bedürfnis, mit dem anderen über seine Kindheit, seine Familie, seine Träume zu sprechen. Sich auch mal intellektuell auszutauschen. Und eben das auszusprechen, was man erwartet, was man sich wünscht, was man in einer Partnerschaft für selbstverständlich hält. Da reichen Emotionen dann nicht mehr. Und auch nicht ein paar Volkshochschulkurse. Denn für echten Austausch in einer fremden Sprache müssen die Kenntnisse schon verdammt gut sein.

Dass man über alles redet, ist aber nicht in allen Kulturen selbstverständlich. Florian jedenfalls fragte seine Freundin Sakura einmal, was ihr beim Sex eigentlich Spaß mache. Die Reaktion: Sprachlosigkeit. Sakura war schockiert. Über Sex rede man doch nicht! Doch auch Florian reagierte geschockt. Hatte Sakura wirklich noch nie darüber nachgedacht, was sie mochte?

Mittlerweile weiß er, dass es in vielen japanischen Schlafzimmern wohl einfach keine große Rolle spielt, was die Frau empfindet oder eben nicht empfindet. In seiner Partnerschaft, so viel ist klar, gelten deutsche Regeln – jedenfalls, wenn es ums Äußern sexueller Vorlieben geht.

Auch Sakura weiß es zu schätzen, dass sie in Deutschland die Möglichkeit hat, zu sagen, was sie denkt oder möchte. Trotzdem muss sie noch lernen, wie man hierzulande zu Wort kommt. »Wenn einer beim Sprechen eine Pause macht, dann – zack! – muss man dazwischengehen«, sagt Florian. »Das ist für Sakura brutal unhöflich.« Also schweigt sie manchmal lieber, was für Florian wiederum, wie er sagt, »brutal anstrengend« ist. »Denn Deutsche werden unruhig, wenn jemand gar nichts sagt.«

Nur gut, dass Sakura nicht an einen Spanier geraten ist …

Eine Beziehung in einer fremden Sprache zu führen, kann aber auch Vorteile haben. Jedenfalls, wenn man es schafft, einen Moment innezuhalten, bevor man sauer reagiert. Wenn man sich fragt: Meinen wir das Gleiche? Hat der Tonfall meines Freundes das zu bedeuten, was ich denke? Hat er dieses Wort bewusst gewählt, oder ist ihm einfach kein besseres eingefallen?

Aber dafür muss man vor allem eines sein: extrem lernfähig. Internationale Paare wie wir werden das mit den Jahren zwangsläufig. Wir lernen dazu – aus einer Aneinanderreihung von Missverständnissen, Erklärungen, Diskussionen, Streitigkeiten, Gesprächen, Aha-Momenten. Wenn wir Glück haben, machen wir es schon nach dem ersten großen Streit besser: nehmen den lauten Tonfall nicht so wichtig, sagen »hai« anstatt nur zu nicken, knallen nicht vor Wut mit der Tür. In den meisten Fällen aber braucht es viele Anläufe, ehe wir uns an all das gewöhnt haben. Ehe wir die Regelwerke und Fallstricke der Kommunikation in einer anderen Kultur verstehen. Und begreifen, dass Unterhaltung eben auch aus Nicht-Sprechen besteht. Florian etwa sagt, manche deutschen Männer würden denken, dass es mit einer japanischen Frau ganz einfach sei. Die widerspreche ja schließlich nie. »Dass es aber viel anstrengender ist, wenn man immer erahnen muss, wenn etwas nicht stimmt«, sagt er, »das merken die erst viel später.«

Wie das ist, wenn man für die Liebe in ein anderes Land zieht

(und warum das ganz schön einsam machen kann)

KOPENHAGEN, 15. AUGUST

Im Dänischen gibt es ein ganz wichtiges Wort: »Hygge«, das bedeutet Gemütlichkeit. Für einen Dänen ist es ausgesprochen wichtig, dass etwas »hyggelig« ist. Eigentlich kann das fast alles sein. Ein Abend etwa, oder das Sofa. Der Urlaub, ein Telefonat. Gemütlichkeit kennt in Dänemark faktisch keine Grenzen.

Besonders nicht in meiner Straße, der Jaegersborggade in Kopenhagen. Es ist Hochsommer, ich schaue aus dem Fenster und sehe überall Leute, die Caffè Latte oder auch ein Bierchen trinken. Dabei ist es gerade mal halb vier. Aber in Dänemark macht man eben früher Feierabend als in Deutschland, schließlich braucht man genug Zeit zum ausgiebigen »Hygge« mit Freunden und Familie. Niemand hetzt hier, niemand drängelt, in meinem Lieblingscafé bekritzeln Kleinkin-

der die Tische und niemand stört sich dran. Alle Läden sind wunderschön eingerichtet: der Ökofriseur etwa (bei dem ich mich immer frage, was an einem Friseur öko sein kann), das Geschäft, in dem frische Kekse gebacken werden, der Secondhandladen mit den Kinderklamotten – selbst beim Pizzaimbiss ist es gemütlich. Am Ende der Straße beginnt ein großer Friedhof, der jetzt im Sommer zum Park umfunktioniert wird. Dort sitzen Leute auf Decken, essen »Tebirkes«, eine Art süßes Mohnbrötchen, und die Kinder flitzen auf ihren Laufrädern zwischen den Gräbern herum. Die Dänen als entspanntes Volk zu bezeichnen ist ungefähr so gewagt, wie Helmut Kohl dick zu finden.

Seit 189 Tagen wohne ich in diesem Epizentrum der Gemütlichkeit. Dumm nur, dass es in meiner Wohnung ganz und gar nicht »hyggelig« ist. Und das liegt vor allem an dem, was vor mir auf dem Küchentisch liegt: ein Mount Everest an vollgeschnieften Taschentüchern. Nein, mir geht es nicht schlecht. Mir geht es verdammt beschissen.

Ich sitze am Küchentisch und versuche mir einzureden, dass jeder mal einen schlimmen Tag hat. Wenn der Zahnarzt einem aus Versehen die falschen Zähne aufbohrt. Wenn man sich vorm Chef ein volles Glas Orangensaft übers T-Shirt kippt und das Shirt daraufhin durchsichtig wird. Wenn man mit dem Fahrrad zu einem wichtigen Termin fährt, hinfliegt, sich die Hose zerfetzt und es anfängt zu regnen. Habe ich alles schon erlebt. War alles schlimm, aber am nächsten Tag vergessen.

Das Verstörende an dem Taschentuchberg ist jedoch, dass heute eigentlich gar kein schlimmer Tag ist: Die Sonne strahlt vom Himmel, als gäbe es einen Wettbewerb zu gewinnen. Ich wohne in einer schönen Stadt und einer noch schöneren Straße. Mein letzter Zahnarztbesuch dauerte fünf Minuten, ich habe ein T-Shirt ohne orangefarbene Flecken an und seit Ewigkeiten keinen Fahrradunfall mehr gehabt. Ich bin gesund, habe einen tollen Job und einen noch tolleren Freund.

Doch es gibt einen simplen Grund, warum dieser wunderschöne Sommertag für mich ein grauenvoller Misttag ist. Es hat etwas damit zu tun, dass ich nicht in einem der schönen Cafés sitze, keine frisch gebackenen Kekse kaufe, nicht auf dem Friedhof in der Sonne liege. Denn das alles macht mir alleine keinen Spaß.

Ja, ich bin allein. Eine Zeit lang hat mir das nichts ausgemacht. Ich habe mich alleine ins Café gesetzt und gelesen, ich war alleine schwimmen, alleine im Park und am Strand, einmal war ich sogar alleine im Kino. Das war 188 Tage lang auch in Ordnung – zumindest die meiste Zeit. »Nur die Ruhe«, sagte ich mir. »Du bist neu in Dänemark, wo sollen die Freunde da herkommen?«

Doch ab jetzt ist es mit der Ruhe vorbei. Denn nun bin ich nicht mehr allein. Seit heute fühle ich mich einsam. Verheult schaue ich aus dem Fenster. Überall sind die Menschen in Gruppen unterwegs. Manche Leute haben einen Grill unter dem Arm und ein Sixpack Bier in der Hand, sie starten in einen »Hygge«-Abend mit ihren Freunden im Park. Ein Trupp von Vätern schuckelt mit Kinderwagen durch die Straße.

Bislang hatte ich in meinem Leben noch nie Probleme, Freunde zu finden, was vermutlich daran lag, dass ich nie welche gesucht habe. Sie tauchten immer von alleine auf und manche nach einiger Zeit auch wieder ab. Ich glaube, dass es für mich bislang immer leicht war, weil ich auf Leute in ähnlichen Lebenslagen getroffen bin. Aber wenn ich heute als Ausländerin in Dänemark Leute kennenlerne, dann stecken die in einer ganz anderen Lebenslage als ich: Sie haben einen festen Job und Kollegen, sie sprechen fließend Dänisch, sie kennen sich aus, und das Wichtigste: Sie haben schon Freunde.

Sehnsüchtig schaue ich einem vorbeifahrenden Eiswagen hinterher. Ich muss aus dieser dunklen Bude raus! Aber mich alleine in den Park zu legen, während alle anderen gemeinsam unterwegs sind – das packe ich heute nicht. Ich greife nach meinem Handy und klicke mich durch das Telefonbuch. Søren steht da, Anders und Jeppe. Ja, ich habe schon ein paar Nummern von dänischen Bekannten. Aber so gut wie alle davon kenne ich durch meinen Freund Morten, und der ist seit gestern für ein paar Tage verreist. Da finde ich es komisch, dort anzurufen und zu fragen, ob sie Zeit haben, schließlich sind sie Mortens Freunde. Müde lege ich das Handy wieder beiseite und sehe auf die Uhr an der Wand. Halb vier. Und ich trage immer noch meinen gammeligen Schlafanzug. Ich habe heute Morgen Schokopops im Bett gegessen, dann die restliche kalte Pizza von gestern und zum Nachtisch die teuren Pralinen, die ich geschenkt bekommen habe. Ich habe heute noch mit keinem Menschen gesprochen und bin nicht vor der Tür gewesen. Das kann doch so nicht weitergehen! Entschlossen greife ich nach dem Telefon und wähle Marikes Nummer. Mal sehen, ob ich überhaupt noch sprechen kann.

»Na, wie laufen die Hochzeitsvorbereitungen?«, frage ich scheinbar entspannt in den Hörer. »Aufgeregt?«

Marike seufzt. »Dafür habe ich viel zu viel zu tun. Meine To-do-Liste erschlägt mich. Und dann die blöden Fluglotsen … Aber lass uns nicht mehr davon reden. Sonst steigere ich mich da nur rein. Erzähl lieber von dir. Was macht Kopenhagen? Wie läuft die Arbeit?«

»Ach, alles prima«, presse ich hervor. »Komme mit dem Schreiben ganz gut voran.« In Wirklichkeit habe ich heute noch nicht eine Zeile zustande gebracht.

»Ist bei euch auch so fieses Wetter?«, fragt Marike. »Ich darf gar nicht dran denken, was passiert, wenn es Samstag bei der Hochzeit regnet.«

»Hier ist schönstes Sommerwetter«, antworte ich. »Hoffentlich zieht das bald zu euch rüber. Ich denke, ich werde gleich schön draußen Kaffeetrinken gehen.«

»Ach, das würde ich jetzt auch gern. Einfach nur mal entspannen. Aber das hier hält mich so was von in Atem!« Dass ich lieber Marikes Stress hätte, als alleine zu Hause herumzusitzen, sage ich nicht. Stattdessen frage ich sie noch ein bisschen aus, lasse mir von Blumensträußen und ihrer Probefrisur erzählen. Doch auch Marike hat heute nur wenig Zeit für mich. »Du, ich muss jetzt auch los«, sagt sie, »die Brautschuhe zum Schuster bringen. Damit die nicht nach zwei Stunden anfangen zu drücken.«

»Gute Idee«, sage ich. Dann verabschieden wir uns. Und ich glaube, sie hat tatsächlich nichts gemerkt. Immerhin: Ich habe also schauspielerisches Talent. Aber warum soll ich Marike auch vorheulen, wie mies es mir geht? Sie soll sich auf ihre Hochzeit freuen und nicht an ihre einsame Freundin denken. Außerdem ist sie viele, viele Autostunden entfernt. Ich sollte vielmehr überlegen, wen ich hier vor Ort noch kontaktieren könnte. Vielleicht will ja jemand aus meinem Sprachkurs etwas unternehmen? Wir haben außerhalb des Unterrichts zwar noch nie etwas zusammen gemacht, aber eventuell gibt es ja jemanden, der genauso alleine ist wie ich. Ich setze mich an meinen Schreibtisch und öffne eine leere E-Mail. »Hallo zusammen«, tippe ich. »Hat jemand von euch Lust, heute Abend in die Strandbar zu gehen? Würde mich freuen! Nicole«

Dass ich in Kopenhagen mal so deprimiert in der Ecke sitzen würde, hätte ich nicht gedacht, als ich vor einem halben

Jahr in Hamburg auf einem Berg Umzugskisten saß. Aufgetürmt standen die Kartons in meinem WG-Zimmer, fein säuberlich beschriftet: Küche, Bad, Arbeit. Auf manche war auch ein Totenkopf gemalt, das waren die Sachen, die kein Mensch braucht, die ich aber trotzdem nicht wegwerfen konnte. Immerhin hatte ich mein Sofa, mein Bett und den Kühlschrank auf E-Bay verkauft und tapfer drei volle Tüten Klamotten in die Kleidersammlung gegeben. Mein Leben war damals 29 Jahre alt, und es passte in 23 Umzugskartons.

Ich fand es toll, dass meine Sachen immer noch locker in einem Sprinter Platz hatten, das gab mir ein Gefühl von Freiheit, von Ungebundenheit. Nur eines konnte ich nicht einfach in eine Kiste packen und mitnehmen: meine Freunde, meine Mitbewohnerin, meine Arbeitskollegen. Die blieben zurück.

Damals habe ich gar nicht so viel darüber nachgedacht – obwohl mir schon klar war, dass es nicht immer leicht sein würde. Ich hatte durchaus erwartet, dass einsame Momente kommen würden, in denen ich gerne einfach mal deutsch sprechen oder mit der Freundin einen Kaffee trinken wollen würde. Aber insgesamt war ich viel zu euphorisch, um mir groß Sorgen zu machen; ich freute mich auf eine neue Stadt, ein neues Land, eine neue Sprache – und darauf, endlich mit meinem Freund zusammenzuleben. Ich war ganz heiß darauf, meine Kisten in den Transporter zu packen, hinters Lenkrad zu steigen, auf die Autobahn zu fahren und dann auf die Fähre. Ab in ein neues Leben. »Farvel Hamburg! Kopenhagen, jeg kommer!«

Für mich war die Entscheidung, nach Kopenhagen zu gehen, eine ganz natürliche. Es gibt schließlich Leute, die für einen dusseligen Job nach Sibirien ziehen oder weit weg von der Familie leben, nur weil man in dem Land weniger Steuern bezahlt. Warum sollte man dann nicht seine Möbel in einen Transporter packen und zu dem fahren, den man liebt?

Ein Teil meines Umfelds sah das anders. Als ich meinen Job kündigte, schwankten die Kollegen zwischen Bewunderung und Unverständnis. Denn schließlich war klar, dass ich als deutschsprachige Journalistin in Dänemark keine feste Stelle finden könnte. Die einen fanden es mutig, etwas Neues auszuprobieren und selbstständig zu arbeiten. Die anderen hielten es für einigermaßen übergeschnappt, dass ich meine Redakteursstelle bei einer renommierten Tageszeitung kündigte. »Fester Job, festes Gehalt im Journalismus«, sagten sie, »das gibt man doch nicht auf!«

Ich fand das Risiko hingegen kalkulierbar. Schließlich zog ich nur nach Dänemark, gerade mal 300 Kilometer Luftlinie nach Nordosten und nicht nach Kambodscha oder Peking. So anders würde das Leben dort schon nicht sein – und die Sprache konnte man schließlich lernen, neue Freunde konnte man finden. Ich hatte beruflich einen Plan, schon mehrere Magazine und Zeitungen, die mir meine Texte abkaufen wollten. Und ich war in Kopenhagen ja nicht alleine. Ich hatte Morten.

Eigentlich hatte ich nicht erwartet, dass ich für einen Mann mal mein Leben umkrempeln würde. Das lag wohl vor allem daran, dass ich lange Zeit in Liebesangelegenheiten nicht unbedingt ein glückliches Händchen hatte. Entweder war ich Single oder ich war in einer Beziehung zu einem Mann, der nicht zu mir passte. Oder ich war unglücklich verliebt in jemanden, der seine Traumfrau längst gefunden hatte – diese Variante gab es auch noch. Meine Freundin fasste die Gesamtsituation meines Liebeslebens einmal treffend zusammen: »Liebes, das ist ganz einfach: Amor mobbt dich!«

Mit Morten war das ganz anders. Bei ihm war ich mir einfach sehr schnell sehr sicher. Er war der erste Mann, bei dem ich mir vorstellen konnte, dass das, was ich so in Zukunft vorhatte, mit ihm gemeinsam funktionieren könnte.

Er war groß, hatte dunkle Haare und einen tollen schwarzen Humor. Außerdem mochte ich seine Einstellung gegenüber Frauen. Er war in Dänemark aufgewachsen, einem Land, in dem Frauen vielleicht so emanzipiert sind wie in keinem anderen der Welt. Zumindest bei einigen deutschen Männern hatte ich zuvor festgestellt, dass Schlagfertigkeit, beruflicher Ehrgeiz und Selbstständigkeit eine Frau nicht unbedingt attraktiver wirken ließen. Morten fand gerade das an Frauen toll. Das Wichtigste aber: Er hatte etwas zu sagen, und das, was er sagte, fand ich nicht nur schlau, es interessierte mich auch. Ich glaube, ich habe mich in ihn verliebt, als er mir eine seiner Lagerfeuergeschichten erzählte. Geschichten erzählen, das kann er auch auf Englisch wirklich gut.

Kennengelernt haben wir uns 2007 in Berlin. Ich war damals für ein paar Wochen in der Hauptstadt, um ein Praktikum bei der linken Zeitung taz *zu machen und hatte mich schon damit abgefunden, den Feierabend mit Telefonieren und Fernsehen zu verbringen. Doch dann kam meine Mitbewohnerin Kristin ins Wohnzimmer und entschied, mich einfach auf eine Party mitzunehmen.*

Es war eine Feier der Konrad-Adenauer-Stiftung, dem Förderwerk der CDU, was zur Folge hatte, dass es subventionierten Alkohol gab, was wiederum zur Folge hatte, dass die Stimmung ziemlich schnell auf Hochtouren lief. Obwohl ich damals dachte, dass ich mit jungen CDU-Anhängern nicht viel würde anfangen können, muss ich zugeben, dass es eine ziemlich gute Party war. Die Musik war laut, die Cocktails lecker und nach den ersten Songs war es mir auch egal, dass die Tanzfläche mit gestriegelten Hemdträgern gefüllt war, die wahlweise einen Bundeswehrhaarschnitt trugen oder einen gegelten Helm wie zu Guttenberg – den damals natürlich noch niemand kannte. Umso besser gefiel mir daher der Typ, den mir Kristin vorstellte: Ein großer dunkelhaariger Mann in Pulli und Jeans, ohne hochstehenden Hemdkragen, ohne Gel in den Haaren und ohne besondere Sympathien für konservative Politik. Kristin hatte ihn genau wie mich auf die Party geschmuggelt. Wie ich erfuhr, kannten die beiden sich aus Kopenhagen, dort war Kristin als Austauschstudentin an der Uni gewesen. Jetzt war er für ein Wochenende mit einem Freund in Berlin, um sich die Stadt anzusehen, um zu feiern und Kristin wieder zu treffen. Die hatte ihm eingeschärft zu sagen, dass er von der dänischen konservativen Partei sei, wenn er gefragt würde, was er auf der Party mache. Es handelte sich schließlich um eine geschlossene Veranstaltung. Mir hatte sie gesagt, ich sollte zumindest mein Praktikum bei der taz *verschweigen.*

Wir tanzten und tranken und lachten, und dann kam es zu dieser Verkettung glücklicher Umstände: Hätte Morten nicht in einem Heer aus konservativem Nachwuchs gestanden, was seine Attraktivität definitiv noch einmal erhöhte, hätte der DJ nicht zu später Stunde die Kuschelrock-CD gezückt, hätte der Alkohol nicht alles mit rosaroter Tunke übergossen, vielleicht wäre ich dann viel früher nach Hause gegangen. Ziemlich sicher aber hätte ich nicht in einem Anfall von Übermut diesen großen dunkelhaarigen Pulliträger geküsst, mit dem ich vorher kaum gesprochen hatte, und mich mit ihm für den nächsten Morgen zum Katerfrühstück verabredet.

So fing das also an mit Morten und mir. Ich glaube, es dauerte gerade mal zwei Monate, da saß er schon zum ersten

Mal bei meinen Eltern auf dem Sofa, und wir fanden es süß, wie mein Vater immer mal wieder ein englisches Wort in seine Sätze einstreute, quasi um Morten sprachlich entgegenzukommen. Dabei spricht Morten ziemlich gut deutsch.

Das war vor drei Jahren. Seitdem haben wir nicht nur Höhen erlebt. Einmal haben wir uns sogar für elf Stunden getrennt. Aber dazu später mehr.

Gerade stecke ich also mal wieder in einem Tief. Ein Tief, das so schwarz und hoffnungslos erscheint, dass ich am Küchentisch sitze und heule. Mein E-Mail-Programm verschafft sich mit einem Klingeln Gehör. Eine neue Nachricht. Vielleicht hat ja doch noch jemand Zeit, etwas mit mir zu unternehmen? Tatsächlich: Lorenza, eine Schweizerin aus dem Dänischkurs, hat geschrieben. »Hi Nicole!«, schreibt sie. »Gute Initiative, aber ich habe Besuch. Vielleicht ein anderes Mal. Grüße, Lorenza.« Kurze Zeit später trudelt noch eine Mail ein, von Loy aus Nigeria. »Hi Nicole. Sorry, I am busy. But have fun! Loy«

Frustriert greife ich nach einer DVD und schiebe sie in den Computer. Pretty Woman. Den Film kenne ich längst auswendig. Da klingelt plötzlich das Telefon. Jemand aus dem Sprachkurs?

»Hej skat«, meldet sich Morten. Er ist mit Kumpels von früher unterwegs. Im Hintergrund höre ich viele Stimmen, die Jungs scheinen Spaß zu haben. »Wir haben uns gerade in dem Sommerhaus eingerichtet und den Grill angeschmissen. Og hvordan går det med dig?«, fragt mein Freund.

»Wie soll es mir schon gehen«, blöke ich zurück. »Mir ist stinklangweilig. Es ist tolles Wetter, und ich hocke hier in der Bude und gucke DVDs.«

»Oh, das tut mir leid«, sagt Morten. »Fahr doch eine Runde Fahrrad.«

»Ich habe keine Lust mehr, alleine Fahrrad zu fahren«, rufe ich in den Hörer hinein. »Ich will nichts mehr alleine machen.« Tränen steigen in meine Augen. »Und du fragst mich, wie es mir geht!«

Mein Gott, was ist nur mit mir los? Bin diese verbitterte, motzende Person wirklich ich? Mein Freund hat doch gar nichts falsch gemacht! Im Gegenteil: Er hat sich seit meinem Umzug rührend um mich gekümmert, hat mir bei den Behördengängen geholfen, mir ein Bankkonto eingerichtet, mich abends mitgenommen, selbst wenn er nur mit Männern unterwegs war. Aber er kann mir ja nun mal keine Freunde backen.

»Schau mal«, sagt er, »übermorgen bin ich wieder da, und am Wochenende fahren wir auf Marikes Hochzeit. Und du wusstest doch, dass solche Momente kommen würden. Das geht auch wieder vorbei.«

»Klar habe ich das gewusst. Aber wenn es dann so weit ist, dann bringt einem dieses Wissen null Komma gar nix.«

Als wir kurz darauf auflegen, bin ich noch frustrierter als zuvor. Dabei ist es ja nicht das erste Mal, dass ich für längere Zeit im Ausland bin. Aber damals war das für ein Praktikum oder für die Uni. Und wer als Austauschstudent keine neuen Leute kennenlernt, der ist meist selbst schuld. Da hat man schließlich eine Riesenauswahl an potenziellen neuen Freunden. Von meiner Lage jetzt ist das grundlegend verschieden.

Ich gehe hier nicht zur Uni und nicht ins Büro. Ich arbeite von zu Hause aus, schreibe meine Artikel daheim am Schreibtisch. Für mich ist das ein Albtraum: Keine Kollegen, mit denen man quatschen kann, keine gemeinsame Mittagspause, und niemand lobt einen. Wenn Morten am Nachmittag nach Hause kommt, dann ist das wie ein Vulkanausbruch. Ich habe dann den ganzen Tag nicht geredet, mein

Mund geht auf, und es folgt eine mindestens 15-minütige Worteruption. Genau deshalb war ich vorgestern mit einer Freundin von Morten unterwegs. Sie ist Journalistin wie ich und sucht gerade gemeinsam mit ein paar Kollegen ein Büro, in dem wir alle zusammen arbeiten können. Die Kollegen schienen ganz nett zu sein, auch wenn sie nur dänisch gesprochen haben und ich nicht wirklich verstehen konnte, worum es ging. Aber nicht von zu Hause zu arbeiten, das wäre schon mal super.

Marike präsentiert mich Roberto gegenüber ja immer als Vorbild: Ich bin kurz nach meiner Ankunft in Kopenhagen in den Sprachkurs gegangen und habe mir eine neue Volleyballmannschaft gesucht. Ich habe wirklich schon eine ganze Reihe Leute kennengelernt. Aber das heißt nicht, dass man diese Leute auch wirklich kennt. Das heißt nicht, dass man sie am Samstagabend anrufen kann, um ins Kino zu gehen.

Wieder klingelt das Telefon. Eine unbekannte Nummer. Vielleicht ist es ja jetzt jemand aus meinem Sprachkurs? Hoffnungsvoll sage ich meinen Namen.

»This is Anders«, kommt vom anderen Ende zurück.

»Hej, Anders!«, rufe ich erfreut. Er ist einer der Journalisten, mit denen ich gerne zusammen ein Büro aufmachen würde. Vielleicht wird das ja doch noch ein guter Tag.

»Wir fanden dich nett«, sagt Anders. »Und deine Arbeit ist spannend.« Das Problem sei nur, dass sie sich Sorgen machten wegen der Sprache, dass ich dann ja die Witze im Büro nicht verstehen würde und sich die anderen vielleicht gezwungen fühlten, Englisch zu reden. »Wir wollen nicht, dass einer der Außenseiter ist. Deshalb müssen wir dir leider absagen.«

»Ja, alles klar, das kann ich verstehen«, quetsche ich noch heraus. Dann lege ich schnell auf.

Frustriert zücke ich mein Handy und schreibe eine SMS an Marike, nur einen einzigen Satz. »Ist es vielleicht doch eine ganz, ganz blöde Idee gewesen, nur für einen Mann in ein anderes Land zu ziehen?«

Völlig losgelöst von der Erde

Drei Zahlen halten Tina davon ab, die Koffer zu packen und nach Mexiko zu ziehen: 15272, 42 und 0.

15272 Menschen wurden 2010 in dem Land nach offiziellen Angaben ermordet. Das sind 42 pro Tag. Und wenn Tina dort durch die Stadt geht, dann ist sie 0 entspannt. »Polizei und Militär sind überall, ständig hört man von Schießereien«, sagt sie. »›Wir sehen uns morgen‹ hat da eine ganz andere Bedeutung.«

Und doch gibt es einen Grund, warum sie vielleicht dennoch bald ihre Sachen packen und wieder in den Flieger steigen wird. Dieser Grund hat einen schwarzen Wuschelkopf, einen Fünf-Tage-Bart und einen mexikanischen Pass.

Seit sie den Wuschelkopf kennt, stellt sich Tina eine Frage, auf die sie einfach keine richtige Antwort findet: Wie viel darf man für die Liebe aufgeben?

Kennengelernt haben Cesar und Tina sich vor sechs Jahren. Offiziell sind sie damals in Guatemala, aber eigentlich stimmt das nicht. Eigentlich befinden sich Cesar und Tina in der Schwerelosigkeit, in einer Sphäre, die nach Abenteuer, nach Freiheit, nach Austoben riecht.

Tina ist 19 Jahre alt, gleich nach dem Abi hat sie gemeinsam mit ihrem Bruder den großen Wanderrucksack gepackt und ist nach Mittelamerika gereist. Sie lassen sich treiben, schlafen in Hostels. Tina lernt viele Leute kennen, fast jede Woche einen großartigen Mann und irgendwann den großartigsten: Cesar. Sie mag seine Verrücktheit, seine Leidenschaftlichkeit, wie er immer mit vollem Körpereinsatz spricht, dass er gern Kinder um sich hat. Und er mag ihre Arbeit im Zirkus, ihre Unbeschwertheit. Außerdem findet er sie »maravillosa«, einfach wunderschön. Zehn Tage lang reisen sie gemeinsam umher, dann verabreden sie, dass sie sich in ein paar Monaten in Ecuador wiedersehen wollen. Die beiden arbeiten dort bei einem Zirkusprojekt für Kinder, sie fühlen sich losgelöst von jeder Realität. Tina kennt Cesars eigentliches Leben nicht, sie hat keine Vorstellung von seiner Heimat, seinen Freunden, seinem Alltag. Und Cesar war noch nie in Deutschland, nie in Europa. Es gibt nur sie und ihn, im Hier und Jetzt. Es gibt keine Vergangenheit, keine Zukunft, keine Routine, keine Probleme – nur ein Datum, das unausweichlich näher rückt: Tinas Abflug nach Deutschland.

Als sie sich am Flughafen von Quito verabschieden, haben sie keinen Plan für die Zukunft, keine Ahnung, ob sie sich wiedersehen werden. Pläne, Sorgen, die gibt es in ihrer Sphäre einfach nicht. Sie sagen dennoch nicht »Leb wohl«. Sie sagen »¡Hasta pronto!«, »Bis bald!«

»Bis bald«, das müssen sie in den ersten Jahren ihrer Beziehung oft sagen. Meist ohne zu wissen, ob dieses »bald« in drei Monaten oder einem Jahr sein würde. Mal organisiert Tina sich ein Praktikum in Mexiko, mal lebt Cesar einige Monate bei ihr in Deutschland, mal treffen sie sich in einem dritten Land. Beide fühlen sich als Weltenbummler. Aber beide wissen auch, dass es so nicht ewig weitergehen kann. Denn: »Das alles ist scheiß-anstrengend«, sagt Tina. Heute sind sie und Cesar Mitte 20, und sie müssen nun endlich die Frage beantworten, die sie von Anfang an beschäftigt hat: Wo sollen wir leben?

Normalerweise stellen sich junge Verliebte andere Fragen. Was sollen wir heute Abend im Kino sehen? Oder: Wohin sollen wir in den Urlaub fahren? Bei Paaren aus verschiedenen Ländern hingegen kommt schnell das Existenzielle auf den Tisch. Gerade hat man sich etwas zu tief in die Augen geblickt, da steht meist schon der Abflug an – und damit viele grundlegende Fragen: Wie verliebt bin ich eigentlich? Was bin ich bereit, für diese Liebe aufzugeben? Bin ich bereit, meinen Job zu kündigen, meine Familie zu verlassen, meine Karriere zu beenden und umzuziehen? Kann ich in einem Land leben, in dem die Menschen eine andere Religion haben oder rohen Fisch essen, oder in dem in einem Jahr 15272 Menschen getötet werden? Und möchte ich, dass jemand anderes sein Leben für mich auf den Kopf stellt und zu mir zieht?

Gut, dass der liebe Gott an den Anfang der Liebe den Hormonschub gesetzt hat. Ohne die gehörige Ladung Dopamin, die einen an den Rand der Unzurechnungsfähigkeit treibt, gäbe es viele internationale Paare wohl gar nicht. Denn wer sich – ganz sachlich und rational – einmal mit der Frage beschäftigt, ob man für eine Beziehung wirklich sein ganzes Leben umkrempeln sollte, der würde sich vielleicht überlegen, dass Melanie oder Martin von nebenan doch auch ganz süß sind.

Ohne einen gewaltigen Anfall von irrationalem Verliebtheitsverhalten, da bin ich mir sicher, wären auch Morten und ich heute wahrscheinlich nicht zusammen. Denn das Tempo, das wir anfangs vorlegten, funktioniert nur mit Hormondoping: Der Tag, an dem wir uns in der Berliner Disco völlig unverbindlich knutschend in den Armen lagen, war der 3. November 2007. Schon im Januar sprachen wir übers Zusammenziehen. Allein der angespannte Hamburger Wohnungsmarkt hielt ihn davon ab, schon im Januar seinen Job zu kündigen, seine Wohnung zu verkaufen und nach Deutschland überzusiedeln.

Bevor ich vor einem halben Jahr nach Kopenhagen zog, war es nämlich Morten, der sein Land verließ, um mit mir zusammen zu sein. Als wir uns kennenlernten, war ich 27 und erkannte mich selbst nicht wieder. Bis dahin hatte ich es nämlich immer strikt abgelehnt, meine heißgeliebte WG für einen Mann aufzugeben. Ich stellte mir das unglaublich öde vor: keine WG-Partys, kein Rumlungern am Frühstückstisch, keine Küchenabende mit zu viel Rotwein. Bei diesem Dänen aber war alles anders. Plötzlich fand ich die Sache mit der gemeinsamen Wohnung eine richtig gute Idee. Ich weiß noch, wie wir damals – als wir endlich eine bezahlbare Bleibe gefunden hatten – seine Klamotten in einen Bulli packten, in Richtung Deutschland fuhren und im Auto wild und lauthals zu schlechten englischen Schlagern sangen. Wir waren total euphorisch, verliebt, glücklich – und naiv.

Rückblickend würde ich sagen, dass Mortens und mein Glück in Hamburg drei Wochen anhielt – wenn man optimistisch ist. Dann nämlich hatte er sich in der Stadt alles angeschaut, was man anschauen kann. Er hatte die Möbel aufgebaut, die Lampen aufgehängt, die Waschmaschine angeschlossen, und die große Langeweile begann. Am Anfang stritten wir uns noch nicht einmal, wir waren einfach nur unglücklich. Morten schrieb damals an seiner Masterarbeit. Er saß den ganzen Tag zu Hause, vermisste seine Freunde. Zwar sprach er ziemlich gut Deutsch, aber neue Leute kennenzulernen, das war trotzdem schwierig. Und ich war den ganzen Tag bei der Arbeit. Zumindest körperlich. In Gedanken war ich nämlich ständig bei ihm und fragte mich, was er jetzt wohl gerade machte, ob er etwas zu tun hatte, ob er sich langweilte. Abends fühlte ich mich wie eine Mutter, die ihr Kind von der Kita abholen muss. Während die Kollegen noch quatschten, sprang ich so schnell wie möglich auf mein Fahrrad und fuhr nach Hause, damit Morten nicht länger alleine war. Ich fühlte mich für das Glück meines Freundes verantwortlich und vergaß dabei fast, dass ich selbst ja auch glücklich sein sollte.

Als Morten mit seiner Masterarbeit fertig war, suchte er in Deutschland einen Job. Und ich war erstaunt, wie unflexibel deutsche Arbeitgeber sind, wenn es darum geht, Ausländer einzustellen. Morten hat IT-Business studiert, eine Art Wirtschaftsinformatik. Er hat in Australien und Singapur gelebt, spricht Dänisch und fast muttersprachlich Englisch, dazu brauchbares Norwegisch, Schwedisch und Deutsch. Man könnte meinen, dass er damit auf dem deutschen Arbeitsmarkt ganz gute Chancen haben müsste. Bei vielen Unternehmen stellte sich aber gleich zu Beginn heraus, dass sie überhaupt nicht auf Ausländer vorbereitet waren. Schon beim Online-Bewerbungsverfahren konnte man nur deutsche Noten angeben, was Schule und Universität betraf. Dabei wird außer in Deutschland nirgendwo auf der Welt von eins bis sechs bewertet.

Hinzu kam noch, dass die Wirtschaftskrise gerade ihren Höhepunkt erreicht hatte; kaum jemand stellte ein, und wenn doch, standen die Bewerber Schlange. Es gab so viele deutsche Bewerber, dass Morten kaum eine Chance hatte. Mein Freund wurde immer unglücklicher. Und irgendwann konnte er nicht mehr unterscheiden, ob das nun an seiner Situation in Deutschland lag oder daran, dass er mich vielleicht doch nicht so liebte, wie er dachte. Damals trennten wir uns – für ganze elf Stunden. Dabei gab es zwischen uns eigentlich gar keine Probleme. Morten in Deutschland, das war das Problem. Wir heulten ziemlich viel an diesem Tag. »Du musst dich jetzt in Dänemark bewerben«, sagte ich am Ende zu ihm, auch wenn klar war, dass das erst einmal eine Fernbeziehung bedeuten würde, dass ich wieder in eine WG ziehen müsste. Und dass dann irgendwann ich an der Reihe wäre, mein Land zu verlassen und nach Dänemark zu gehen. Aber man muss eben flexibel sein. Diese Erfahrung macht früher oder später jedes internationale Paar.

»Du bist ja eine richtige Deutsche!«

Als er zum ersten Mal nach Deutschland kam, hatte Cesar keine großen Erwartungen. Er wusste: Es würde kalt sein, es würde Schnee geben. Und er wusste noch etwas Wichtiges: Das Verb kommt immer zum Schluss. Denn vor seiner Abreise hatte Cesar noch schnell zwölf Stunden Deutschunterricht genommen.

Es ist Mitte Oktober, als er auf dem Flughafen in Frankfurt landet. Aber auch Tina landet – und zwar im Alltag mit Cesar. In Lateinamerika hatten sie das Reisen geteilt, die Unbeschwertheit, die Freiheit. Jetzt teilen sie zu zweit ein kleines Studentenzimmer. Cesar will davon leben, Straßenmusik zu machen. Aber wie viele Leute gehen bei trübem Wetter schon durch die Fußgängerzone? Er entdeckt den Winter, den Schnee, er flippt fast aus, als er an einem zugefrorenen See vorbeikommt, einen Stock wirft und der tatsächlich auf dem See liegen bleibt. Aber er entdeckt auch etwas, das ihn wenig begeistert: Seine Tina, seine Zirkusträumerin, ist auf einmal so organisiert, so ordentlich, so strukturiert und unflexibel. »Du bist total verändert, du bist eine richtige Deutsche«, schimpft er eines Tages, als sie sich wieder über sein Chaos aufregt. »Du hast eben eine deutsche Frau gefunden«, gibt sie zurück. »Also verlang keine Brasilianerin!«

Wenn sie sich streiten, und das kommt oft vor, dann hat Cesar keinen Ort, an den er gehen kann. »Das eine ist, bei jemandem zu sein, weil man dort sein will«, sagt er. »Das andere ist, bei jemandem zu sein, weil man keine andere Wahl hat.« Er ist plötzlich Ausländer, er verdient kaum Geld, ist komplett von Tina abhängig. Und Tina findet das Hin und Her immer anstrengender: Entweder ist der andere am anderen Ende der Welt, oder er steht vor der Tür, wie Cesar jetzt, und ist plötzlich immer da. IMMER. Cesar und sie, das ist eine Liebe wie eine Fahrt in der Achterbahn, immer zwischen den Extremen. Es knallt, wenn sie sich streiten. Aber es ist immer noch magisch, wenn sie sich lieben.

Tina ist daher sehr traurig, als Cesar nach einem halben Jahr wieder zurück nach Mexiko geht, um weiterzustudieren. Jetzt ist wieder Telefonieren angesagt. Monatelang. Doch diesmal ist etwas anders: Sie haben zum ersten Mal einen gemeinsamen Alltag gehabt. Der fehlt nun umso mehr. Das Kuscheln, das Lachen und das Diskutieren wieder gegen sporadische Telefonate tauschen zu müssen – schrecklich. Am liebsten würde Tina einen festen Tag, eine feste Uhrzeit ausmachen, zu der sie sich anrufen. Aber so etwas, da ist sie realistisch, ist mit Cesar nicht machbar. Er lebt im Hier und Jetzt. Er kann keine festen Pläne machen.

Wenn er reist, kann sie ihn manchmal wochenlang nicht erreichen. Wenn sie an solche Zeiten denkt, dann kommen ihr immer die Tränen.

Gerade ist Cesar wieder in Deutschland. Und Tina sagt: Die Fernbeziehung, das ewige Hin und Her, das kotze sie nur noch an. Nach sechs Jahren haben sich die beiden zwar einander angepasst, Kompromisse gefunden. Wenn er sie etwa, wild gestikulierend, wieder einmal unterbricht, dann legt sie ihm einfach die Hand auf das Knie – und er sagt ganz brav »Entschuldigung«. Aber die beiden wissen, dass es nicht reicht, sich anzupassen, Kompromisse zu finden. Denn sie müssen nicht nur den anderen lieben, sondern sein Land gleich mit. Wenn Tina und Cesar zusammenbleiben wollen, muss einer von beiden langfristig seine Heimat verlassen. Aber wenn Cesar in Deutschland ist, dann vermisst er nicht nur das mexikanische Leben, seine Freunde, seine Großfamilie. Er vermisst vor allem ein Ziel. »Zu Hause, da habe ich eine Berufung, da ist so vieles, was man bewirken kann«, sagt er. »Ich will Kindern helfen. Ich will die Welt verändern, mit Zirkus, mit Projekten. Ein bisschen zumindest.« Tina weiß, dass sie Cesar seinen Lebenstraum nicht nehmen kann. Er hat ihr auch gesagt: Wenn er sich entscheiden müsste, Tina oder Mexiko, dann wäre Mexiko die Antwort. Für Tina ist also klar: Wenn sie mit ihrem Freund eine Zukunft haben will, dann muss sie nach Mexiko gehen. Eigentlich kein Problem, schließlich mag sie Cesars Land, spricht fließend Spanisch und könnte relativ leicht einen Job dort finden. Wenn da nur diese drei Zahlen nicht wären: 15272, 42, 0.

Zugegeben: Ich muss in Kopenhagen weder Angst vor der Drogenmafia haben, noch mit einem Freund klarkommen, der keine Termine einhalten kann. Und dennoch habe ich schon einmal daran gedacht, wie einfach alles wäre, wenn ich mir jemanden ausgesucht hätte, der aus meiner Stadt oder zumindest aus meinem Land kommt. Aber zum einen, so denke ich mir, haben solche Paare dann eben andere Probleme. Und zum anderen: Man sucht sich den Partner fürs Leben ja nicht nach dem Reisepass aus.

Einmal schwäbische Provinz, bitte

Dettenhausen: 5446 Einwohner. Grüne Wiesen, Fachwerkhäuser, Bausparen. Kutteln, Kittelschürz, Kehrwoche. Maultaschen, Maulfaulheit.

Als Amit Bhandari hier ankommt, jung, gut aussehend, indisch, da ist die Lage überschaubar: drei Kirchen, zwei Faschingsvereine, ein Harmonikaclub. Kein Kino, kein Gymnasium, kein Supermarkt. Was hat ihn nur hierher verschlagen?

Die Antwort findet sich in Darjeeling, Nordindien, 6500 Kilometer von Dettenhausen entfernt und hat einen Namen: Susanne. Zwei Jahre zuvor lernen sich die beiden im Haus von Amits Eltern kennen. Er studiert im Süden des Landes, ist für eine Woche heimgekommen und steht plötzlich vor diesem Mädchen mit der weißen, zarten Haut und den langen schwarzen Haaren – ein bisschen wie Schneewittchen. Susanne lebt für ein paar Monate in seinem Elternhaus, weil die Väter der Familien sich kennen; Amits Vater ist Pastor und leitet eine Mission in Indien, Susannes Vater ist in der katholischen Kirche sehr aktiv. Susanne ist 20 Jahre alt und arbeitet hier in Indien als Assistenzlehrerin. Nach dem Abi wollte sie raus, etwas erleben. Sie hat ein offenes, herzliches Lachen, sie liebt das Abenteuer, das Leben und ihre Gitarre, die sie extra mit nach Indien genommen hat. Endlich mal eine, mit der man über Musik reden kann, denkt Amit, eine, die die ganzen Songs aus dem Westen kennt!

Amit ist erst zweimal im Westen gewesen, in London. Dort fand er alles sehr merkwürdig und fremd. Susanne denkt genau das Gleiche über Indien, aber gleichzeitig liebt sie ihr kleines Abenteuer. Dummerweise liebt ihr Magen es nicht.

Kurz nach ihrer ersten Begegnung mit Amit wird Susanne hundeelend. Europäische Verdauungsorgane und indisches Essen – das passt nun mal nicht gut zueinander. An Arbeiten ist nicht zu denken. Aber wenigstens hat sie Unterhaltung, Amit ist ja da. Den ganzen Tag über quatschen sie, spielen Gitarre, erzählen. Susanne mag seine angenehme, ruhige Art, mag, wie er redet, wie er aussieht, wie er denkt. Nur ihr Verstand brüllt die ganze Zeit: »Nicht verlieben! Nicht verlieben!« Als klar ist, dass sie eigentlich gar nicht mehr reden, sondern viel lieber küssen wollen, setzen sich Amit und Susanne zusammen und zählen auf, warum das mit ihnen nicht klappen kann.

Erstens: Sie sprechen verschiedene Muttersprachen.

Zweitens: Sie kommen aus völlig unterschiedlichen Kulturen.

Drittens: Sie wohnen 6500 Kilometer voneinander entfernt.

Viertens: Sie haben nicht das Geld, um ständig hin und her zu fliegen.

Fünftens: Wenn einer für den anderen umzieht, was sollte er dann dort machen?

Amit steckt in den letzten Zügen seiner Ausbildung, er will Dokumentarfilmer werden. Aber in Deutschland hat er in der Branche weder Kontakte noch eine Perspektive. Außerdem würde er ja nur ein Touristenvisum bekommen, für drei Monate. Und Susanne will zuallererst einmal studieren.

Amit und Susanne sehen sich plötzlich mit all den Fragen konfrontiert, mit denen auch Tina und Cesar kämpfen: Soll Susanne ihr Studium sausen lassen und nach Indien ziehen, damit sie sich weiter sehen können? Oder Amit nach Deutschland kommen, wo er noch nie gewesen ist? Könnte eine Fernbeziehung, Darjeeling–Dettenhausen, funktionieren?

Ein paar Wochen später muss Amit abreisen, seine letzten Prüfungen an der Uni ablegen. Sie telefonieren so oft es geht, schreiben sich E-Mails und versuchen zu verdrängen, dass Susannes Rückflug schon gebucht ist. In zehn Wochen geht es zurück. Der Tag rückt immer näher – und Amit kann nicht anders: Er muss Susanne noch einmal sehen. Kurzerhand kauft er sich ein Ticket für eine Überlandfahrt im Zug – ohne Platzkarte, denn die sind schon Wochen im Voraus ausgebucht. Er quetscht sich einfach auf den winzigen freien Raum vor der Zugtoilette. Drei Tage und zwei Nächte wird er da verbringen. Unzählige Leute werden über ihn steigen. Es wird heiß und laut sein, es wird stinken. Aber er hat ein Ziel: Er will Susanne noch verabschieden, bevor sie in den Flieger steigt. Sie hat ihm versprochen, ihn in Deutschland nicht zu vergessen. Er hat ihr versprochen, sich regelmäßig auf den Weg zum Internetcafé zu machen, das zwölf Kilometer von seiner Studentenbude entfernt liegt. Bevor es zum Flughafen geht, umarmen sie sich. Susanne weint nicht, sie heult. Sie hat sich verliebt. Aber einen Plan, wie es mit ihnen weitergehen könnte, den hat sie nicht.

Alles, was Susanne bleibt, als sie wieder im schwäbischen Dettenhausen ankommt, sind ein paar Fotos und eine E-Mail-Adresse. Immer, wenn sie den Computer hochfährt, hofft sie auf Nachricht von Amit. Jeder Brief, jede E-Mail schafft mehr Vertrautheit. Sie schreiben und schreiben. Die Musik, die Religion, das verbindet. Aber was ist das für eine Liebe, was für ein Leben? Susanne und Amit können sich nicht vorstellen, jahrelang zwischen den Welten zu pendeln, wie es etwa Tina und Cesar gemacht haben. Als Amit sein Studium beendet, fasst er deshalb einen Entschluss: Ob er nun in Indien einen Job sucht oder in Europa, das ist doch eigentlich egal, oder?

Und so kauft Amit sich ein Ticket nach Deutschland.

Susanne und Amit, Tina und Cesar, Marike und ich, wir sind alle keine Globetrotter. Denn unsere Generation trottet nicht um den Globus, sie hetzt: vom Erasmus-Austausch in Stockholm zum Hilfsprojekt nach Tansania zur Rucksackreise durch Nepal. Wer so viel im Ausland war, der denkt, dass es kein großes Problem sein kann, dauerhaft umzuziehen. Im Gegenteil: Mexiko, Indien, das hört sich doch nach Abenteuer an, nach Weltläufigkeit und Erfahrungen fürs Leben.

Die meisten internationalen Paare sagen, dass sie am Anfang ähnlich gedacht hätten – und dass sie naiv gewesen seien. Erst später bemerkten sie: Es ist leicht, ins Ausland zu gehen, wenn man weiß, dass es nur für ein paar Monate oder ein Jahr ist. Gar nicht mehr so leicht ist es, wenn man kein Rückflugticket gebucht hat, wenn man nicht weiß, ob man je wieder in seiner Heimat leben wird, wenn man bemerkt, dass man nicht nur gewinnt, sondern auch verliert: Man lässt seine Freunde, seine Familie und seine Muttersprache zurück, und wenn das Geld knapp ist, dann kann man nicht alle paar Wochen in den Flieger steigen. Man muss sich an neues Essen gewöhnen, an weniger oder mehr Freiheit, daran, dass es draußen 40 Grad im Schatten sind, dass das Klo aus einem Loch im Boden besteht, oder dass es, wie in Deutschland, wochenlang um vier Uhr dunkel wird.

Als Amit zum ersten Mal nach Deutschland kommt, ist für ihn aber das Schwierigste, dass er nicht nur seine Heimat verlassen hat, sondern ein bisschen auch sich selbst. Er kann plötzlich nicht mehr so sein, wie er ist, denn wenn er deutsch spricht, dann wirkt und klingt er anders. Außerdem gibt es in Deutschland andere Kategorien als in Indien: Was ist lustig? Was ist ironisch? Was ist unverschämt und was sympathisch? Amit weiß manchmal nicht, wie er bei anderen ankommt. Dabei spricht er schnell sehr gut deutsch. Und er kennt sogar einige Vokabeln, mit denen selbst viele deutsche Muttersprachler nichts anfangen können. »Aufenthaltstitel« etwa. Oder »Ehegattennachzug«.

Wenn Amit länger als drei Monate in Deutschland bleiben möchte, dann müssen Susanne und er nämlich heiraten. Noch so eine Entscheidung, die viele internationale Paare viel früher treffen müssen als andere. Denn ohne Hochzeit kein Ehegattennachzug, ohne Ehegattennachzug keine Aufenthaltserlaubnis, und ohne Aufenthaltserlaubnis keine Zukunft. Darauf, dass man sich doch erst einmal in Ruhe kennenlernen möchte, bevor man Ja sagt, nimmt das Ausländerrecht keine Rücksicht – und auch nicht darauf, dass nicht jeder, der einen Ausländer heiratet, ein abgeschlossenes Jurastudium hat. Ein solches kann nämlich durchaus gebrauchen, wer in Deutschland eine Hochzeit mit einem Nicht-EU-Bürger plant. Amit muss eine ganze Litanei an Papieren in Indien organisieren und dann zur Ausländerbehörde bringen, sogar einen HIV-Test vorlegen nebst einem ärztlichen Nachweis, dass er nicht verrückt ist. Das Problem ist nur: Manche Papiere, die der deutsche Staat verlangt, gibt es in Indien gar nicht.

Deshalb steht Susanne ein paar Wochen später nicht in Dettenhausen vorm Standesbeamten, sondern in Darjeeling – und hat keine Ahnung, was eigentlich vor sich geht. Sie weiß nicht, was der Standesbeamte sagt, und vor allem weiß sie nicht, warum sie einen deutschen Mann neben sich hat. »Wer ist das?«, fragt der Standesbeamte in ihre Richtung. Hilflos sieht sie sich um, hält aber den Mund. »Cousin«, sagt der Anwalt von Amits Vater schnell, »äh, Bruder.« Er hatte die Hochzeit mit einer kleinen Unterschriftenfälschung und den richtigen Kontakten kurzfristig möglich gemacht, ohne großen Papierkram. Später erfährt Susanne: In Indien müssen Braut und Bräutigam je einen Trauzeugen aus ihrer Familie mitbringen. Sie hat dort aber keine Familie. Also hat Amits Vater kurzerhand einen deutschen Bekannten organisiert. Ein paar Minuten später sind Amit und Susanne verheiratet.

»Wir haben dann eine ganz kleine Feier gemacht«, erzählt Susanne, »mit gerade mal hundert Gästen.« Hätten sie dagegen groß gefeiert wie Amits Bruder, hätten sie mit eintausend Menschen rechnen müssen. Denn wenn man in Indien Herrn und Frau Singh einlädt, dann heißt das, dass auch die Kinder, die Cousins und eventuell der Schwippschwager mitkommen. Und es gilt als völlig normal, wenn der Nachbar fragt: »Ist noch etwas Platz im Auto?«

Für Amit ist es daher eine große Umstellung, als er nach der Hochzeit endgültig ins Einzelkämpferdeutschland zieht. Er muss nun damit zurechtkommen, dass man hier nicht so einfach miteinander ins Gespräch kommt, dass man im Zug ruhig zu sein hat, die Deutschen ihre Privatsphäre brauchen und ihn in Dettenhausen auf dem Lande offen und ungeniert angaffen, oft so lange, bis er grüßt. Einmal sitzt er an einem Bahnhof auf einem Betonblock und hat das Knie an die Brust gezogen, sodass sein Fuß auf der Sitzfläche steht. Da sticht ihn plötzlich etwas Spitzes von hinten in die Wade. Amit dreht sich um und sieht – eine alte Frau. Mit ihrem Regenschirm hat sie seinen Fuß ohne Vorwarnung von der Sitzfläche gestoßen, begleitet von einem tadelnden Blick. Ob sie das bei einem deutschen erwachsenen Mann auch getan hätte?

Selbst Menschen, die gar nichts gegen einen Ausländer haben, können manchmal aus einem stolzen, selbstbewussten Menschen einen gebrochenen machen. Diskriminierung kommt schließlich oft sehr subtil daher: Etwa wenn die Frau an der Bushaltestelle plötzlich doppelt so laut spricht, als sie merkt, dass der Fremde ihr gegenüber nur gebrochen Deutsch spricht. Wenn der Schornsteinfeger bei seiner Routinekontrolle auf einmal in Babysprache redet, weil er denkt, das würde die Verständigung erleichtern. Oder wenn man als Ausländer im Geschäft etwas fragt und die Verkäuferin einem nicht direkt antwortet, sondern sich an den deutschen Partner wendet, der danebensteht.

Wenn so etwas passiert, oder wenn er von Fremden einfach geduzt wird, dann trifft das aber nicht nur Amit. Es trifft auch Susanne. »Es ist schon komisch, wie die Leute unsere Welt einteilen«, sagt sie. »Hier in Süddeutschland ist ein Afrikaner nach meiner Erfahrung ganz unten. Dann kommen die Asiaten, dann die Südeuropäer.« Dass sie, die liebe Susanne, so einen »Neig'schmeckten« heiratet, das finden viele komisch. »Wenn du einen Ami oder einen Skandinavier heiratest«, sagt sie, »oder vielleicht auch noch einen anderen Europäer, dann ist das okay. Aber bei allen anderen, da wird's schon kritisch.«

Am Anfang, als Amit nach Deutschland kommt, kümmert ihn das alles wenig. Er ist damals 25 Jahre alt, alles erscheint ihm spannend, alles ist anders. Die Häuser, die Sauberkeit, die Ordnung, die Jahreszeiten, das ganze Grün, der erste Schnee. Amit macht einen Sprachkurs, zieht durch die Straßen, jobbt hier und da und staunt über die Deutschen. In einer Zimmerei etwa, wo er arbeitet, da steht in der Teeküche eine Box mit Getränken und Schokolade. Wer sich etwas herausnimmt, der legt einfach Geld in die Dose. Dass das funktioniert, dass das Geld da so unbeaufsichtigt herumliegt und es keiner einsteckt, darüber kommt er gar nicht hinweg. »Ich war komplett schockiert«, sagt er.

Doch irgendwann wird alles Neue alt, irgendwann ist das Leben in Deutschland nicht mehr aufregend, sondern frustrierend. Ständig ist das Geld knapp, denn Susanne studiert noch, und Amit hat nur Gelegenheitsjobs. Wenn er mal unter Leuten ist, dann umgeben ihn fast ausschließlich Frauen – weil er alle Menschen, die er kennt, durch Susanne trifft. Da die Frauen sich aber so schnell unterhalten, kann er den Gesprächen nie lange folgen. Außerdem lernt er in der Sprachschule Hochdeutsch. Im schwäbischen Dettenhausen bringt ihn das natürlich nicht unbedingt weiter. »Dabei habe ich mir einfach nur jemanden gewünscht«, sagt Amit, »mit dem ich mal Kaffeetrinken gehen kann.«

Auch Susanne hat irgendwann kaum noch Lust, sich mit anderen zu treffen. Immer die Vermittlerin, die Dolmetscherin zu spielen, das ist anstrengend. Sie fühlt sich unter Druck, schließlich will sie, dass Amit ankommt, glücklich ist. Immer mal wieder stellt sie ihm die Männer von ihren Freundinnen vor. Aber irgendwie klickt es nie.

Zu Hause ist es immer noch am schönsten

»Zu erwarten, dass der Partner die vorgeschlagenen Personen als Schlüsselpersonen akzeptiert, das ist ein häufiger Fehler«, sagt Valentina Veneto Scheib. Ich bin zu ihr nach Frankfurt gefahren, denn sie kennt sich aus: Zum einen therapiert die Psychologin seit über 20 Jahren Migranten und internationale Paare. Zum anderen weiß sie aus eigener Erfahrung, was es heißt, in einem anderen Land klarkommen zu müssen: Sie ist Italienerin, ihr Mann Deutscher. »Oft, wenn er mir Freunde oder Bekannte vorgeschlagen hat«, erzählt sie, »habe ich festgestellt: Ich finde keine Anknüpfungspunkte, habe kein Interesse an diesen Menschen.«

Valentina Veneto Scheib arbeitet in einer kleinen Klinik, dort gibt es viele Therapeuten und Ärzte, die türkisch, persisch, arabisch oder russisch sprechen. Denn eine Therapie, die nicht in der Muttersprache stattfindet, funktioniert kaum. Wer Veneto Scheib in ihrem Büro besuchen will, muss zunächst an einigen Sicherheitsschleusen vorbei. Die Türen sind mit Codes oder Sicherheitsschlössern verschlossen, die Fenster verriegelt, das Treppenhaus durch Netze gesichert. Denn mancher, der hierherkommt, will nicht mehr leben.

»Menschen, die ihr Land verlassen, machen typischerweise einen Trauerprozess durch«, sagt Veneto Scheib. »Manche bekommen sogar körperliche Schmerzen, laufen von Arzt zu Arzt, ohne dass eine Ursache gefunden wird. Sie haben etwas hinter sich gelassen, das ihnen bekannt war. Ein Land, von dem sie wussten, wie man sich darin bewegen soll, wie man Aussagen oder Verhalten anderer deuten kann. Das bedeutet viel!«

Wie bei der Trauer um einen Menschen, erklärt mir die Psychologin, gibt es auch bei Auswanderern typische Trauerphasen. Am Anfang schaltet man auf Autopilot: Man muss überleben, klarkommen, es gibt tausend Dinge zu regeln, tausend Aufgaben zu erledigen. Irgendwann mischen sich die Gefühle. Zu der Anfangseuphorie gesellen sich erste Probleme. Und je mehr diese Probleme zunehmen, desto näher rückt die dritte Phase: die des Schmerzes. Erst dann realisieren viele, was sie eigentlich gemacht haben, dass sie nicht nur in einem langen Urlaub sind, sondern dass sie ihr Land verlassen haben, und dass sie nun so vieles vermissen. Schließlich sollte sich irgendwann die vierte Phase anschließen: die der Neuorientierung, in der man sein neues Leben in die Hand nimmt und etwas daraus macht.

Trauer also – als ob jemand gestorben wäre, den man schrecklich vermisst. Genauso wie man über Verstorbene nicht schlecht rede, sagt Valentina Veneto Scheib, stellten viele auch ihr Heimatland auf einen Sockel. Auf einmal war zu Hause alles schöner, einfacher und generell besser.

Das konnte ich auch an Morten beobachten, als er bei mir in Deutschland lebte: Dänemark habe eine längere Küste, sagte er damals. Außerdem könne man alles online erledigen, selbst im Kiosk mit Karte bezahlen, und man dürfe ohne Segelschein segeln. Telefonieren sei billiger, die Möbel stilvoller, die Landschaft schöner, und der Rotkohl schmecke besser. Roberto hingegen kann stundenlang davon schwärmen, wie sauber die Straßen in Spanien seien, wie gesund das Essen, wie offen die Leute und wie viel besser ausgebildet die Kellner in den Restaurants seien. Und außerdem würden die Kinder schon viel früher lesen lernen. Mit genauso großem Eifer regt er sich auch über das komplett unzivilisierte Müllsystem in Hamburg auf, bei dem die Säcke einfach draußen abgestellt werden, und über die Banken, die ja in Deutschland viel zu hohe Gebühren verlangen.

Das mag alles stimmen – aber die Frage ist, wie viel Zeit man damit verbringt, sich darüber Gedanken zu machen. Denn das ständige Nörgeln über die neue Heimat macht nicht nur schlechte Laune, es hat auch Konsequenzen für die Beziehung. »Wenn der eine Partner ein Deutscher ist, dann steht er natürlich für die Majoritätskultur«, sagt Valentina Veneto Scheib. »Es ist klar: Wenn ich zum Beispiel über deutsche Macken schimpfe, dann fühlt sich mein deutscher Mann automatisch angesprochen, auch wenn ich das gar nicht so meine.«

Ich selbst fing an, mein Land zu verteidigen, wenn Morten sich wieder einmal aufregte – etwa über deutsche Autofahrer, das unsoziale deutsche Steuersystem oder die unmöglichen Hamburger Radwege. Plötzlich fühlte ich mich sogar dafür schuldig, dass die Häuser in Deutschland so hässliche Kunststofffenster haben, während in Dänemark die teuren, aber schönen Holzfenster verbaut werden. Es war, als machte Morten mich verantwortlich für alles, was in seinen Augen in Deutschland nicht funktionierte. »Du bist eben diejenige, die gerade am dichtesten dran ist, dafür verantwortlich zu sein«, meinte er dann mit einem Grinsen.

»Wenn man seine Heimat idealisiert, ist das natürlich keine echte Auseinandersetzung mit dem erlebten Verlust und der eigenen Trauer«, sagt Valentina Veneto Scheib. »Ich würde das für die erste Zeit zulassen und dann sehr vorsichtig versuchen, zu differenzieren.« Möglicherweise sei aber der Partner gar nicht der richtige, um das Bild mal gehörig gerade zu rücken. »Das wären immer kritische Anmerkungen von außen, da reagiert man nicht so gut drauf. Wenn ich aber als Italienerin meinen italienischen Klienten sage: ›Ganz so toll war das zu Hause ja nun auch nicht‹, dann kommt das anders an.«

Klar, als Einheimischer will man dem Partner helfen, den Verlust seiner Heimat wegzustecken – aber genauso klar ist: Letztendlich muss der andere das alleine schaffen. Auch das Freunde-Finden, das Heimisch-Werden kann man ihm nicht abnehmen. Und wenn er dann mal wieder frustriert vor einem sitzt, kann man selbst nicht viel mehr tun, als ihn fest zu drücken.

Außerdem ist man mit anderen Dingen schon genug beschäftigt: Marike etwa muss bis heute alle öffentlichen Anrufe übernehmen und sogar mit Roberto zum Arzt gehen. Ich hingegen würde, seit ich in Kopenhagen wohne, gar nicht auf die Idee kommen, meine Steuererklärung selbst zu machen. Das kann Morten doch viel besser. Er hat für mich auch ein Bankkonto eröffnet und mir ein Handy besorgt. Er kümmert sich um die Stromabrechnung, meine Krankenversicherung und darum, dass ich in Dänemark richtig angemeldet bin. Dabei habe ich in meinen 29 Lebensjahren bisher eigentlich immer alles selbst geregelt bekommen. Und nun muss ich Morten einerseits dankbar sein, schließlich erledigt er die ganze Arbeit. Gleichzeitig fühle ich mich bevormundet, weil ich nicht mehr so sein kann, wie ich will: unabhängig und eigenständig.

Ich kenne also beide Rollen: die des In- und die des Ausländers. Ich weiß, wie es sich anfühlt, wenn man sich für den anderen abrackert, damit er sich zu Hause fühlt, und dann kommt nur schlechte Laune zurück. Ich kann aber auch mitfühlen, wo diese schlechte Laune herkommt, wenn man selbst der Fremde ist. Keine der Rollen ist einfach.

Auch Valentina Veneto Scheib sagt: »Es ist gar nicht zu vermeiden, dass es am Anfang ein Ungleichgewicht in der Beziehung gibt. Ich bin auch durch so einen Prozess gegangen. Wenn man Ausländer ist, hat man vielleicht eine niedliche Sprache mit Fehlern, man weiß vieles nicht, man wird wahrgenommen, als wäre man nicht ganz erwachsen. Dann entspricht das Bild, das andere von einem haben, nicht dem Selbstbild.«

Marikes Freund Roberto erzählte mir gerade neulich ziemlich geknickt von einem Erlebnis bei der Arbeit. Er ist Wissenschaftler und arbeitet an einem Forschungsinstitut. Und obwohl er längst promoviert ist, meinten einige Kollegen, ihm die Grundlagen des wissenschaftlichen Vorgehens erklären zu müssen. »Wenn die Leute hören, dass ich Spanier bin«, sagt er, »dann finden die das toll: Tapas, Sonne, Urlaub, Lebensfreude. Aber dass ein Spanier auch ehrgeizige Wissenschaft betreibt, passt offenbar nicht ins Bild. Da denken manche Leute: Der mogelt sich bestimmt ein bisschen durch.«

Auch wenn ich Roberto in der Situation nicht helfen konnte – zumindest habe ich richtig reagiert. »Die wichtigste Aufgabe für Freunde und Bekannte ist Zuhören«, sagt die Expertin Veneto Scheib. »Es ist ein großes Geschenk, wenn da jemand ist, der einen ernst nimmt und nicht sagt: ›Du gewöhnst dich schon dran, alles halb so schlimm.‹«

Doch nach und nach auch mal alleine zum Arzt zu gehen, beim Hausmeister anzurufen oder den Klempner zu bestellen, daran kommt Roberto wohl langfristig nicht vorbei. »Wenn man abhängig bleibt, kann das zu einer kriselnden Beziehung führen«, sagt Valentina Veneto Scheib. »Man hat die Beziehung auf Augenhöhe begonnen. Die Vereinbarung, welche Rolle man in der Beziehung hat, war am Anfang eine andere.«

Wie man als einheimischer Partner denn helfen könne, frage ich sie. »Man kann sagen: Ich erkläre dir, wie das geht. Und ich erkläre dir das so geduldig, so langsam und so gut didaktisch aufbereitet, dass du das lernst und das nächste oder übernächste Mal alleine machen kannst.«

Was sonst noch hilft: ein bisschen Heimat in das neue Leben zu bringen. »Repräsentationsobjekte« nennt man das in der Fachsprache. Essen, Bilder, Musik, Fernsehprogramme, alles, was einem besonders lieb ist. »Ich erinnere mich noch an eine Rückfahrt aus dem Italien-Urlaub. Damals konnte ich meine Tränen einfach nicht zurückhalten«, erzählt Valentina Veneto Scheib. Da fuhr ihr Mann plötzlich rechts ran, stapfte auf ein Feld voller Olivenbäume und pflückte für seine Frau ein paar Zweige. Ein kleines Stück Italien sollte auf dem Rücksitz mit nach Deutschland fahren. Diese Geste rührt Valentina Veneto Scheib bis heute.

»Ich ermutige meine Klientinnen, ein Stückchen Heimat in ihren Alltag zu integrieren«, sagt sie. »Ich brauche etwa den Besuch auf dem Wochenmarkt. Ich will einheimisches Gemüse. Das ist ganz wichtig für mich, eine tief verwurzelte Lebenserfahrung, die Gerüche, die Farben.«

Außerdem sei es wichtig, sagt die Psychologin, im neuen Land Freunde aus der eigenen Kultur zu finden – auch wenn man nie zu der Sorte Ausländer gehören wollte, die immer nur unter sich bleibt. »Es gibt überhaupt keinen Grund, das zu moralisieren«, sagt Valentina Veneto Scheib. »Es hilft.«

Aber bei allem Schmerz, findet sie, muss jeder auch für sich selbst Verantwortung übernehmen. »Wenn es mir schlecht geht, kann ich entweder überlegen, was ich tun kann, damit es besser wird. Oder ich kann schmollen. Aber das ist nicht wirklich eine gute Lösung.« Auch für den inländischen Partner, sagt Veneto Scheib, wird die Situation dann unerträglich. Man denkt sich: Jetzt ist der wegen mir hierhergekommen – und was hat er nun davon?

Gerade deswegen findet Valentina Veneto Scheib es wichtig, dass man nicht ausschließlich der Liebe wegen auswandert. »Natürlich kann es sein, dass man ohne den Partner nie auf die Idee gekommen wäre, ins Ausland zu gehen. Aber man sollte für sich selbst einen weiteren Grund finden.« Das können die besseren beruflichen Chancen sein, das schönere Wetter, die Natur oder die Pünktlichkeit der Straßenbahn. »Wenn man nur wegen des Partners sein Land verlässt, dann kann die Hypothek für die Beziehung zu schwer werden.«

Denn was, wenn die Beziehung zerbricht? Wie im Fall von Eric, der im Dänischkurs neben mir sitzt. Er kommt aus Houston, Texas, und war mal mit einer Dänin zusammen. Seit die beiden sich getrennt haben, hat Eric eigentlich keine Lust mehr auf das Regenwetter in Kopenhagen und den langen Winter. Außerdem vermisst er seine Freunde. »Aber ich habe hier ja zwei kleine Jungs«, erzählt er. »Ohne die beiden in die USA zu ziehen, sie nur noch in den Ferien zu sehen, das könnte ich ihnen nicht antun. Und mir auch nicht.«

Und selbst wenn man zurückkehrt, ist das oft nicht so einfach. Denn dann kann es sein, dass man in seinem Heimatland nach all der Zeit in der Fremde selbst ein Fremder geworden ist.

»Das passierte mir nach etwa fünf Jahren«, sagt Valentina Veneto Scheib. »Ich fing dann an, die Leute von außen zu betrachten, mitten in Rom, in meiner Stadt. Ich saß im Bus, schaute mich um und fand es komisch, wie sie angezogen waren und im Allgemeinen aussahen, vor allem die Männer. Da habe ich mich erschrocken. Und nach fünf bis zehn Jahren meinten die Italiener plötzlich: ›Sie sprechen aber fabelhaft Italienisch! Wie eine Dolmetscherin.‹ Die hielten mich plötzlich für eine Touristin.«

So etwas erleben offenbar viele Menschen, die im Ausland wohnen. Eine Bekannte, die aus Guatemala stammt, sagte einmal zu mir: »Einerseits habe ich Heimweh, mir fehlen meine Familie, meine Freunde, die Herzlichkeit. Andererseits könnte ich heute nicht mehr dort leben. Ich habe mich daran gewöhnt, dass hier alles so sicher ist, dass man als Frau so viele Freiheiten hat. Ich fühle mich nirgends mehr richtig zu Hause, bin für beide Länder versaut.«

Wenn einer eine Reise tut, dann verändert er sich eben. Besonders dann, wenn diese Reise viele Jahre dauert. Amits Freunde in Indien sagen heute etwa, er sei halb deutsch. Manchmal jedenfalls können sie nur noch über ihn staunen. Warum regt er sich beispielsweise so auf, wenn sie mal eine Verabredung vergessen? Früher fand er das doch auch ganz normal. Und als er vor Kurzem zu Besuch in Indien war, da verhielt sich Amit aus Sicht seiner Freunde ganz und gar merkwürdig: Er hob Geld an einem Automaten ab und erhielt 500 Rupien zu viel. Anstatt es einfach einzustecken ging er in die Bank und sagte, dass der Automat wohl falsch programmiert sei. Der Manager war völlig geschockt: Was war los mit dem Mann? Warum erzählte er ihm das?

Die Antwort ist simpel: Amit hat die Ehrlichkeit in Deutschland schätzen gelernt – und er wünscht sie sich auch für Indien. Tatsächlich hat er ein klein wenig bewegt in seiner Heimatstadt. Als Amits Vater nämlich kurze Zeit später dieselbe Bank aufsuchte, stellte sich der Manager vor allen anderen Kunden hin und sagte: »Der Sohn dieses Mannes ist ein Vorbild für uns alle!«

Valentina Veneto Scheib merkt hingegen manchmal, dass sie selbst bei ihrer engsten Familie aneckt. Einmal etwa wollte sie ihre Schwester besuchen und lieber in einer Pension wohnen als bei der Familie zu Hause, um auch mal ein bisschen faulenzen oder Zeitung lesen zu können. Um ihren Freiraum zu haben. »Für meine Schwester war das tief beleidigend, eine Kriegserklärung«, erzählt Veneto Scheib. Umgekehrt war für die Schwester klar, dass sie, als sie bei Valentina zu Besuch in Deutschland war, alles, wirklich alles mit Valentina gemeinsam machen würde. »Als ich mal mit einem Anwalt telefonieren musste, saß sie brav daneben und hat gewartet, bis ich fertig war«, erzählt Veneto Scheib. »Ich konnte das ständige Zusammensein kaum noch ertragen und mich in der Situation nicht konzentrieren, aber es war nicht zu vermitteln, dass ich mal eine Stunde für mich brauchte.«

Sich abzugrenzen, erklärt sie mir, dieses Konzept gebe es in vielen Gesellschaften, etwa in Italien, gar nicht. »In

Deutschland ist das aber ganz, ganz wichtig. Ich bringe meinen Patienten deshalb bei, wie sie sich in sozialen Beziehungen besser abgrenzen können.«

»Sind deine Freunde irre?«

Das extreme Zueinanderhalten der Südländer hat auch Marike kennengelernt: Als sie neulich von einem Tag auf den anderen operiert werden musste, zögerte ihre spanische Schwiegermutter keine Sekunde: Es wurden gleich am nächsten Morgen die Koffer gepackt, ein vermutlich sündhaft teurer Flug gebucht, und wenige Stunden später saß Victoria an ihrem Krankenbett in Hamburg. »Meine eigene Mutter kam sich echt komisch vor, weil sie wegen der Arbeit nicht nach Hamburg gekommen ist, Victoria dagegen sofort zur Stelle war«, sagt Marike.

Valentina Veneto Scheib findet: »Auch das bedeutet bikulturell leben und wachsen. Man sieht: Aha, es geht auch so, wie die Schwiegermutter aus Barcelona das macht. Man bekommt eine größere Palette an Möglichkeiten. Das ist doch ein riesiger Gewinn!«

Marike hat aber nicht nur etwas über Familienzusammenhalt gelernt, sondern auch, dass Essen und Trinken nach der Familie das Allerwichtigste im Leben sind. Mittlerweile kann sie stundenlang tafeln, ohne an die Zeit zu denken. Wenn ich sie besuche, ist der Kühlschrank immer voll, steht immer eine Schüssel voller Gemüse in der Küche, und es wird jeden Tag frisch gekocht. Außerdem dauert es keine fünf Minuten, dann stehen ein Schälchen mit Oliven oder spanischem Käse auf dem Tisch, dazu gibt es Rotwein. Gäste sind hier zu jeder Tages- und Nachtzeit willkommen.

Marike ist in den vergangenen Jahren ein bisschen spanischer geworden – und ich ein klein wenig dänischer.

Zum Beispiel nehme ich die Arbeit nicht mehr so bierernst. Dänen machen sich da einfach nicht so einen Stress. Es gibt ja auch kaum Arbeitslosigkeit, und wenn man doch mal seinen Job verliert, dann erhält man zwei Jahre lang rund 80 Prozent des letzten Lohns. Ich mag an meiner neuen Heimat auch, dass sich die Menschen gegenseitig so vertrauen. Ich kenne in Kopenhagen Leute, die ihre Wohnung nie abschließen – obwohl dänische Haustüren nicht zuschnappen, wie in Deutschland, sondern jeder einfach hereinspazieren könnte. Und dann die Sache mit den Kinderwagen. Ich weiß noch, wie Morten und ich bei meinem ersten Besuch in Kopenhagen ein paar seiner Freunde zum Kaffeetrinken trafen. Mette und Anders saßen schon im Café und winkten uns durch die Fensterscheibe zu. Doch Morten steuerte nicht auf den Eingang zu, sondern auf einen Kinderwagen, der direkt vor der Scheibe stand.

»Was hast du vor?«, fragte ich ihn.

Aber er schob nur das Tuch, das über dem Wagen hing, beiseite und winkte mich zu sich. »Das ist Paul«, sagte er und zeigte auf das Baby, das dort warm eingekuschelt und friedlich schlief. Ich war entsetzt: Mitten in der Großstadt stellten diese Menschen ihr Baby im Kinderwagen vor dem Café ab und tranken drinnen in aller Seelenruhe Kaffee? Wie verantwortungslos!

»Sind deine Freunde irre?«, fragte ich. »Was, wenn jemand kommt und den Wagen mitnimmt?«

Morten schaute mich genauso verwundert an, wie ich ihn. »Mette und Anders sitzen doch gleich da hinter der Scheibe! Wer soll den Kleinen denn schon mitnehmen?«

»Aber wenn das Baby aufwacht und weint? Die sehen das doch gar nicht, wenn das Tuch davorhängt.«

Später erklärte mir die Mutter von Paul, dass draußen so viele Leute vorbeiliefen und die dann ein Zeichen geben würden, wenn das Baby weinte.

Mittlerweile würde ich es wohl genauso machen, wenn ich ein Kind hätte. Schließlich ist es allemal besser für Kinder, draußen an der frischen Luft zu schlafen, als in einem warmen, vollen, lauten Café.

Morten findet sowieso, dass wir Deutschen einfach lernen müssen, uns gegenseitig mehr zu vertrauen. Gerade ich sei immer so furchtbar skeptisch. Das ist ja aber auch kein Wunder: Mein Vater hat mir schon als Kind eingetrichtert, meinen Brustbeutel unter dem Pulli zu tragen, damit ihn niemand sieht. Und als ich drei war, brachte er mir einen besonders wichtigen Spruch bei. Wenn er sagte: »Alle wollen nur unser Bestes. Und was ist das?«, dann antwortete ich zielsicher: »Unser Geld.«

Irgendwann habe ich mich von diesem frühkindlich vermittelten Verfolgungswahn natürlich emanzipiert und vermute heute bei anderen grundsätzlich erst einmal das Gute. Dennoch werde ich in Kopenhagen immer noch von der Gutgläubigkeit der Dänen überrascht – zum Beispiel in Geschäften. Ich habe schon einige Male etwas umgetauscht, ohne dass der Verkäufer den Kassenbon sehen wollte. Für ihn war einfach klar: Wenn ich in diesem Laden etwas zurückgebe, dann werde ich es wohl auch dort gekauft haben. Und Morten macht sich heute noch darüber lustig, dass man in Deutschland bei Bewerbungen immer die Zeugnisse beilegen muss. In Dänemark wird einfach angegeben, dass man einen Uni-Abschluss hat. Belege will da niemand sehen.

Wenn man wie Marike und ich eine zweite Heimat geschenkt bekommt, dann ist das also ein bisschen wie eine gemischte Tüte im Süßigkeitenladen: ein paar Weingummis, ein paar weiße Mäuse, etwas Lakritze. Man pickt sich aus den Schachteln genau das heraus, was man haben möchte, sucht sich die Mischung, die einem gefällt.

Allerdings muss man auch stets darauf vorbereitet sein, dass alles wieder durcheinandergewürfelt wird. Denn wer weiß schon, ob etwa Roberto für immer im regnerischen Hamburg leben mag, oder ich ewig den dunklen Winter in Kopenhagen ertrage?

Dann müssten Marike und Morten die Koffer packen.

Auch Amit und Susanne ist nach einigen Jahren in Deutschland klargeworden: Es wird Zeit für einen Umzug. Und das, obwohl Susanne mittlerweile einen Job als Fernsehmoderatorin bei einem kleinen Sender gefunden hat, obwohl Amits Filmgeschäft ganz gut angelaufen ist.

»Wir dachten immer, dass unsere Probleme in Deutschland daher kommen, dass wir kein Geld haben«, sagt Susanne. »Aber dann hatten wir Geld, und das veränderte eigentlich gar nichts.« In Deutschland kann Amit – ohne perfekt deutsch zu sprechen – nicht die Filme drehen, die er drehen will. Er hat das Gefühl, dass er nur einen Bruchteil von dem nutzen kann, was er als Filmemacher draufhat. Und was Freunde betrifft: Nach sieben Jahren in Deutschland kann er die immer noch an einer Hand abzählen. Deshalb beschließen Susanne und Amit schließlich, dem Schwabenland »Adele« zu sagen. Ihr neues Zuhause heißt Darjeeling.

Dort steht Susanne nun in der Küche und schnipselt frisches Gemüse: Kartoffeln, Blumenkohl, Möhren. Wie jeden Tag. Das Haus, in dem sie, Amit und der kleine Rohan jetzt leben, hat mehrere Badezimmer und eine große Küche, es wirkt fast ein wenig amerikanisch. Allerdings nur von Weitem betrachtet. Denn wer näher hinschaut, der sieht: Hier gibt es keine Klimaanlage, keine Isolierung. Die Türen passen nicht richtig in die Rahmen, unter der Haustür etwa kommt so viel Staub und Dreck von der Straße herein, dass Susanne eigentlich permanent putzen könnte. Fürs Staubwischen bleibt aber kaum Zeit, denn sie ist den halben Tag mit Kochen beschäftigt, und während der anderen Hälfte kauft sie ein. In ihrer Anfangszeit hat sie sich dafür tatsächlich noch ein Fahrrad gekauft, hat sich auf der Straße zwischen den Fußgängern, den Autos, den Mopeds und den Kühen durchgequetscht. Die Leute sagten schon: »Ach guck mal, da kommt wieder die Weiße auf dem Fahrrad!« Fahrrad fahren, das tun hier nur die Armen. Mittlerweile lässt Susanne das Fahrrad aber stehen – zu gefährlich. Jetzt setzt sie sich jeden Morgen in den Jeep und fährt zum Einkaufen. Erst zum Gemüsemann, dann zum zweiten Gemüsemann, dann zum Fleischer, dann in den Laden mit den Kolonialwaren. Überall wird sie angestarrt. Überall muss sie handeln und feilschen, damit sie als Weiße nicht den dreifachen, sondern nur den doppelten Preis bezahlt. Supermärkte gibt es in Darjeeling nicht, genauso wenig wie Tiefkühlpizzen, Knorr fix und Selbstbedienung. Susanne erklärt dem Verkäufer, was sie braucht: »Namal, Phal Chaval, Del.« Wenn der Verkäufer sich von dem Schock erholt hat, dass Susanne Hindi spricht, zieht er los, sucht Salz, Obst, Reis und Öl zusammen.

Zwei Stunden braucht Susanne zum Einkaufen. Jeden Tag. Denn der Strom fällt so oft aus, dass man sich auf den Kühlschrank nicht verlassen kann. Dafür erweisen sich Hitze und Fliegen als umso zuverlässiger: Nach einem Tag ohne Kühlung sind Karotten und Tomaten hin. Wenn sie so in der Küche steht und kocht, denkt sie oft, dass sich in ihrem Leben etwas ändern muss, dass sie wieder arbeiten möchte, dass sie sich Freunde suchen muss. »Ich gehe sonst ein«, sagt sie. »Denn ich bin ja charakterlich eigentlich kein Einzelgänger.«

Susanne lebt jetzt in einem Wohngebiet, das von einer hohen Mauer und Wachpersonal beschützt wird. Sie lebt in einem Land, in dem Frauen abends nicht mehr auf die Straße gehen, weil sich das zum einen nicht gehört und es zum anderen einige üble Fälle von Gruppenvergewaltigungen gegeben hat. Einem Land, in dem Eltern ihre Töchter nicht zu Freunden zum Spielen lassen, weil sie Sorge haben, dass es in dem Haus merkwürdige Onkel oder Cousins geben könnte. Einem Land, in dem von Frauen erwartet wird, dass zweimal täglich eine warme, frisch gekochte Mahlzeit auf dem Tisch steht.

Gerade deshalb machen sich in Schwaben viele Sorgen, seit Susanne in Indien ist. »Das ist doch furchtbar schwierig für dich, da herrscht doch ein ganz anderes Frauenbild. Und wie wächst der Kleine da auf, der kann doch gar nicht draußen rumlaufen!« Solche Sätze hört Susanne immer wieder. »Man muss aufpassen, dass man dann nicht selbst denkt: O Gott, was tue ich meinem Kind da an«, sagt sie. Manchmal nervt es sie, dass sich alle Sorgen um sie machen. Vor allem, weil kaum jemand darüber nachgedacht hat, dass es doch auch für Amit schwierig war in Deutschland. Da dachten immer alle: Mensch, wie toll ist das für den armen Inder, im reichen, sauberen Deutschland zu leben!

Amit hatte sie gewarnt, als sie anfangs völlig euphorisch ihre Koffer packte. Er wusste, was auf sie zukommen würde. »Honey«, sagte er ihr deshalb, »wann immer du Heimweh hast, flieg einfach nach Hause. Du kannst heute ein Onlineticket kaufen und morgen ins Flugzeug steigen. Das Geld spielt dann keine Rolle.«

So etwas zu hören, tut gut. Zu wissen: Ich bin freiwillig hier, und wenn ich will, kann ich morgen bei meinen Eltern auf der Couch sitzen. In zwei Jahren Indien hat Susanne trotzdem noch nie von heute auf morgen ein Ticket gebucht. Aber langsam wird ihr bewusst, wie viel sie aufgegeben hat: ihre Arbeit, ihre Freunde – und vor allem ihre Freiheit.

Sie ist jetzt Hausfrau und Mutter. Beides nimmt viel Zeit in Anspruch. Rohan ist ständig krank. Er ist Daumenlutscher, und mit dem Daumen wandern auch Keime in den Mund. In den ersten Wochen in Darjeeling hatte aber nicht nur er, sondern auch Susanne schlimmen Durchfall, Übelkeit, Fieber. Amit stand kurz davor, Frau und Sohn nach Deutschland zurückzuschicken. Zum Glück ging es Susanne dann aber irgendwann besser – und für den Kleinen fanden sie einen guten Kinderarzt.

Wenn am Nachmittag die Temperaturen sinken, packt Susanne ihren kleinen Sohn in den Jeep, und sie fahren zu ihren Schwiegereltern. Susanne unternimmt selten etwas anderes, und wenn, muss sie sich richtiggehend dazu zwingen. »Manchmal denke ich: Ich gehe lieber gar nicht raus, dann muss ich mich nicht der Gesellschaft stellen, dann werde ich nicht angeglotzt.« Auch im Haus der Schwiegereltern steht sie wieder in der Küche, schneidet zusammen mit Amits Mutter und den zwei Schwägerinnen Gemüse, backt Chapati. Wenn sie fertig sind, müsste Susanne eigentlich noch die Küche aufräumen, während die Männer schon essen. Das lehnt sie aber ab. Amit, Susanne und Rohan essen zusammen – egal, was die anderen denken. »Bei manchen Dingen«, sagt Susanne, »muss man sich einfach durchsetzen.«

Momentan genießt sie in der Familie sowieso eine Extrarolle: Susanne ist schwanger. Ob es ein Junge oder ein Mädchen wird, weiß sie noch nicht. Die Ärzte in Indien dürfen das den werdenden Eltern nicht sagen. Denn in manchen Stadtteilen der Großstädte kommen auf 1000 Jungen nur noch 800 Mädchen – die anderen weiblichen Föten werden abgetrieben.

Zur Geburt wird Susanne nach Deutschland fliegen, obwohl das bedeutet, dass sie die Krankenhauskosten aus eigener Tasche bezahlen muss. »Dafür haben wir in den letzten Jahren die Krankenversicherung gespart«, sagt sie. »So etwas gibt es ja in Indien nicht.«

Fragt man Susanne und Amit, was nach der Geburt kommt, antwortet Amit: »Wir schauen jetzt Monat für Monat. Es kann natürlich sein, dass Susanne irgendwann sagt, dass sie nicht mehr in Indien leben kann.«

Dann hieße es wieder: überlegen, nach einer Lösung suchen, umziehen, sich anpassen.

Vor einiger Zeit sind die beiden für ein paar Tage in Berlin gewesen – und gleich dreimal ins Kino gegangen. In Indien könnten sie das nicht. Zu groß ist die Angst vor Überfällen, zu oft werden sie angestarrt. Ist Berlin also möglicherweise der richtige Ort für Amit und Susanne? Oder vielleicht irgendeine andere europäische Großstadt?

Es ist mal wieder alles offen.

Wie deutsch wir doch sind!

(Und wie wenig wir daran ändern können)

NEUSTRELITZ, 16. AUGUST

Ich habe jetzt fünf Webseiten durchforstet, die das Wetter vorhersagen. Alle behaupten etwas anderes – aber im Prinzip unterscheiden sie sich nur in ihrer Beschreibung des Ausmaßes der Katastrophe. Die eine warnt: dicke Wolken. Die nächste: Regen. Die dritte kündigt sogar Gewitter an. Na prima! 25 Spanier reisen an und werden in ihren dunkelsten Vorurteilen bestätigt: In Deutschland ist es kalt, und es regnet. Immer. Wie sollen wir das nur mit unserer Zeremonie am See regeln? Eine Überdachung steht nicht zur Verfügung. »Drinnen-Option klären«, schreibe ich auf meine To-do-Liste. Dann klingelt das Telefon.

»Amor«, sagt Roberto am anderen Ende, »wir müssen noch über das Mittagessen am Samstag sprechen.«

»Alle Spanier kommen zum Haus meiner Eltern, und es gibt Pasta«, sage ich. »Das ist doch schon längst geklärt.« Wir haben uns das so ausgedacht, weil es die einzige Möglichkeit schien, um allen spanischen Gästen zu zeigen, wo ich aufge-

wachsen bin. Weil es ein so idyllischer Ort ist, inmitten eines Waldes, wollen wir natürlich auch ein bisschen angeben. So viel grün auf einmal gibt es in Spanien nun mal selten.

»Aber wann genau soll das Mittagessen denn nun beginnen?«, fragt Roberto und klingt besorgt. »Um 16 Uhr ist die Trauung, vorher müssen sie sich umziehen und fertigmachen, da bleibt ja kaum Zeit für ein richtiges Mittagessen.«

»Ach was«, entgegne ich, »die haben alle Zeit der Welt. Wenn sie gegen zwölf Uhr hier antanzen, dann können sie locker zwei Stunden bleiben und sich dann in aller Ruhe für die Trauung fertigmachen.«

»Zwölf Uhr?« Die Besorgnis in Robertos Stimme weicht purem Entsetzen. »Zwölf Uhr, da kriegen die doch nichts runter! Das ist doch kurz nach dem Frühstück!«

»Dann müssen sie eben weniger frühstücken.«

»Zwölf Uhr!« Roberto kann es nicht fassen.

»Dann eben halb eins«, lenke ich ein. Doch das beruhigt ihn keineswegs. »Halb eins!«, ruft er, immer noch mit Entsetzen in der Stimme.

»Was ist denn an halb eins so verkehrt«, frage ich, »halb eins ist eine einwandfreie Zeit zum Mittagessen.«

Dabei weiß ich genau, wie durch und durch deutsch dieser Satz ist. Beim Essen ist mit den Spaniern nämlich nicht zu spaßen. Da gibt es Zeiten, und die sind nicht zu diskutieren. Wenn wir beispielsweise am Sonntag groß und spät frühstücken und ich dann gegen späten Nachmittag wieder Hunger bekomme, dann schaut mein Freund verwundert auf die Uhr und sagt: »17 Uhr? Jetzt ist doch keine Zeit zum Essen!« Höchstens eine Merienda, eine Zwischenmahlzeit, könne man jetzt einnehmen, dafür sei es die perfekte Zeit. Etwas Warmes könne er aber unmöglich herunterbekommen. Das steht nämlich in Spanien zwischen 14 und

15 Uhr auf dem Plan. Und zu Abend isst man selten vor halb zehn. Da das Frühstück bei vielen nur aus einem Kaffee und eventuell einem Croissant besteht, wird es wohl keinen Deutschen verwundern, dass mir in Spanien des Öfteren der Magen knurrt.

»Halb eins ist einfach keine Zeit zum Mittagessen«, wiederholt Roberto am anderen Ende der Leitung.

»Wie sollen wir es dann machen?«, frage ich. »Wenn unsere Gäste zu spanischer Zeit gegen zwei Uhr auftauchen würden, müssten sie hetzen, wenn sie für die Trauung um 16 Uhr fertig sein wollen.«

Roberto verstummt und überlegt. Die Sache scheint ein schier unlösbarer Fall. Irgendwann seufzt er schließlich und sagt: »Aber dann wirklich erst halb eins.« Ich kann geradezu hören, wie zwischen den Zeilen mitklingt: Wie soll ich das nur meinen Freunden erklären ...

Denn dass wir unter solchem Zeitdruck stehen, ist natürlich meine Schuld. Wäre es nach ihm gegangen, hätte die Hochzeit erst gegen sechs Uhr abends angefangen. Ich dagegen plädierte während der ersten Verhandlungen unschuldig für »zwei oder drei Uhr«.

»Zwei Uhr, da kann man doch keine Hochzeit anfangen, das ist ja totale Mittagessenszeit!«, protestierte Roberto damals sofort. »Drei Uhr geht ja wohl auch mal überhaupt nicht, da bliebe zwischen Mittag und Hochzeit doch keine Sekunde!«

Nun war ich diejenige, die protestierte: »14 Uhr ist eine völlig normale Uhrzeit, um zu heiraten.«

»Ach was«, sagte mein Freund, »18 Uhr, das ist eine normale Uhrzeit!«

Wir einigten uns irgendwann auf 16 Uhr – schön in der Mitte. Aber ehe wir dahin kamen, verbrachten wir sage und schreibe eineinhalb Stunden mit diskutieren. Weil jeder das Gefühl hatte, völlig im Recht zu sein.

Es war ja auch jeder im Recht.

In Spanien beginnen Hochzeiten tatsächlich erst am Abend, weil dann die Hitze des Tages vorüber ist. Man sagt mit den letzten Sonnenstrahlen »Si« und tafelt dann ausgiebig in der warmen Sommernacht, später wird bis in die Morgenstunden getanzt. In Deutschland dagegen sind noch vor dem Abendessen Kaffee und Kuchen sowie diverse Spielchen zu absolvieren, und das braucht Zeit. Der Gedanke an Spielchen wiederum machte Roberto reichlich nervös, auf keinen Fall wollte er zu irgendetwas Peinlichem gezwungen werden. Ich konnte ihn nur beruhigen, dass ich Peinliches ausdrücklich verboten hatte, kreative Beiträge aber durchaus erwünscht waren. Dass es langweilig werden könnte, führte mein Freund dann noch an, was sollte man denn die ganze Zeit machen, wenn es schon am Nachmittag losgehe? »Kreative Beiträge«, wiederholte ich, was ihn aber noch immer nicht wirklich beruhigte. Vier Uhr schien uns deshalb ein sinnvoller Kompromiss. Ich hätte nicht das Gefühl, der ganze Tag wäre schon vorüber, bevor die Hochzeit auch nur begonnen hätte, und er ließe seinen Spaniern genug Zeit zum Mittagessen und Fertigmachen.

Anschließend musste ich meinem Opa erklären, dass es eben keinen Kaffee und Kuchen geben würde, und dass wir das Abendessen auf 20 Uhr bestellt hatten – ein erneuter Kompromiss zwischen deutschen und spanischen Essensgewohnheiten. Mein Opa schlug die Hände über dem Kopf zusammen: »Kein Kuchen!« Und dann: »So spätes Abendessen! Wie soll ich das denn durchstehen, wenn ich da vorher keinen Kaffee und Kuchen bekomme!« Ich erklärte ihm, dass stattdessen direkt nach der Trauung Häppchen serviert würden. Wirklich beruhigt sah aber auch er nicht aus.

Wenn sich schon mein Opa umstellen muss, dann können auch die Spanier in den sauren Apfel beißen, finde ich. Der Apfel heißt »Mittagessen um halb eins«.

Ehrlich gesagt: Ich verstehe nicht, warum mein Spanier immer so ein Gewese um die Essenszeiten macht. Weshalb kann man nicht einfach essen, wenn der Hunger drängt? Warum ist ein Mittagessen zu deutscher Uhrzeit eine solche Unmöglichkeit? Und wieso ist ein Abendbrot »keine richtige Mahlzeit«, wie Roberto immer wieder feststellt? Aber ich heirate nun mal einen Mann aus einer anderen Kultur. Da muss man nicht alles verstehen. Manchmal muss man einfach nur die Klappe halten.

Denn diese andere Kultur hat ja durchaus ihr Gutes. Ich weiß zum Beispiel schon jetzt, dass ich mir um eine leere Tanzfläche keine Sorgen machen muss. Spanische Männer tanzen nämlich. Ich muss mich auch nicht sorgen, dass es langweilig oder still zugehen könnte. Denn ich weiß ja, was auf spanischen Hochzeiten los ist. Da ist vor allem eines wichtig: Immer mal wieder wild und mit viel Begeisterung in der Stimme »Vivan los novios!« zu rufen. Das wird dann pflichtgemäß von allen anderen Gästen mit einem ebenso wilden »Viva!« beantwortet. Großartig! Ich habe unsere spanischen Freunde ausdrücklich darum gebeten, sich mit derlei Bekundungen bloß nicht zurückzuhalten. Manchmal, wenn ich bei deutschen Familienfesten gewesen bin, herrschte Stille, sobald das Essen auf dem Tisch stand. Auch das wird bei unserer Hochzeit nicht passieren. 25 Spanier machen mehr Lärm als 40 Deutsche – und das meine ich positiv. Ich will das ja: Leben in der Bude. »Viva la vida! Viva!«

»Übrigens haben wir ein Paket bekommen«, sagt Roberto, nachdem wir nun den wichtigen Punkt der Mittagessenszeit hinter uns gebracht haben.

»Von wem?«, frage ich.

»Kennst du nicht. Eine entfernte Tante.«

»Was ist drin?«

»Eine Tischdecke und Platzdeckchen. Zur Hochzeit. Freunde meiner Eltern haben außerdem Geld überwiesen.«

»Wie viel?«

»200 Euro.«

»Spinnen die?«, frage ich entsetzt. »Die sind noch nicht mal eingeladen! Und sie kennen mich überhaupt nicht!«

»Aber mich«, sagt Roberto. »Sie wollen eben ausdrücken, dass sie sich für mich freuen. Und die Mutter meiner Exfreundin hat Handtücher geschickt, die sie mit unseren Namen bestickt hat. Sie mag dich.«

»Die kennt mich auch nicht.«

»Ich habe ihr eben von dir erzählt. Sie findet dich toll.«

Er erzählt mir dann, welche Cousinen und Cousins noch so ihre Glückwünsche schicken, und wer alles angerufen hat, um uns eine tolle Hochzeit zu wünschen. Ich lehne mich zurück, schüttele den Kopf und denke: Nein, verstehen muss man das wirklich nicht. Aber wenn die uns unbedingt ihre Liebe und ihr Geld zukommen lassen wollen – warum nicht?

Ich weiß ja, wie es in spanischen Familien zugeht: Für die Verwandten tut man dort fast alles. Und wenn dann erst geheiratet wird! Viele Eltern sparen jahrelang, um alle Verwandten, Freunde, Nachbarn und sonstige Bekannte zur Hochzeit ihres Kindes einladen zu können. Eine Feier wie die unsere mit nur 65 Gästen gilt als ausgesprochen klein.

Kurze Zeit später schaut mein großer Bruder Paul zur Tür hinein: »Das mit der Anlage klappt. Die hole ich am Freitagnachmittag ab.«

Ich bin erleichtert. Was habe ich für großartige Geschwister! Mit meiner Hochzeit halte ich derzeit meine gesamte Fa-

milie in Atem – obwohl ich damit nicht im spanischen Sinne die Großfamilie meine, sondern meine Mutter, ihren Freund und meine drei Brüder. Der eine besorgt Musikanlage, Boxen und Lichtmaschine, der nächste optimiert die Playlist auf meinem Computer, sie kümmern sich um Beamer und Leinwand, besorgen Bierbänke, Geschirr und Sonnenschirme für das Mittagessen am Samstag und haben sich sogar bereit erklärt, für die 25 Spanier zu kochen. 25 Portionen Pasta, 25 Portionen Obstsalat. Meine Mutter hat mit mir ausgiebig besprochen, aus welchen Blumen mein Brautstrauß bestehen soll, und sie hat die Einkaufsliste für das samstägliche Essen abgearbeitet. Ständig überlege ich, ob ich ihnen zu viel zumute – schließlich hat meine Mutter Urlaub, es sind ihre Sommerferien, die sie eigentlich immer geruhsam in ihrem Garten zu verbringen pflegt. Stattdessen beschere ich meiner ganzen Familie in diesem Jahr puren Organisationsstress. Mir tut das irgendwie leid – was Roberto ja überhaupt nicht verstehen kann. Ist doch selbstverständlich, dass eine Familie so etwas tut! Schließlich geht es hier um das größte Familienfest überhaupt! Da freut man sich doch drauf, in solchen Vorbereitungen schwelgen Mütter voller Glücksgefühl! Spanische Mütter jedenfalls. Meine aber kommt aus Norddeutschland und hat ganz gerne ihre Ruhe. Für sie bedeutet so eine Feier neben all der Freude auch Anstrengung. Das muss sie gar nicht laut sagen, das weiß ich.

Auf dem Bildschirm vor mir blinkt das Skype-Fenster orangefarben auf. Nicole hat geschrieben: »Gibt's was Neues von den Fluglotsen?«

Ach, die Fluglotsen. Die hatte ich ja schon fast vergessen! Ich teile Nicole also mit, dass sowohl die Fluglotsen als auch das Wetter sich gegen mich verschworen hätten – der Streik steht immer noch als Androhung im Raum.

MARIKE80: Es hilft nur eins: abwarten. Aber wie geht's dir denn? Deine SMS neulich klang nach Untergangsstimmung …

NICOLE_IN_DENMARK: Ach, mittlerweile ist schon wieder alles viel besser. Habe mir heute ein neues Büro angeguckt. Absolut super. Die machen so richtig auf Gemeinschaft, gehen zusammen Mittag essen und trinken abends Bierchen. Das wäre so super, wenn die mich nehmen würden.

MARIKE80: Bestimmt!!!

NICOLE_IN_DENMARK: Und wie geht's der Weddingplannerin?

MARIKE80: Oh, die Vorbereitungen sind sehr erhellend. Ich lerne jeden Tag was Neues über die Spanier. :-)

NICOLE_IN_DENMARK: Und ich habe mich mit Morten gestern schon wieder über die Arbeitszeiten gezofft. :-(Die Leute hier in Dänemark haben da einfach eine völlig andere Erwartungshaltung.

MARIKE80: Inwiefern?

NICOLE_IN_DENMARK: Die werden hier von ihren Chefs total verhätschelt. Für Morten ist es völlig normal, um drei, halb vier Feierabend zu machen. Und dann kann er es natürlich überhaupt nicht verstehen, dass ich noch arbeiten muss.

MARIKE80: Luxusprobleme!

NICOLE_IN_DENMARK: Erklär mal einem Dänen, dass du morgen einen wichtigen Abgabetermin hast und deshalb den ganzen Abend arbeiten musst – da schüttelt der nur den Kopf.

MARIKE80: Da bin ich ja beruhigt, dass nicht nur Spanier ihre Macken haben … :-)

NICOLE_IN_DENMARK: Die sagen hier alle ständig: »Diese deutschen Arbeitnehmer, die haben eine richtige Sklavenmentalität. Die lassen sich alles gefallen.« Wenn ich früher bei der Zeitung sonntags arbeiten musste, konnte Morten gar nicht fassen, dass ich dafür nicht mindestens den doppelten Lohn bekomme. Bei ihm ist das so.

MARIKE80: Neid! Ich sag nur: Andere Länder, andere Sitten. Erinnere dich mal an die Sache mit dem Südafrikaner und dem Blumenstrauß!

NICOLE_IN_DENMARK: Ach, diese Geschichte von deiner Freundin Katharina?

Normal kann mich mal

Die Anekdote mit dem Blumenstrauß geht so: Katharina, die seit sieben Jahren mit einem Südafrikaner zusammen ist, liebt Blumen über alles. Die beiden lebten damals in Südafrika, und Katharina wünschte sich, dass ihr Freund ihr ab und zu einen schönen Strauß mitbringen würde. Das machte er aber nie. Sie war ein bisschen traurig, weil er nicht von allein auf die Idee kam, ihr diese Freude zu bereiten. Aber dann dachte sie: Männer können nun mal schlecht zwischen den Zeilen lesen. »Bring mir doch mal Blumen mit«, sagte sie deshalb eines Tages. »Ich mag das.« Er ging dann tatsächlich in einen Blumenladen – und kam mit einem faden Strauß schon fast verblühter Blumen zurück. Als hätte er nur schnell nach dem Nächstbesten gegriffen. Den verkümmerten Strauß zu bekommen war für Katharina fast schlimmer als gar keine Blumen. So viel Zeit nimmt er sich also für mich, dachte sie. Natürlich war sie sauer.

Irgendwann bekam sie allerdings aus ihm heraus, dass es ihm furchtbar peinlich war, in einen Blumenladen zu gehen. Denn in Südafrika kaufen Männer vor allem dann Blumen, wenn sie einen Fehler gemacht haben. Wenn sie sich für etwas Schlimmes entschuldigen wollen. Der Mann schämte sich also jedes Mal, wenn er ein Blumengeschäft betrat. Dann griff er nur nach irgendeinem Strauß, um schnell wieder gehen zu können. Und dachte dabei ständig: Was die anderen Leute wohl von mir denken?

Und die Moral von der Geschichte: In jeder Ecke, oft ganz versteckt und dort, wo man es nie vermutet hätte, warten auf internationale Paare Überraschungen. Wie in einem Computerspiel, in dem man sich von Level zu Level voranarbeiten muss. Erst einmal sind da die Basics zu überwinden: In Level eins gilt es herauszufinden, welche Vorstellungen der andere überhaupt vom Leben zu zweit hat. In Level zwei entdeckt man, was er für eine »ganz normale« Wochenend- oder Feierabendgestaltung hält. In Level drei wird erkundet, welche Rolle Eltern, Geschwister, Cousins oder etwa die Kirchengemeinde in seinem Leben spielen. Und im nächsten Level lernt man, dass Blumenstrauß eben nicht gleich Blumenstrauß ist.

Wäre Isabels Leben in Deutschland ein Computerspiel, dann würde sie sich bereits im Fortgeschrittenenstadium befinden. Denn Isabel hat schon vieles gelernt. Wie an dem Tag, an dem ihr Mann Adrian eine E-Mail an seine Mutter schrieb.

Er sagte ihr darin, dass Isabel doch Vegetarierin sei und man ihr bitte nicht wie beim letzten Besuch eine Linsensuppe mit »nur a kleines bissle Speck« vorsetzen solle. Außerdem listete er auf, was alles im Hause sein sollte, wenn sie mit ihrer kleinen Tochter Mari-Luz demnächst zu Besuch kämen. Kürbis etwa, das möge sie besonders gern, und auch Zutaten für Suppen sollten vorrätig sein. Adrian war nach dem Schreiben dieser Mail sehr zufrieden mit sich: Er hatte klipp und klar gesagt, was gesagt werden musste, seine Mutter war nun gut vorbereitet, und seine Frau

Isabel würde es in Zukunft im Hause seiner Eltern hoffentlich einfacher haben.

Isabel aber war entsetzt. Eine E-Mail? Adrian hatte seiner Mutter ganz formell geschrieben, statt sie einfach anzurufen? Ja, wo machte man denn so was!

In Bolivien, wo Isabel herkommt, bestimmt nicht. »Man« spricht dort viel und vor allem im direkten Kontakt. »Man« lobt auch lautstark das Essen, das vorgesetzt wird, verbringt viel Zeit mit der Familie, »man« nimmt beim Ausgehen den Partner mit und zieht nicht allein mit seinen Freunden um die Häuser. Und wenn auf acht Uhr eingeladen wird, dann ist »man« selbstverständlich erst deutlich nach acht da.

Man – ein kleines Wort mit großer Wirkung. Was in Isabels Heimat als üblich gilt, das hat sie mitgebracht, als sie in das Land ihres Mannes zog, wie ein unsichtbares Gepäck. Vorgefunden hat sie: Ehrlichkeit, wenn das Essen nicht ganz so mundet, eher unregelmäßigen Kontakt mit der Familie sowie Unabhängigkeit bei der Abendplanung. Was »man« eben so macht in Deutschland, das war für Isabel eine neue Welt. Eine, die sie sehr gewöhnungsbedürftig fand.

Als sie und Adrian ihr gemeinsames Leben in Deutschland begannen, krachte es deshalb häufig und auch heftig zwischen ihnen. Bis heute kann Isabel nicht verstehen, wie Adrian so gemein sein kann, wenn er sagt: »Heute Abend treffe ich mich mit ein paar Freunden. Bis später!« Wenn er sie nicht einmal fragt, ob sie mitkommen will. In Bolivien wäre das undenkbar. Warum, fragt sie ihn dann, kann ich heute nicht mitgehen, wo wir doch neulich gemeinsam in der gleichen Kneipe waren? Was ist heute so anders? Adrian dagegen findet es selbstverständlich, dass man sein Sozialleben außerhalb der Beziehung nicht aufgibt. Klar will er mit seinen Jungs auch mal ein paar Bier trinken, und zwar ohne Frauen! Er schlussfolgert: Isabel ist eifersüchtig. Sie dagegen denkt: Wie kann er mich nur so allein lassen? Liebt er mich nicht mehr richtig?

Isabel findet es kalt in Deutschland, nicht nur vom Wetter her. Wenn sie jemanden zur Begrüßung umarmt und ihm einen Kuss auf die Wange geben will, reagiert der meist mit Befremden. Oder er streckt ihr gleich einfach nur die Hand entgegen. Wenn sie fragt: »Wie geht's?«, eine ganz normale Begrüßungsformel aus ihrer Heimat, dann schaut ihr Gegenüber sie meist verwundert an und sagt: »Gut, warum?« Sie denkt dann: »Ich frage ja nur!« Und ist frustriert, weil sie zu diesen Deutschen einfach keinen Draht aufbauen, keine Nähe herstellen kann. Schlimm war auch dieser Scherz, den Adrian eines Tages machte: »Wir sollten nach dem ersten Kind möglichst schnell ein zweites bekommen«, sagte er. Isabel freute sich. Natürlich wollte sie eine große Familie! Dann aber fügte Adrian hinzu: »Damit wir die Kinder später schneller aus dem Haus haben.«

Er habe das wirklich nicht ernst gemeint, beteuert Adrian heute. Isabel war damals trotzdem entsetzt. Denn sie hatte bereits genug über Deutschland gelernt, um seinen Scherz für bare Münze zu nehmen.

In Deutschland mögen viele Menschen keinen Kinderlärm, und auch keine allzu lauten Gespräche. Sie freuen sich nicht laut- und ausdrucksstark, wenn sie jemanden wiedersehen. Und sie finden es merkwürdig, enthusiastisch begrüßt zu werden. Isabel muss deshalb alles etwas herunterfahren, wenn sie gut ankommen will, auch wenn das für sie bedeutet, dass ihr Leben in Deutschland ein Leben auf Sparflamme ist. Ihr Mann Adrian, das merkt man schnell, ist ein würdiger Vertreter seines Kulturkreises: zurückhaltend, höflich, überlegt, manchmal auch recht einsilbig. Einer, der sagt, er brauche auch mal Stille und Alleinsein. Für einen Deutschen völlig normale Ansprüche – für Isabel aber eine Merkwürdigkeit. Ihr ist deshalb vor allem eines wichtig: dass ihre Tochter Mari-Luz nicht so wird wie die Deutschen.

Dass diese Deutschen ihr einmal so fremdartig, so unverständlich erscheinen würden, das hätte Isabel nicht gedacht, als sie Adrian kennenlernte. Der Student mit den wilden Locken und dem jungenhaften Gesicht wurde ihr von einem Freund vorgestellt. Damals waren sie alle gemeinsam in Boliviens Hauptstadt La Paz tanzen – und kamen ins Gespräch. Isabel erfuhr, dass dieser nette Deutsche als Freiwilliger in einem kleinen bolivianischen Dorf ein Jahr lang Englisch unterrichtete. Er gefiel ihr. Und Adrian fand, dass gerade die schönste Frau von La Paz vor ihm stand. Die beiden wurden ein Paar. In den folgenden Monaten sahen sie sich fast jedes Wochenende, wenn Adrian aus dem Andendorf in die Hauptstadt fuhr. Aufmerksam war er, fand Isabel, zugewandt, fröhlich, aufrichtig. Überhaupt verhielten sich alle deutschen Touristen, die sie in Bolivien kennenlernte, sehr, sehr nett.

Dass Menschen sich im Urlaub manchmal anders geben als im Alltag, ahnte sie da noch nicht.

Nach acht gemeinsamen Monaten ging Adrians Zeit in Bolivien schließlich zu Ende. Und Isabel dachte: Warum nicht mit ihm gehen? Sie wollte ihn nicht verlieren. Und so schwer konnte es doch nicht sein, in Deutschland zu leben.

Doch seit sie in Adrians Land leben, ist alles anders gekommen, als Isabel sich das damals ausgemalt hatte. Die Deutschen erscheinen ihr kühl, unnahbar, jeder bleibt ein bisschen für sich. Und auch Adrian hat sich verändert, findet Isabel. Er ist sehr beschäftigt mit seinem Ingenieursstudium, manchmal auch schlecht gelaunt, kann und will nicht 24 Stunden am Tag mit ihr zusammen sein. Die beiden leben jetzt zusammen in Leipzig und sind mittlerweile verheiratet – so konnten sie sich den erneuten Visumsantrag und den dafür nötigen Rückflug nach Bolivien sparen. Für Isabel ist Leipzig eine völlig neue Welt. Ihr Freund hat ihr am Anfang zwar gezeigt, wie man den Straßenbahnplan liest und erklärt, dass sie nicht nur auf Auto-, sondern auch auf Radfahrer achten muss – aber nur ein einziges Mal, danach sollte sie allein zurechtkommen.

In Bolivien gibt es keine Straßenbahn und keine Radwege. Für Isabel ist es deshalb schwierig, mit Ticketautomaten, Tarifen und den verschiedenen Linien klarzukommen. Und Adrian versteht nicht, wie man nur so schwer von Begriff sein kann. Er ist in seinem Leben schon viel gereist. Er hat gelernt, sich allein durchzubeißen, egal, wie andersartig ihm die Dinge erscheinen. Nachfragen, nach Plänen und Erklärungen Ausschau halten, anhand von Gebäuden die Orientierung behalten – das sind Überlebensregeln, die Adrian völlig selbstverständlich findet. Isabel aber ist immer von Menschen umgeben gewesen, die ihr helfen konnten: Freunde, Bekannte, Familie. Sie ist noch nie in einem Land gewesen, in dem nicht Spanisch gesprochen wird. In ihrem Kulturkreis geht kaum einer allein auf Reisen, man schlägt sich nicht alleine durch; Gemeinschaft ist dort das allergrößte Gut. Warum soll man überhaupt allein sein wollen? Dass Adrian sie an die Hand nimmt, das wünscht sie sich nicht nur, das findet sie selbstverständlich.

Doch was ist schon selbstverständlich?

Internationale Paare merken oft erst an Kleinigkeiten, dass sie dieses Wort getrost aus ihrem Wortschatz streichen können. Wie man Dinge angeht, was wichtig erscheint, wie man Probleme löst – all das zeigt sich erst nach und nach in einer Beziehung. Dabei gehen die Unterschiede manchmal schon beim Kennenlernen los. Das belegt sehr beispielhaft eine Studie aus den 40er- und 50er-Jahren des letzten Jahrhunderts. Damals, gegen Ende des Zweiten Weltkrieges und in den ersten Nachkriegsjahren, hielten sich viele amerikanische Soldaten zeitweise in Großbritannien auf. So nah sich die zwei Länder auch stehen mochten, und obwohl sie die gleiche Sprache teilten – die einzelnen Schritte, die in einer amourösen Verbindung als normal galten, unterschieden sich grundlegend. Etwa 30 Verhaltensstufen identifizierten die Forscher sowohl aufseiten der amerikanischen G.I.s als auch auf der der britischen Frauen: das Kennenlernen etwa, der erste Kuss und schließlich der erste Sex. Doch während die Amerikaner das Küssen relativ früh in der Abfolge der Ereignisse für normal hielten, kam es für die Engländerinnen erst sehr spät infrage, etwa auf Stufe 25. Raubte ein amerikanischer Soldat also seiner Umworbenen schon nach einem der ersten Treffen einen Kuss, so musste diese ihn für schamlos halten – und gleichzeitig überlegen, ob sie wirklich schon bereit war, eine sexuelle Beziehung einzugehen. Denn das war ja in ihrer Logik einer der nächsten Schritte. Fiel diese Entscheidung positiv aus und machte sie dies dem Soldaten gegenüber deutlich, so hielt der wiederum die Engländerin für schamlos und leicht zu haben. Schließlich hatte er nur einen unschuldigen Kuss im Sinn gehabt! So wertet jeder nach seinem Maßstab. Natürlich haben sich die Zeiten geändert, und natürlich werden die Wertungen mittlerweile anders ausfallen als in Nachkriegszeiten. Aber noch heute ist so mancher Nordeuropäer verwirrt, wenn ein Vertreter der südlichen Breitengrade allzu schnell beginnt, Süßholz zu raspeln – und sich später nicht so verbindlich verhält, wie man es im Norden nach solchen Worten wohl täte. Damals wie heute sieht ein jeder die Welt durch seine ganz persönliche kulturelle Brille.

Kaum einer ist sich anfangs der Erklärungsnotwendigkeit von Details bewusst, eben weil sie selbstverständlich erscheinen. *Natürlich* weicht man der Familie nicht von der Seite, wenn sie zu Besuch kommt! *Auf gar keinen Fall* spricht man einen Freund direkt und schonungslos auf ein Problem an! *Selbstverständlich* schickt man Geld in die Heimat, wenn es dort gebraucht wird! All das scheint dem einen so klar und deutlich, dass der Unterschied zum anderen erst bewusst wird, wenn der mit Unverständnis reagiert: Kannst du den Besuchern nicht auch mal einen Stadtplan in die Hand drücken und sie allein losschicken? Kannst du dem Freund nicht einfach klipp und klar sagen, was das Problem ist? Ist das viele Geld nicht ein wenig übertrieben? Meist gibt es wegen solcher Themen zuerst einmal Streit. Erst nach und nach wird klar: Die eigene Kultur muss dem anderen erklärt werden wie ein unbekanntes Straßenbahnsystem.

Deshalb haben internationale Paare anderen aber auch etwas voraus: Sie wissen nämlich nach den ersten Stolpersteinen, dass der Partner nicht etwa doof oder merkwürdig ist. Und sie fragen auch seltener, warum zum Teufel er dieses oder jenes einfach nicht verstehen kann. Denn sie wissen: Für ihn ist das eigene Verhalten genauso doof oder merkwürdig.

We are family

Warum wir so sind, wie wir sind, hat viel damit zu tun, in welcher Umgebung wir aufgewachsen sind. Deutschland etwa bezeichnet man als sogenannte »Individualgesellschaft«. Für jemanden wie Adrian zählen deshalb Werte wie Selbstständigkeit, Rationalität, Eigenverantwortung, Selbstbehauptung. In einer solchen Umgebung bemüht man sich, seine Privatsphäre zu wahren, sich nicht übermäßig bei anderen einzumischen, und man möchte selbst in Ruhe gelassen werden. Adrians Frau aber kommt aus einer »Kollektivgesellschaft«. Dort hat die Gruppe großen Einfluss auf das Leben des Einzelnen. Dass die Familie ihr »reinredet« oder »sich einmischt«, wie Adrian es wohl formulieren würde, findet Isabel normal. Sie ist damit aufgewachsen, dass man sich für seine Sippe verantwortlich fühlt, sie immer im Hinterkopf hat. Deshalb ist es für sie auch völlig normal, das Handeln anderer zu kommentieren und zu bewerten, Einfluss auszuüben – sich einzumischen eben.

Paare wie Isabel und Adrian unterscheiden sich oft in ganz grundsätzlichen Ansichten über das Leben. Zum Beispiel, wenn da ein Freund vor ihnen steht und ein wenig bedrückt wirkt. »Frag ihn, was los ist, ich glaube, es geht ihm nicht gut!«, fordert Isabel ihren Mann dann manchmal auf. Der wehrt entsetzt ab: »Doch nicht hier und jetzt zwischen Tür und Angel, und noch dazu vor dir! Da warte ich, bis wir zu zweit in der Kneipe sitzen und der richtige Moment gekommen ist …«

Oder die Frage, wie man das Wochenende verbringen sollte: Während er sich möglicherweise am Sonntagabend ärgert, nicht alles geschafft zu haben, was er sich vorgenommen hatte, ist sie vollkommen entspannt – schließlich hat sie statt Aufgaben zu erledigen eine tolle Zeit mit Freunden oder der Familie gehabt!

Auch Roberto und ich merken immer wieder, dass ich eher ein Individualist bin und er eher ein Gruppenmensch. Zum Beispiel in den Ferien: Wann immer wir freie Tage in Spanien verbringen, bin ich auf der Suche nach einem schönen Wanderweg. Denn in meiner Kindheit gehörte Spazierengehen im Wald oder an einem schönen See entlang zum Standard-Wochenendprogramm. Herrlich, allein mit sich und der Natur zu sein! Für Roberto dagegen sieht ein entspannter Tag so aus: Schön durch die Innenstadt bummeln, mittags lecker essen gehen (und das kann ruhig zwei, drei Stündchen dauern), nachmittags ein Kaffee auf der Promenade, abends Tapas mit Freunden. Wenn ich mit »wandern gehen« ankomme, »zum Beispiel irgendwo in den Bergen«, dann gibt Roberto lediglich zurück, dass man so eine Exkursion gut planen müsse, gerade in den Bergen. Da brauche man festes Schuhwerk. Eine Route. Proviant. Und man müsse früh aufbrechen. »Das machen wir ein andermal.« In Spanien überfiel mich deshalb regelmäßig der Städte-Koller – schließlich bewegten wir uns fast ausschließlich durch eng bebaute Innenstädte und über Promenaden. Bis zum vergangenen Jahr. Damals kam meine Mutter zum ersten Mal mit nach Spanien – und kaufte sich flugs eine Wanderkarte der Region. Wir suchten uns einen Wanderweg in der Nähe heraus, fuhren zehn Minuten mit dem Auto dorthin, parkten – und gingen zwei Stunden lang in wunderschöner Natur völlig unkompliziert spazieren. Ohne Proviant, ohne festes Schuhwerk. Und ohne große Planung.

In dem Moment war ich meinem Freund richtig, richtig böse.

Eine Erklärung für sein Verhalten gab es aber natürlich: Das Konzept »Spazierengehen in der Natur« war Roberto schlicht fremd. Wenn er als Kind in die Natur ging, dann wurde er dafür gut gerüstet, das waren größere Wanderungen, Exkursionen, natürlich in der Gruppe. Wenn man in Spanien dagegen einfach nur mal so flanieren will, tut man das in der Stadt – schließlich gibt es in den Bergen keine Bekannten, die man zufällig treffen und mit denen man ein wenig plaudern könnte.

Und auch die Sache mit dem Einmischen kenne ich bestens, seit Roberto und ich ein Paar sind. Als zum Beispiel mein Bruder Hannes seine erste Freundin hatte, sorgte das für viel Gesprächsstoff. Nicht etwa bei uns Familienmitgliedern, nein, in Spanien! Die Freundin war nämlich gleichzeitig die Tochter des Mannes, mit dem meine Mutter seit einigen Jahren zusammen ist. Man könnte also sagen: Hannes hat sich in seine eigene Stiefschwester verliebt. Die beiden haben nie in ein und demselben Haus gewohnt, sehen sich also in keiner Weise als Geschwister – komisch fanden wir die Situation dennoch. Aber weder meine Mutter noch ihr Freund haben ihren Kindern jemals von der Beziehung abgeraten. Das junge Paar, fanden sie, sollte einfach ausprobieren, ob das mit ihnen wirklich etwas Ernstes war. In Spanien hielt man sich deutlich weniger zurück: Das Ganze beunruhige sie wirklich sehr, sagte meine zukünftige Schwiegermutter besorgt, wenn das in die Brüche gehe, dann wirke sich das auf die ganze Familie aus! Vielleicht sollte der Vater besser das Gespräch mit der Tochter suchen und ihr das Ganze ausreden. Denn was, wenn es wegen der beiden Streit in der Familie gebe? So wurde kommentiert, bewertet und: sich eingemischt. Jedenfalls sah ich das so. Roberto aber lachte nur und sagte: »Sie zeigen eben, dass sie sich um euch sorgen, sie zeigen Interesse an eurem Leben – das ist doch etwas Gutes! Wenn wir heiraten, dann gehört ihr nun mal alle zur Familie.«

Als mein Bruder und seine Freundin einige Monate später beschlossen, für ein Jahr nach Neuseeland zu gehen – immer noch schwer verliebt, immer noch ein Paar –, da ließ die spanische Meinung ebenfalls nicht lange auf sich warten. Der Junge solle sich lieber klar werden, was er im Leben machen wolle, und seine Freundin sollte besser gleich ihr Studium beginnen, befand Robertos Stiefvater Juan. Es wäre wohl das Beste, wenn der Vater des Mädchens das Gespräch mit den beiden suchen und ihnen das Ganze ausreden würde. Meine Schwiegermutter hielt diesmal allerdings dagegen: Die beiden sollten ihr Leben genießen, sagte sie, arbeiten könnten sie noch lange genug. So wurde die Entscheidung meines Bruders im 2000 Kilometer entfernten Barcelona wieder einmal lang und breit diskutiert. Und ich konnte nur noch eines tun: kräftig den Kopf schütteln. Meine Mutter hat jedenfalls noch nie kommentiert, was Robertos Bruder in Barcelona so treibt.

Aber wie habe ich nicht gleich im ersten Semester meines Studiums gelernt? »Alles ist Kultur.« Denn jedes Handeln ist von unserer Herkunft geprägt, von dem, wie wir aufgewachsen sind, was um uns herum als normal gilt.

Dass Roberto vor 20 Uhr unmöglich etwas herunterbekommen kann – angewöhnt in 30 Jahren späten Essens. Dass er immer zu allem eine klare Meinung hat – täglich trainiert durch das Kommentieren der Nachrichten während des Abendessens. Dass er einem Freund eine Bitte nicht abschlägt, obwohl er sie gern abschlagen würde – erlernte Höflichkeit: Der Freund müsste selbst merken, dass seine Bitte unangebracht ist, und wenn er das nicht tut, kommt man der Bitte nach. Und dass Roberto bei jedem Schnitt in den Finger wie ein Wolf aufheult und ein Riesen-Trara um die Versorgung der ach so tiefen Wunde macht – gängiges Verhalten in seinem Heimatland.

Anfangs war ich schnell mit Wertungen bei der Hand: Mein Gott, kannst du dem Freund nicht klar sagen, was du denkst? Musst du so ein Brimborium wegen einer kleinen Schnittverletzung machen? Und ist es denn wirklich so schwer, einmal vor acht Uhr zu essen?

Mittlerweile schaffe ich es immer öfter, über solche Dinge zu lächeln. Na gut, über manches spotte ich dann auch gern mal ein bisschen – besonders über Robertos Wehleidigkeit. Ändern können werde ich das alles aber wohl nie. Dafür ist es viel zu tief in meinem Freund verwurzelt. In seiner Kultur geht man mit Wunden und Krankheiten nun mal expressiver um. Wie also kann ich ihm das ernsthaft ankreiden? (Unvergessen bleibt für mich übrigens, wie ich einmal, als ich mich am Zehennagel verletzt hatte, nur mit angespanntem Gesicht die Luft zwischen den Zähnen einzog und Roberto daraufhin verwundert sagte: »Du schreist ja gar nicht!«)

»Die Deutschen sind wie Möbel bei Ikea«

Bei Isabel aus Bolivien geht es aber nicht nur um einen verletzten Finger oder die Essenszeit. Es geht ums Existenzielle: Sie findet in Deutschland keine Freunde, ist gekränkt, wenn Adrian mit seinen Kumpels allein sein will, fühlt sich von seiner Familie lieblos behandelt. In diesem Land regiert der Abstand – so kommt es Isabel vor. Das zeige sich schon in den Gesichtern der Menschen. »Die Leute drücken keine Gefühle aus«, sagt Isabel. »Die Gesichtsausdrücke sind wie Möbel bei IKEA: Alles sieht gleich aus, hat die gleiche Größe.« Ein Deutscher ist damit aufgewachsen, differenzierte Ausdrücke lesen zu können – sie aber kann das nicht. Wenn sie Adrian fragt: »Gefällt dir das?«, dann zuckt er manchmal nur mit den Schultern und sagt: »Jaja.« Aber weil er dabei nicht heftig nickt, keine deutliche Begeisterung zeigt, wie man es in Bolivien wohl täte, ist sie unsicher: Vielleicht ist es nur ein Höflichkeits-Ja? Woher soll sie wissen, ob Adrian den Vorschlag wirklich mag?

Warum aber gewöhnt sich Isabel nicht einfach an das deutsche Verhalten? Warum übernimmt sie es nicht, warum passt sie sich nicht besser an? Schließlich würde ihr das sicher mehr Erfolg einbringen.

Die Antwort ist einfach: Weil es nun mal verdammt schwerfällt, sich derart zu verbiegen. Das merkt auch Adrian immer wieder. Manchmal nämlich, wenn er weg muss, hängt sich seine Frau an seinen Arm, bittet und bettelt: »Ach Liebling, geh noch nicht, bleib noch ein bisschen bei mir!« In Bolivien ist das ein ganz normales Spiel, ein Ausdruck von Liebe und Zuneigung. Und Adrian ahnt: Bolivianische Männer würden nun sagen: »Ach, mein Herz, ich bleib doch nicht lange weg, in zehn Minütchen bin ich wieder da!« Nur um dann für zwei Stunden zu verschwinden. Schließlich ist es akzeptiertes soziales Verhalten, hinterher wortreich zu erklären: »Ach, ich hab noch den und den getroffen, musste noch das und das erledigen ...« In Bolivien ist alles flexibel, ist das einmal Gesagte nicht unumstößlich. Adrian aber findet: Von zehn Minuten zu reden und dann viel länger wegzubleiben, das ist Lügen. Er kann nicht etwas behaupten und sich dann ganz anders verhalten.

Deshalb stößt er Isabel manchmal richtiggehend von sich, wenn sie wieder einmal so anhänglich wird und alle Erklärungen nichts nützen. Schließlich will er nicht zu spät zum Seminar oder zu einem Termin erscheinen – und das Wegstoßen erscheint ihm als letzter Ausweg. Natürlich reagiert sie daraufhin verletzt. Sicher, mit der bolivianischen Art hätte Adrian das vermeiden können. Aber er ist zu sehr Deutscher, um in solchen Situationen den Bolivianer spielen zu können.

Einmal hat Isabel dieses kalte Deutschland und das Heimweh einfach nicht mehr ausgehalten. Da war ihre Tochter gerade erst geboren. Sie nahm Mari-Luz und flog nach Bolivien – ohne Rückflugticket. Weil Adrian bei ihr und seinem Kind sein wollte, organisierte er sich wieder einmal einen Auslandsaufenthalt, diesmal ein Praktikum in La Paz.

Gemeinsam wohnten sie während dieser Zeit bei Isabels Eltern. Auch das war nicht gerade einfach. Denn nun war es Adrian, der vom bolivianischen Alltag manchmal genervt war. Wenn etwa die Mutter stundenlang mit am Tisch saß und sich ohne Punkt und Komma unterhalten wollte, oder wenn völlig selbstverständlich beim Abendessen der Fernseher lief und alle Neuigkeiten wortreich kommentiert wurden. Was für Isabels Seele Balsam war, löste bei Adrian Fluchtreflexe aus. Immerhin lernten Isabels Eltern in dieser Zeit, dass sie Adrian morgens manchmal einfach in Ruhe lassen mussten. Dass er nicht etwa sauer war, sondern einfach nur etwas einsilbig, ein Morgenmuffel.

Isabel und Adrian machten in dieser Zeit auch eine Paartherapie. An deren Ende beschlossen sie: Wir gehören zusammen, nicht zu unseren Eltern.

Nach einem Jahr in der Heimat ist Isabel nun mit Mari-Luz und ihrem Mann nach Leipzig zurückgekehrt. »Weil ich Adrian liebe«, sagt sie, wenn man sie nach den Gründen fragt. Und weil sie weiß: In Bolivien wird Adrian keinen gut bezahlten Job finden. Also muss sie durchhalten. Immerhin besucht sie mittlerweile einen Deutschkurs, kommt nun viel besser klar, wenn sie einkaufen geht oder auf Adrians Freunde trifft. Später möchte sie einen Master machen, und wenn Adrian mit seinem Studium fertig ist, so überlegen die beiden, könnten sie es ja irgendwo anders in Europa versuchen. Spanien vielleicht, oder Frankreich.

Isabel und Adrian haben in den vergangenen Jahren einiges dazugelernt. Adrian etwa würde heute bei Streitigkeiten nicht mehr den Satz fallen lassen: »Immerhin bezahle ich hier alles!« Tatsächlich haben sie mittlerweile getrennte Konten eingerichtet. Sie leben von Adrians BAföG, bekommen außerdem Kinder- und Wohngeld. Adrian überweist Isabel jetzt monatlich 350 Euro, die sie zur freien Verfügung hat. Ohne das eigene Konto würde sich Isabel noch abhängiger fühlen, als sie das sowieso schon tut. Außerdem würden sie sich sonst sicher wieder darüber streiten, ob Isabels Einkäufe im Ein-Euro-Shop nun sinnvoll sind, oder warum Adrian denn unbedingt die teure Bio-Marmelade kaufen musste.

Geld ist oft ein Thema in internationalen Beziehungen. In vielen Ländern ist es etwa üblich, für die Verwandtschaft zu sorgen, wenn man finanziell gerade besser dasteht – und so können es plötzlich auch entfernte Cousins sein, die per Überweisung mit durchgefüttert werden. In anderen Ländern gilt es als selbstverständlich, dass die Frau niemals zahlt, sondern vom Mann eingeladen wird. An die finanzielle Aufteilung sind so auch immer Geschlechterrollen geknüpft. Nicole geht es im sehr egalitären Dänemark sogar schon etwas auf die Nerven, dass ihr Freund immer alles genau trennen will. Die beiden haben neben ihren normalen Konten auch ein gemeinsames und jeder eine EC-Karte, mit der sie Einkäufe bezahlen. Und einmal stand er doch tatsächlich an der Supermarktkasse und sortierte ein paar Müsliriegel und Bonbons aus, weil sie die mit ins Büro nehmen wollte! »Ich bezahle mein Essen im Büro ja auch selbst«, sagte er und fühlte sich vollkommen im Recht. Nicole hingegen fand, dass man doch als Paar nicht ständig alles gegeneinander aufrechnen muss. Schließlich ist man ein Team, Gleichberechtigung hin oder her!

Auch Isabel war anfangs in Deutschland sehr verwundert. »Adrian wollte immer, dass alles ausgeglichen ist. Er hat gesagt: Heute zahle ich, und nächstes Mal zahlst du.« Mittlerweile ist er da lockerer geworden. Auch mit dem unterschiedlichen Zeitverständnis haben Adrian und Isabel besser umzugehen gelernt. Neulich etwa waren sie zu einer Hochzeit eingeladen, bei der er unbedingt pünktlich sein wollte. Schließlich fangen deutsche Hochzeiten auch zu der Uhrzeit an, zu der sie angekündigt wurden. Weil ihm klar war, dass Isabel so etwas zwar wusste, im Umgang mit der Zeit aber trotzdem noch immer recht, sagen wir, liberal war, stellte er alle Uhren im Haus kurzum zehn Minuten vor. Sie kamen dann auch tatsächlich pünktlich an Ort und Stelle an. Ohne, dass Isabel den Trick bemerkte.

Vor allem haben die beiden aber gelernt, Konflikte anders anzugehen. »Mittlerweile gehen wir uns dann aus dem Weg, das ist einfacher und besser für uns«, sagt Adrian. Kommt Streit auf, so wird der nicht jedes Mal wie früher hart und heftig ausgefochten. »Manchmal gehe ich dann einfach was lernen, bleibe in meinem Zimmer oder schlafe auch mal im Wohnzimmer«, sagt Adrian. »Dann reden wir später darüber. Am Anfang konnte Isabel das gar nicht aushalten, sie wollte immer sofort über alles sprechen. Aber nach einer Weile Ruhenlassen ist ja alles schon halb so schlimm. Heute lassen wir es weniger eskalieren, schaukeln uns nicht mehr so hoch.«

Paare wie Isabel und Adrian müssen vor allem eines lernen: Dinge früh anzusprechen und auszuhandeln – sonst tauchen sie wie in einer Endlosschleife immer wieder auf. Natürlich gibt es auch Themen, die kann man nicht klären. Aber man kann wissen, dass es da Empfindlichkeiten gibt. Und über die lernt man am meisten, wenn man sich im Land des Partners umschaut. Wie sind dort die Rollenverteilungen? Wie ist der Tagesablauf? Was sind ungeschriebene Regeln? Nur so erfährt man, wie der andere aufgewachsen ist, was er für normal und alltäglich hält. Das beginnt bei Kleinigkeiten: Wenn der andere von einem Familienfest redet, wie viele Menschen hat er dann vor Augen? Welche Vorstellungen hat er, wenn er von Hygiene spricht? Wie drückt man in seiner Familie Kritik aus? Das Land des anderen kennenzulernen, gehört deshalb quasi zum Pflichtprogramm für jeden in einer internationalen Beziehung.

Ich selbst habe in Spanien eine Antwort auf die Frage gefunden: Wenn Roberto von Uhrzeit redet, von welcher Uhrzeit redet er dann wirklich? Denn in seinem Heimatland steht das Essen niemals um halb zehn auf dem Tisch, wenn auf halb zehn eingeladen wurde. Erst einmal werden dort ein paar Tapas gereicht, ein paar Oliven, ein bisschen Schinken – und dann geht es irgendwann mit dem Essen los. Immer mit der Ruhe!

Ich versuche deshalb gerade, es mir abzugewöhnen, um neun Uhr nervös auf die Uhrzeit zu verweisen, wenn wir selbst Gäste eingeladen und gerade mal mit dem Kochen angefangen haben. Dann kommen sie eben, trinken noch einen Wein oder ein Bier bei uns in der Küche – und wir kochen in aller Ruhe fertig!

Angewöhnt habe ich es mir dagegen, innerlich Übersetzungen anzustellen. Sagt Roberto: »Ich brauche noch eine Minute!«, dann weiß ich: Jetzt dauert es noch etwa zehn Minuten. Und »In fünf Minuten bin ich fertig«, kann locker 20 Minuten bedeuten. Denn »fünf Minuten«, das ist mehr ein Konzept als eine Zeitangabe, es bedeutet so viel wie »einen Moment«.

Natürlich rege ich mich trotzdem manchmal noch darüber auf. Wissen ist eben nicht gleich Akzeptieren. Alles in allem sehe ich aber durch Roberto mein eigenes Land, meine eigene Kultur heute ein wenig anders als noch vor sechs Jahren. Denn mittlerweile betrachte ich vor allem meine Landsleute mehr und mehr durch die Augen meines Freundes. Wie lange es oft braucht, um anderen wirklich nahezukommen! Wie formell und steif manche Menschen sind! Und dann diese unangenehmen Pausen, in denen man krampfhaft nach einem Thema sucht! In Spanien begrüßt man sich meist mit zwei Küsschen auf die Wange – da fällt die Nähe von Anfang an leichter. Und geredet wird über Gott und die Welt. Klar, da schalte ich auch manchmal ab, schließlich wiederholt der Spanier gern und häufig, um seinen Standpunkt noch deutlicher zu machen. Aber geselliger ist es allemal.

Roberto sagt ja immer, mit deutschen Frauen habe er keine Probleme – die seien meist locker, umgänglich und erzählten gern. Aber die Männer! Da gehe es oft nur um Fußball, andere Gespräche liefen schleppend. Und Roberto ist nicht gerade der allergrößte Fußballfan. Vor allem verfolgt er nicht die deutsche Bundesliga. Das ist natürlich ein ziemliches Ausschlusskriterium.

Nun ist es aber auch so, dass es für Roberto nicht immer leicht ist, den richtigen Ton zu treffen. Einmal etwa waren wir mit Freunden über Silvester in einem Ferienhaus in Dänemark. Dort schlug er einem Freund krachend auf die Schulter und fragte ihn beim Kochen, vor allen anderen: »Also Stefan, sag doch mal, wie sieht's bei euch mit Kindern und mit dem Heiraten aus?«

Später erklärte ich ihm, dass man so eine Frage besser nicht vor einem Haufen anderer Leute stellen sollte – vor allem nicht so unvermittelt und als Einstiegsfrage. Das war für meinen Spanier schwer zu verstehen. Waren Kinder und Heiraten denn keine ganz normalen Gesprächsthemen?

Seine Theorie ist ja: Dass man bei vielen Deutschen nicht so schnell so privat werden darf, liegt auch daran, dass sie sich nur wenig anfassen. »Wie kann ich mich jemandem öffnen, den ich nie berühre?«, hat er mich einmal gefragt. Spanier tun das, auch Männer untereinander. Gute Freunde von Roberto tätscheln ihm sogar manchmal den Kopf, man umarmt sich viel und greift nach dem Arm des anderen, um einen Gedanken zu verdeutlichen. Dort redet der Körper eben mit. Distanz kann so gar nicht erst entstehen. Und mit jeder Umarmung, so sagt Roberto, fühlt er auch die Zuneigung zu seinen Freunden.

Ein Monat ohne duschen

Vielen Menschen aus anderen Ländern geht es wie Roberto. Oft stellen sie fest, dass sich die Deutschen in ihren Familien merkwürdig distanziert verhalten. Onkel und Tanten gibt man meist nur die Hand, mit den Eltern telefoniert man alle zwei, drei Wochen – für Spanier, Italiener oder auch Lateinamerikaner ist das undenkbar. Auch dass nicht sofort die Familie anreist, wenn ein Sohn oder eine Tochter im Krankenhaus liegt, finden sie herzlos. Und Isabel aus Bolivien ist das Befremden regelrecht ins Gesicht geschrieben, wenn sie von den Besuchen bei deutschen Verwandten erzählt: »Dann heißt es: ›Jetzt setzen wir uns an den Tisch und essen.‹ Danach wird gesagt: ›Jetzt setzen wir uns auf die Couch, trinken Kaffee und reden.‹ Dabei gibt es meist nicht sehr viel zu bereden. Es ist so still, wenn Deutsche essen. Es ist alles so formell, so geordnet.«

Die deutschen Partner können bei solchen Themen natürlich in eine Diskussion einsteigen und ihre deutsche Kultur verteidigen. Sie können aber auch einfach vom anderen lernen – schließlich gibt es eine Menge abzuschauen.

Mittlerweile fällt es beispielsweise auch mir auf, wenn Mütter betonen, sie wollten ihr Kind nicht von allen betatschen lassen. Früher hätte ich verständnisvoll genickt. Heute aber frage ich mich in solchen Momenten: Was ist eigentlich so schlimm daran, wenn Freunde, Kollegen, Nachbarn oder auch nur flüchtige Bekannte ein Kind hochnehmen, ihm über die Haare streichen oder einen Stupser auf die Nase geben? Spanische und bolivianische Kinder sind all das gewohnt – und das führt ganz sicher dazu, dass sie später zu offeneren Menschen heranwachsen.

Eines sollte man bei allen Unterschieden und Konflikten aber nicht vergessen: So etwas gibt es in jeder Beziehung. Ein Münchner und eine Schleswig-Holsteinerin vom Lande werden schließlich auch so ihre Themen haben. Der Vorteil internationaler Paare ist: Wenn man von vornherein erwartet, dass der andere anders tickt, weiß man auch, dass die Ticks ausgesprochen werden müssen. »Das Bewusstsein ist bei solchen Paaren manchmal höher«, sagt auch Elisabeth Reif, Mediatorin und Wissenschaftlerin aus Österreich. Sie vermittelt regelmäßig zwischen Partnern aus verschiedenen Ländern, der islamische Kulturraum ist ihr Spezialgebiet. Sie sagt: Kultur und Persönlichkeit, das ist manchmal schwer zu trennen. Liegt es wirklich an seiner spanischen Herkunft, dass Roberto Freunden nicht gern Bitten abschlägt, selbst wenn er sie gern abschlagen würde? Oder liegt das nicht viel mehr an seiner Persönlichkeit? »Man kann das schwer auseinanderdividieren«, sagt Elisabeth Reif. »Die regionale und kulturelle Herkunft beeinflussen die Persönlichkeit ja sehr stark. Es lohnt sich aber, auf kulturelle Hintergründe zu schauen, wenn man herausfinden will: Wo kommt ein Konflikt her? Einfach, um den anderen besser zu verstehen.« Manchmal, so die Expertin, tauchten wichtige Themen erst nach Jahren auf. »Da wundere ich mich dann, weil teilweise so wenig Toleranz vorhanden ist.«

Schwierig wird es auch, wenn man Konflikte grundsätzlich anders angeht. Wenn etwa der eine aus einem Kulturraum stammt, in dem das Über-sich-Reden nicht alltäglich ist, in dem man nicht lernt, die eigenen Gefühle wahrzunehmen und zu äußern, in dem Konflikte lieber totgeschwiegen werden. In dem es vielleicht sogar als Schande gilt, Probleme einzugestehen. Dann kann auch Mediation nicht mehr viel richten. »Die Mediation ist ja ein westliches Konzept, das funktioniert nicht immer«, sagt Elisabeth Reif.

Gesprächsbereite aber können von einer Mediatorin eine Menge lernen – und das gilt für alle Paare in einer Konfliktsituation, nicht nur für internationale. Mediation funktioniert nämlich so: Man lässt die Wertungen, das »Wie kannst du nur?« und »Wer macht denn so was?« hinter sich und drückt dafür die Gefühle aus, die man in diesem Konflikt spürt. Wenn das beispielsweise die Angst ist, nicht mehr so sehr geliebt zu werden, dann kann der andere das oft viel besser annehmen und darauf eingehen. »Man versucht dann herauszufinden: Welche Bedürfnisse sind mit diesen Gefühlen verbunden? Was wünscht sich der andere?«, sagt Elisabeth Reif. Manches lässt sich eben nicht ausdiskutieren, verstehen, nachvollziehen. Bei manchen Themen kann man nur respektieren: Der andere fühlt das eben so.

Wenn man Daniel Schulz fragt, dann gibt es aber auch Dinge, die man nicht einfach so stehen lassen kann. Daniel ist ein Mensch, der wichtige Unterlagen alphabetisch geordnet aufbewahrt, sich auch im Privatleben To-do-Listen schreibt und sein Wochenende gern im Vorhinein plant. Als Maschinenbauer berechnet er alles auf den Millimeter genau. Und dann steht da seine chinesische Frau vor ihm und sagt, dass sie jetzt einen Monat lang nicht duschen dürfe. Die Tradition wolle es so. Als er fragt, warum das so sei, antwortet sie, das sei eben ungesund. Eine chinesische Regel besage, dass man sich vier Wochen nach der Geburt eines Kindes nicht waschen solle, und sie werde sich daran halten.

Daniel findet, diese Tradition ist vor allem eins: Aberglaube. Zum Glück gibt es die Hebamme. Die stammt aus Taiwan, sie kennt die chinesische Kultur bestens. »Das ist eine hundert Jahre alte Tradition«, erklärt sie den frischgebackenen Eltern. »Damals gab es noch kein Warmwasser – die Leute mussten sich eiskalt waschen. Das war für junge Mütter nicht gut. Aber heute ist diese Regel absoluter Quatsch.«

Es ist nicht die erste Merkwürdigkeit, mit der Daniel sich auseinandersetzen muss. Aber das Schöne an ihm und seiner Frau Lingling: Sie können entspannt darüber lachen. Auch darüber etwa, dass Lingling am liebsten die Haare ihres kleinen Sohnes abrasieren würde. In China macht man das so. Es rege den Haarwuchs an, heißt es. »Und guck doch mal«, sagt Lingling und deutet auf den sieben Monate alten Lukas, »er hat nicht viele Haare.«

»Das werde ich natürlich verhindern«, entgegnet Daniel gelassen. »Ich habe das recherchiert. Das Abschneiden bringt nichts.«

»Lukas kriegt schon noch den Kopf rasiert«, sagt Lingling beharrlich, aber lächelnd. »Bald.«

Und Daniel schmunzelt nur: »Armer Kerl.«

Daniel nennt das »die chinesische Methode«. Anfangs habe er ja versucht, Dinge nach deutscher Manier zu klären, auszudiskutieren, zu einem Ergebnis zu kommen, Regeln aufzustellen. »Aber das hat nicht funktioniert.« Jetzt macht er es wie die Chinesen: Alles erst mal auf sich zukommen lassen, verhandeln, nachverhandeln, noch mal verhandeln. »Da wird nichts endgültig geklärt, auch bei den Haaren nicht. Bis sie halt eines Tages ab sind – oder eben nicht.« Gelernt hat Daniel das unter anderem auf dem chinesischen Arbeitsmarkt. Denn auch während seiner drei Jahre in Shanghai versuchte er anfangs, klare Absprachen zu treffen. Die wurden aber selten eingehalten. »Dann habe ich es auf chinesische Art versucht: Vage Absprachen getroffen und es dann so gemacht, wie ich es für richtig hielt.« Diese Gelassenheit kommt ihm jetzt zugute. Etwa, wenn er sich am Wochenende Dinge vornimmt und sich dann doch wieder alle Pläne ändern. »Es kommt immer anders, als wir es Samstagmorgen absprechen«, sagt Daniel. »Meiner Frau fällt immer etwas ein, auf das sie dann spontan Lust hat.«

Dass er heute überhaupt mit Lingling verheiratet ist, daran dürfte seine Gelassenheit nicht ganz unschuldig sein. Bei chinesischen Schwiegereltern braucht man die nämlich dringend. Denn in der Theorie funktionieren die Dinge in China folgendermaßen: Als Tochter hat man vor allem die Aufgabe, sich in Schule und Studium sehr hervorzutun, um anschließend einen gut verdienenden Mann zu finden und für den Rest des Lebens bestens versorgt zu sein. Ein Mann mit Status sollte das sein. Bevorzugte Qualitätsmerkmale sind dabei Berufe wie Anwalt, Banker oder Arzt sowie eine eigene Wohnung. Gern auch zwei Wohnungen, so kann eine von der zukünftigen Frau bezogen werden. Denn selbstverständlich hat man in China keinen Sex vor der Ehe. Jedenfalls nicht, wenn man der Generation von Lingling angehört und aus einer ländlichen Gegend stammt. Im Jahr 2006 gaben laut einer Umfrage 90 Prozent der chinesischen Landbevölkerung an, vor der Ehe keine sexuellen Kontakte zu haben. Man hält Händchen, was automatisch bedeutet, dass man zusammen ist, und selbstverständlich zahlt bei sämtlichen Verabredungen der Mann. Nach der Hochzeit gilt es dann, pflichtbewusst einen Sohn auf die Welt zu bringen.

Eine Menge Ansprüche also, bei denen ein deutscher Mann erst einmal schlucken muss.

Zum Glück hat Daniel auch hier seine bewährte Methode angewendet: Er hat sich alles angehört, über manches gelächelt – und dann sein eigenes Ding gemacht. Außerdem sagt er: »Auch jede deutsche Familie hat ja ihre eigene Kultur – nur sind die nicht darauf vorbereitet, dass es kulturelle Unterschiede gibt. Uns war schon klar, dass wir uns anpassen müssen. Vielleicht läuft es deshalb so gut.«

Sein Kennenlernen mit Lingling ist jetzt acht Jahre her. Damals beendet er in Shanghai gerade sein Studium. Dort hingekommen ist er, weil er raus wollte aus Deutschland, irgendwohin, wo es spannend ist, und gern auch wärmer. Die ersten Wochen sind jedoch frustrierend: Er teilt sich in einem Studentenwohnheim mit einem Koreaner ein kleines Zimmer und auch den Schreibtisch, als Dusche fungieren in den Waschräumen Rohre, die aus der Wand kommen, und statt Toiletten findet er Löcher im Boden vor. Der Professor, bei dem er seine Diplomarbeit schreiben soll, scheint nicht auf ihn vorbereitet. Und die Chinesen sind zwar höflich, machen aber nicht den Eindruck, wirklich an ihm interessiert zu sein. Daniel fühlt sich schlecht, und er weiß: So etwas nennt man einen Kulturschock. Er wechselt also in ein Einzelzimmer, hängt Fotos von Familie und Freunden auf, trifft sich mit anderen internationalen Studenten – und von da an geht es ihm besser. Zum Vokabelpauken geht er nun immer öfter zur sogenannten »Chinese Corner«, wo sich viele Ausländer treffen. Dort sitzt meist auch Lingling, um anderen beim Sprachenlernen zu helfen. Ihm gefällt die zarte Chinesin, die ihm gerade mal bis zur Brust reicht. Daniel ist mit seinen 1,98 40 Zentimeter größer als Lingling.

Vorsichtig nähert er sich der jungen Frau an. Er weiß, dass Chinesinnen meist sehr zurückhaltend in der Anbahnung von Liebesbeziehungen sind. Ihre erste Verabredung verbringen sie deshalb in der Anwesenheit einer Freundin. Als es schließlich funkt und sie zum ersten Mal zu Linglings Eltern fahren, ist er offiziell nur der Ausländer, dem sie gern einmal zeigen möchte, wie man das traditionelle Frühlingsfest feiert. Erst später rückt Lingling mit der Wahrheit heraus: dass sie über beide Ohren in diesen großen blonden Deutschen verliebt ist. Einige Zeit danach muss Daniel zurück nach Deutschland. Was nun? Die beiden wissen nur: Sie wollen sich wiedersehen.

Deshalb besucht Lingling bald darauf ihren Freund in seiner Heimat. Sie lernt nun auch seine Eltern kennen. Allerdings, so empört sie sich heute, erst am Ende der zwei Wochen. Zuerst habe Daniel ihr die Freunde vorgestellt. In China hatte sie es genau andersherum gehandhabt: Gleich am ersten Tag im Dorf ihrer Eltern hatte Daniel sämtliche Verwandte kennengelernt. Dass sie in Berlin nun zuallererst Freunden vorgestellt wird und nicht der Familie, gibt ihr einen Vorgeschmack auf die deutsche Gesellschaft. Als Chinesischlehrerin in Shanghai hatte sie zwar schon einiges von ihren deutschen Schülern gelernt: dass die Menschen hier mehr Freiraum brauchen, der räumliche Abstand zwischen ihnen auch größer ist. Dass das Ego mehr zählt. Ungewohnt ist es für sie trotzdem. »In China ist der Mann der Große, und die Frauen stellen sich ein Stück niedriger«, sagt Lingling. »Sie tolerieren mehr. Hier in Deutschland bildet man eine Familie, aber die eigene Identität ist trotzdem noch sehr wichtig.«

Eigentlich heißt es in China deshalb auch: Die Henne folgt dem Hahn. Trotzdem ist es erst einmal Daniel, der zu seiner Freundin zieht. Denn Lingling und er, das fühlt sich einfach richtig an. Daniel macht jetzt in Shanghai ein Praktikum, eigentlich ein Rückschritt für einen diplomierten Maschinenbauer. Doch aus dem Praktikum wird schnell eine feste Stelle. Und damit rückt Daniel der Idealvorstellung chinesischer Eltern ein kleines Stückchen näher.

Und das, obwohl Daniels und Linglings gemeinsame Wohnung nicht einmal zwei Schlafzimmer hat. Darauf hat Linglings Mutter eigentlich bestanden – Zusammenschlafen ist ja nicht erlaubt. »Ich glaube, sie wusste, dass wir uns nicht an die Regeln halten«, sagt Daniel. »Aber der Schein sollte wenigstens gewahrt werden.« Dass er in dieser Zeit versucht, für seine Freundin eine Krankenversicherung abzuschließen, beeindruckt die Mutter allerdings sehr – auch wenn es mit der Versicherung letztendlich nicht klappt. »Davon erzählt sie noch heute«, sagt Lingling. Das ist wohl auch mit ein Grund, warum die Eltern schließlich mit Daniel einverstanden sind – obwohl er keine eigene Wohnung hat, und obwohl sein Einkommen nicht das eines Bankers ist. »Letztendlich müssen sich chinesische Eltern doch auch den Realitäten anpassen«, sagt Daniel. »Wer hat denn in China schon eine eigene Wohnung? Natürlich wollen sie für ihre Töchter nur das Beste. Aber wenn sie sehen, dass es ihnen gut geht, ist das bei vielen wichtiger als jeder Besitz.«

Ein schöner platter Hinterkopf

Eltern haben in China generell deutlich mehr mitzureden, als das im westlichen Europa üblich ist. In einem Artikel in der Wochenzeitung *Die Zeit* beschreibt die deutsche Ärztin Antje Haag, was sie während ihres Aufenthalts als Psychoanalyselehrerin in China beobachtet hat: »Ein Kind, das sich nicht anpasst, bringt Schande über die Familie. Intimität gibt es kaum, alles ist öffentlich. Chinesische Mütter warnen ihre Kinder vor dem Ausgelachtwerden oder böser Nachrede, die gleichsam als soziale Schuld die ganze Familie betrifft.« Weiter schreibt sie über die Generationen, die während der Kulturrevolution in den 60er- und 70er-Jahren groß wurden: »Alle sind in einer Welt aufgewachsen, in der die Familie und die Arbeitseinheit über das Schicksal des Einzelnen bestimmten. Wünsche galt es in dieser Sozialisation ebenso zu unterdrücken wie Spontaneität und Konflikte. Auch heute noch, insbesondere auf dem Land und in kleineren Städten, werden Ehen durch die Arbeitseinheiten und die Familien vermittelt; zusammengehalten werden sie vor allem durch Pflichten gegenüber Kindern und Großeltern, kaum durch Liebe.«

Kein Wunder also, dass Deutsche und Chinesen manchmal mit völlig unterschiedlichen Erwartungen an eine Partnerschaft herangehen. Dabei darf man nicht vergessen: Dass sich in einer Ehe alles auf die Liebe zwischen zwei Menschen konzentriert, ist auch in Deutschland noch nicht lange selbstverständlich.

Da Daniel und seine Frau seit vier Jahren wieder in Deutschland leben, hält sich der elterliche Einfluss bei ihnen mittlerweile in Grenzen. Die vielen guten Ratschläge, die von China aus kommen, kann man Tausende Kilometer entfernt getrost mit einem Schmunzeln quittieren. Etwa der, dass man den kleinen Lukas doch zu den Großeltern nach China schicken solle, damit Lingling wieder arbeiten gehen könne. »Das machen in China viele Frauen, und sogar manche, die im Ausland leben«, sagt Lingling. Die chinesische Oma würde das Kind sicherlich auch häufig auf dem Rücken liegen lassen – damit es einen platten Hinterkopf bekommt. Das gilt in China als schön.

Bei solchen Dingen lässt Daniel nicht mit sich reden – er lehnt sie schlicht und einfach ab. Zum Glück ist Lingling oft gleicher Meinung. Im Fall einer chinesischen Freundin, die mit einem Deutschen verheiratet sei und das gemeinsame Kind nach alter Tradition aufziehen wolle, gebe es deutlich mehr Konflikte, erzählen die beiden.

Alle internationalen Paare mit Kindern wissen: Wenn der Nachwuchs auf der Welt ist, geht es mit den unterschiedlichen Meinungen erst so richtig los. Plötzlich sind da jede Menge Fragen: Sollen Familie und Freunde nach der Geburt am Bett der Mutter wachen oder sollte sie besser allein sein? Soll das Kind bald allein schlafen oder lange bei den Eltern, bei offenem oder geschlossenem Fenster? Sollen wir bei jeder Temperaturerhöhung sofort zum Arzt gehen oder erst einmal Hausmittel anwenden? Lassen wir unser Kind selbstständig laufen und auch mal hinfallen oder haben wir es immer im Auge und schützen es vor jedem Hindernis? Gehört es zu einer normalen Kindheit dazu, auch mal im Dreck zu spielen oder muss das unterbunden werden? Wie viel Mitspracherecht haben die Schwiegereltern und andere Familienangehörige? Kleiden wir das Kind stets adrett oder darf das dreckige T-Shirt auch mal eine Weile anbehalten werden? Soll es so lange wie möglich spielen oder schon vor Schulbeginn lesen lernen? Ist es eine Schande für die ganze Familie, wenn das Kind schlecht in der Schule ist? Ist Rebellion in der Jugend ein Ausdruck von Respektlosigkeit oder ein normales Zeichen des Unabhängigwerdens? Ist der Vater letztendlich der Entscheider oder gelten die Worte der Mutter genauso viel?

Es gibt also eine Menge zu diskutieren und auszuhandeln. Dass man sich dabei nicht immer einig wird, muss nicht zwangsläufig schlecht sein: Eltern können dem Kind ja auch verschiedene Möglichkeiten vorleben. Dann sieht es: Mama macht es so, Papa aber anders. Der Soziologe Ulrich Beck hat dies als Aufwachsen in einer »Weltfamilie« bezeichnet. In seinem Buch *Fernliebe* schreibt er: »Weltfamilien erproben das, was in Feiertagsreden als Kompetenz des globalen Zeitalters gepriesen, in Praxisseminaren Soft Skills genannt und eingeübt wird. Weltfamilien leben teils freiwillig, teils gezwungenermaßen, was anderweitig in Lektionen vermittelt, gegen Bezahlung und Teilnehmerurkunde antrainiert wird. Weltfamilien sind Pioniere der Interkulturalität.« Zu wissen, dass es immer verschiedene Wege gibt, kann für Kinder dieser Familien also ein riesiger Gewinn sein.

Für Daniel ist aber auch wichtig, sich nicht alles gefallen zu lassen, die fremde Kultur nicht mit übergroßem Respekt auf einen Sockel zu heben. Wenn man ihn im Land seiner Frau etwa fragt, wie viel er verdient, dann beantwortet er das nicht. »In China ist so eine Frage ganz normal, einfach Teil der Konversation«, sagt Lingling. Daniel entgegnet: »Ich finde diese Frage doof.« Auch, wenn man ihm pausenlos Schnaps anbietet, weil man austesten will, wie viel dieser Ausländer wohl verträgt, lehnt er manchmal ab. »Dann sage ich, ich vertrage das Zeug nicht, ich trinke nur Bier.« Wenn allerdings der Chef einer Kundenfirma als Dankeschön harte Getränke reicht, würde er auf keinen Fall ablehnen. »Sonst verliert der sein Gesicht, und das ist in China ganz schlimm.« Einmal wurde Daniel bei einer Hochzeit gleich morgens mit einer ganzen Reisschale Schnaps begrüßt. Man hatte es einfach besonders gut mit ihm gemeint, deshalb gleich eine Schale voller Alkohol. Auch da lehnte er nicht ab. Er hat gelernt, in welchen Momenten er sich eine Zurückweisung leisten kann, und wann nicht. Wenn etwa in einem Tempel die Götter befragt werden, ob er einen Job wohl bekommen wird, dann macht er mit und schmunzelt nur innerlich. Die Götter sagten damals übrigens gleich dreimal, es werde klappen. Wenig später kam dann die Absage.

Ja, Lingling und Daniel haben eine Menge Anekdoten angesammelt über die Jahre, die sie nun schon zwischen den Kulturen, zwischen zwei Welten wandeln. Zum Beispiel auch die von Lingling, wie sie einmal mitten im chaotischen chinesischen Verkehr auf der Fahrbahn stehen blieb. Damals lebte sie schon eine Weile in Deutschland und war zu Besuch in der Heimat. An der stark befahrenen Straße wollte sie bei Grün über die Ampel gehen – doch ein Bus machte keine Anstalten, für sie anzuhalten. Sie fand sich also plötzlich auf der Straße wieder, lautstark schimpfend und gestikulierend, völlig außer sich. Sie schrie den Busfahrer hinter seiner Scheibe an, bis ihre Schwester sie erschrocken von der Fahrbahn zog. »Was machst du da, bist du verrückt?«, fragte sie entsetzt. Und Lingling antwortete: »Aber ich hatte doch Grün!«

Sie muss sich sehr, sehr deutsch bei diesem Satz gefühlt haben.

Wie man den Kampf ums Visum durchsteht

(ohne sich von den Behörden verrückt machen zu lassen)

KOPENHAGEN, 17. AUGUST

Am Bahnhof in Kopenhagen steuert ein alter Mann auf mich zu. »Hast du ein paar Kronen für mich?«, fragt er auf Dänisch. »Oh, sorry, I don't understand«, versuche ich mich aus der Affäre zu ziehen und will weitergehen. Doch der Alte legt gleich nach: »No problem«, sagt er schnell. »Do you have some coins?« Ich muss grinsen. In Dänemark sprechen sogar die Obdachlosen besseres Englisch als in Deutschland der Außenminister. Ich drücke dem Mann ein paar Münzen in die Hand und eile mit meinem großen Koffer im Schlepptau weiter Richtung Gleis. Der Zug nach Deutschland steht schon zur Abfahrt bereit. Ich wuchte meine Sachen auf die Gepäckablage und lasse mich auf den Sitz fallen.

Als ich die Schuhe ausgezogen habe und die Beine hochlege, fällt mir wieder einmal auf, wie viele nützliche Dinge man durch eine internationale Beziehung lernt. Ich habe etwa herausgefunden, wie man 1,84 Meter Körperlänge so auf zwei ICE-Sitzen verstaut, dass man ungefähr 120 Minuten schlafen kann, ohne abgestorbene Körperteile zu riskieren. Diese praktische Erkenntnis hätte ich wohl nie gewonnen, wenn ich nicht unzählige Stunden im Zug zwischen Dänemark und Deutschland verbracht hätte.

Heute aber ist an Schlaf nicht zu denken. Zum einen bin ich ganz aufgeregt, weil ich eben einen tollen Anruf bekommen habe: Ich habe den Büroplatz, den ich unbedingt wollte! Endlich nicht mehr von zu Hause arbeiten, endlich wieder Kollegen haben, endlich mittags nicht mehr alleine am Schreibtisch essen! Zum anderen bin ich viel zu gespannt. Nicht nur, weil ich morgen nach Neustrelitz fahre, wo dann langsam die Hochzeitsfeierlichkeiten beginnen. Sondern vielmehr wegen heute Abend: Da werde ich nämlich bei meinem alten Freund Sven und seiner Frau Ruth übernachten. Gut sechs Stunden dauert die Bahnfahrt von Kopenhagen nach Berlin. Einen Großteil davon werde ich wohl darauf verwenden, mir zu überlegen, was diese Ruth für eine ist. Bisher weiß ich nur von ihr, dass sie aus Südafrika kommt, und dass Sven ihr vor ein paar Monaten ewige Liebe geschworen hat. Und ich weiß, dass mir die ganze Sache zwischen den beiden irgendwie suspekt ist.

Natürlich weiß ich von mir selbst: Wer sich gerade verliebt hat, der ist gern mal ein bisschen irre und springt kopfüber ins kalte Wasser. Sven aber reichte das nicht. Er nahm Anlauf, sprintete auf den Abgrund zu, drückte sich kräftig ab, schloss die Augen und machte eine Arschbombe. Ins Eiswasser und vom Zehnmeterbrett. Mindestens.

Anders kann man die Anfänge der Liebe zwischen ihm und Ruth wohl kaum beschreiben. Denn zwischen ihrem ersten Kennenlernen in einem Restaurant in Kapstadt und der

Hochzeit der beiden lagen gerade mal 63 gemeinsam verbrachte Tage.

Ich finde die Sache mit der Blitzhochzeit merkwürdig. Schließlich hatten die zwei bis zur Trauung noch nie im Alltag zusammengelebt. Hätte Sven mir vor der Heirat erzählt, dass er demnächst vor dem Altar stehen würde, ich hätte ihn wohl gefragt, ob er noch ganz bei Trost ist.

Aber ich habe nur eines Tages bei Facebook die Bilder entdeckt: Sven an einem weißen Sandstrand mit einer dunkelhäutigen Braut an der Hand. Ich hatte Sven vorher noch nie im Anzug gesehen. Ich kenne ihn als einen, der gerne mal so lange pennt, bis andere Leute von der Arbeit wiederkommen. Einer, der nach einer durchzechten Nacht 20 Stunden am Stück schlafen kann, ohne einmal pinkeln zu gehen. Das fand ich immer beeindruckend. Dieser Sven hatte nun also im Hafen der Ehe den Anker geworfen.

Sven und ich haben fünf Jahre lang zusammen in einer Studenten-WG gewohnt. Man kann also sagen, dass wir uns in quasi jeder Lebenslage kennen: Ich habe ihn mit schlimmem Kater in Unterhose am Frühstückstisch sitzen sehen, er hat mich mütterlich mit Tee versorgt, als ich mit Grippe im Bett lag. Wir haben zusammen gekocht, gestritten, getrunken – und gelitten. Denn Sven und ich gewannen im Laufe des Studiums eine gemeinsame Erkenntnis: Die Liebe ist ein Arschloch. In Sachen Beziehungen (oder besser: Möchtegern-Beziehungen) hatten wir in etwa dieselbe unvorteilhafte Unfallstatistik.

Vorsorglich hatte ich also schon die Taschentücher und eine Familienpackung Ferrero Küsschen in meinem WG-Zimmer deponiert, als Sven von seinem Sprachurlaub aus Südafrika zurückkam und freudestrahlend von seiner neuen Freundin erzählte. Er wirkte zwar ganz verliebt, und es klang auch sehr niedlich, wenn er von seiner Ruth sprach (was unter anderem daran lag, dass Sven ein wenig lispelt und Probleme mit dem englischen »th« hatte – er nannte Ruth daher hartnäckig »Ruß«). Doch ich war sicher, dass die Geschichte nur mit einem gebrochenen Herzen enden konnte.

Kennengelernt hatten die beiden sich in einem Restaurant in Südafrika. Durch Zufall landeten sie am selben Tisch, weil einfach kein anderer Platz frei war, als Ruth dort mit ihren Freunden eintraf. Als der Laden in den frühen Morgenstunden schließen wollte, fragte sie, ob sie Sven nach Hause bringen sollte. Schließlich sei es gefährlich, jetzt allein durch die Straßen zu laufen. »No thanks«, antwortete Sven. »Ich wohne in der Nähe und gehe zu Fuß nach Hause.« Er war sich nicht sicher, was gefährlicher war: alleine nach Hause zu laufen – oder sich Ruth anzuschließen. Schließlich hatte er mit ihr noch kein Wort gewechselt, sie hatten an unterschiedlichen Enden des Tisches gesessen. Sven malte sich aus, wie sie mit ihm in eine dunkle Ecke fahren würde und dann plötzlich ihre zehn Brüder kämen. Aber dann saß er schließlich doch mit dieser unbekannten Frau in einem unbekannten Auto und fuhr ziemlich bald, wie er befürchtet hatte, durch ihm unbekannte Straßen. Denn Ruth brachte ihn nicht nach Hause, sie hatte tatsächlich einen Überfall geplant. Mitten in der Nacht fuhr sie mit Sven zum Strand. Was da passierte, darüber haben die beiden Stillschweigen vereinbart.

Zwei Wochen nach diesem ersten Treffen saß Sven schon wieder auf dem WG-Balkon, schwärmte davon, wie »easygoing« seine Ruth sei und nervte mich und die anderen Mitbewohner damit, dass er uns immer, wenn wir das Haus verließen, ein fröhliches »Enjoy!« hinterherrief. Sven hatte das Südafrikafieber gepackt. Seine sonst so käseweiße Haut war nun braun gebrannt, an seinem Handgelenk klackerten kupferfarbene Armreifen. Einerseits freute es mich, dass seine dreimonatige Sprachreise offenbar ein voller Erfolg gewesen war, dass es ihm so gut ging. Andererseits konnte ich diese Sache mit Ruth nicht ernst nehmen. Sven merkte das wohl, und schon ziemlich bald erzählte er uns kaum noch etwas von seiner neuen Freundin. Aber was sollte man zu dieser Beziehung auch sagen? Die beiden hatten noch nicht einmal einen Plan, wann sie sich wiedersehen würden. Und Ruth hatte daheim kein Internet. Wenn keine Zeit war, ins Internetcafé zu gehen, blieben ihnen nur teure Telefonate oder sich SMS zu schreiben. Aber was kann man auf 160 Zeichen schon austauschen? Irgendwie konnte ich nicht glauben, dass es diese Ruth ernst meinte.

Nach sechs Stunden Fahrt hält der ICE endlich am Berliner Hauptbahnhof. Ich wuchte meinen Koffer auf den Bahnsteig – und bin kurz verwirrt: Ich verstehe alle Schilder, alle Durchsagen, alle Leute um mich herum. Wie einfach auf einmal alles ist, wenn man wieder in Deutschland ist! Ein netter Mann erklärt mir, wo ich lang muss. »Mit der S-Bahn bis Alexanderplatz, dann U8 und dann biste quasi schon da, sach ick ma«, berlinert er. Auf dem Weg zur S-Bahn läuft ein Punk vor mir, dessen Hose am Hintern so große Löcher hat, dass man eine Unterhose definitiv ausschließen kann, eine Frau zieht einen ganzen Bollerwagen voller Kokosnüsse hinter sich her, eine andere ist von der Brille bis zu ihren Stilettos in Gold gekleidet. Berlin ist so eine unfassbare Stadt, denke ich. Wären Amit und Susanne mal nicht nach Dettenhausen gezogen, sondern in die Hauptstadt! Hier reicht es nicht aus, ein bisschen indisch auszuschauen, um auf der Straße angegafft zu werden. Da müsste man schon eher nackt mit einem Teddybär Tango tanzen.

Als ich in der Nähe von Svens und Ruths Wohnung aus der U-Bahn steige, begrüßt mich die Stadt mit sintflutartigem Regen. Hoffentlich ist der einigermaßen wasserdicht, denke ich und werfe einen Blick auf meinen Koffer. Schließlich ist darin das Kleid, das ich übermorgen auf der Hochzeit anziehen will. Über die ersten Pfützen hieve ich meinen Rollkoffer noch hinweg, dann gebe ich auf und ziehe ihn einfach möglichst schnell durch die Wasserlachen. Meine Schuhe sind so vollgesogen, dass sie bei jedem Schritt quietschen, als ich endlich vor Svens und Ruths Haustür stehe und klingele.

»Hi«, sagt Sven durch die Gegensprechanlage. »Du musst einfach bis ganz nach oben kommen.« War ja klar, dass die im Dachgeschoss wohnen, denke ich, und wuchte meinen Koffer die ersten Stufen hoch. »Mensch, sag doch was, ich hätte dir doch geholfen«, sagt Sven, als ich schnaufend oben ankomme. »Lass dich drücken. Ich hoffe, du hast Hunger. Es gibt Chiproll, das ist quasi ein südafrikanisches Nationalgericht.«

Als ich ihm ins Wohnzimmer folge, traue ich meinen Augen nicht. In unserer Wohngemeinschaft war Sven nicht gerade für seine geschmackvolle Zimmerdekoration bekannt. Sein WG-Zimmer hätte ich jedenfalls eher als vollgerümpelt denn als eingerichtet bezeichnet. Hier aber hat wohl Ruth Hand angelegt: Überall stehen kleine Elefanten, Puppen, Schmuck. Fotos von Südafrika hängen an der Wand, in der Ecke sehe ich eine Vuvuzela. Ruth begrüßt mich mit einem herzlichen Lachen und einer festen Umarmung – obwohl wir uns noch nie gesehen haben und ich komplett durchnässt bin. Schnell rubbele ich mir im Badezimmer die Haare trocken und ziehe mir eine andere Hose an.

Als ich wieder herauskomme, strahlt Ruth noch immer. »Welcome«, sagt sie. »Setz dich schon mal an den Esstisch.« Dort stehen schon Ketchup, Salatblätter und Brötchen bereit. Ruth geht in die Küche und kommt mit einer Schüssel Pommes wieder. Chiproll, lerne ich, sind nichts anderes als Brötchen, gefüllt mit Salat und Fritten, quasi ein Pommesburger. Ein merkwürdiges Nationalgericht, denke ich. Doch da beginnt Ruth mit ihrem schönen britischen Akzent auch schon zu erzählen, wie das eigentlich war mit ihr, Sven und der Hochzeit. Wie sie etwa zu ihrer kirchlichen Trauung 20 Minuten zu spät kam und Sven dennoch nicht in Panik ausbrach. »Er war das ja schon gewohnt«, sagt sie. »Zum Standesamt am Tag vorher hatte ich eine volle Stunde Verspätung gehabt.« Nein, Orientierung sei wirklich nicht ihre Stärke. Aber sie nehme das gelassen. »Pünktlichkeit wird hier in Deutschland eh überschätzt. Die Deutschen müssen sich mal entspannen.« Irgendwie ist sie süß, diese Ruth. Und je netter ich sie finde, desto mieser fühle ich mich. Denn mir wird klar, dass es nicht die Liebe ist, die ein Arschloch ist. Sondern ich.

Was hat mich nur dazu bewogen, zu denken, dass diese Hochzeit auf jeden Fall eine Schnapsidee sein müsse? Ist mein Horizont so klein, dass ich sofort billige Klischees zücken muss, an Aufenthaltsdokumente und Scheinehe denke, wenn ein alter Freund eine Frau aus Afrika heiratet? Gut, dass ich niemandem von meinen Bedenken erzählt habe.

Denn Ruth ist nicht das Püppchen, das ich mir ausgemalt hatte. Sie ist ein paar Jahre älter als Sven, eine gestandene Frau mit wilder Afrofrisur und Brille, eine, die viel lacht, intelligente Sachen sagt, die Sven ordentlich Kontra gibt und für die Deutschland garantiert nicht das gelobte Land ist. Denn als sie von ihrem Leben in Südafrika erzählt, von ihrem alten Job, ihrer internationalen Familie, dem Strand, dem Meer, und dann von ihrem Leben in Berlin mit all den Schwierigkeiten bei der Jobsuche, den unfreundlichen Leuten und dem miesen Wetter, da wird mir klar: Nicht Sven ist derjenige, der für die Liebe mutig den Sprung ins Eiswasser gewagt hat. Das war definitiv sie.

Für Ruth war lange nicht klar gewesen, wie ernst sie die Sache mit diesem Mann aus Deutschland eigentlich nehmen sollte. Sie hatten ja nur zwei gemeinsame Wochen in Südafrika gehabt, bevor er zurück nach Deutschland flog. Und während Sven in Münster auf Wolke sieben schwebte, war Ruth sich noch nicht einmal über ihren Beziehungsstatus im Klaren. Flirt? Romanze? Liebe?

»Wir wussten ja noch nicht einmal, wann wir uns wiedersehen würden«, sagt Ruth und schenkt mir einen Campari mit Orangensaft ein.

Als Sven damals zurück nach Deutschland kam, begab er sich auf Jobsuche. Die Südafrikareise war quasi eine Belohnung für sein BWL-Diplom gewesen. Er war nun am Morgen ungewohnt früh in der WG-Küche anzutreffen, allerdings nicht im Schlafanzug, wie sonst, sondern in Hemd und Anzughose. Jede Woche absolvierte er mehrere Bewerbungsgespräche. Denn bevor er nicht endlich Geld verdiente, konnte er es sich nicht leisten, wieder nach Südafrika zu fliegen. Irgendwann fand er dann eine gut bezahlte Stelle in Berlin. Doch nach der ersten Freude machte sich gleich wieder Ernüchterung breit. Denn er hatte in der neuen Firma sechs Monate Probezeit – und damit Urlaubssperre.

Und so stand auch nach einem Jahr Fernliebe immer noch nicht fest, wann sich Sven und Ruth nun wiedersehen würden. Fest stand nur eins: dass sie nach Hunderten SMS, E-Mails und Telefonaten ihren Beziehungsstatus eindeutig angeben konnten. Aus einem »Flirt« war »Liebe« geworden.

»Das Kuriose war«, erzählt Sven und beißt in sein südafrikanisches Pommesbrötchen, »dass ich Ruths Mutter in

Deutschland kennengelernt habe, als Ruth selbst noch in Südafrika war.«

»Wie bitte?«, frage ich verwirrt. »Du hast ihre Mutter getroffen, und Ruth war gar nicht dabei?«

»Ja, genauso war das«, sagt Sven.

»Damals hattest du doch gerade mal zwei Wochen mit Ruth verbracht!«

Ruth lacht. »Das war schon etwas komisch. Aber meine Mutter hat meine Schwester in den Niederlanden besucht«, erklärt sie. »Und da lag Berlin doch quasi um die Ecke. Die war ja auch neugierig, mit wem ich die ganze Zeit SMS schreibe. Aber ehrlich gesagt: Ich war total nervös. Ich war ja weit weg und konnte überhaupt nicht eingreifen.«

Ruths Mutter und Sven trafen sich damals in einem Restaurant. »Ich habe vorher noch ein paar Geschenke für Ruth gekauft, die ich ihrer Mutter mitgeben wollte«, erzählt Sven. »Aber ich muss zugeben: Ich war unglaublich aufgeregt. Im Gegensatz zu Ruths Mutter, die war richtig cool. Sie sagte, dass Ruth tun solle, was sie glücklich mache.«

Ich denke an meine eigene Mutter. Wie die wohl reagiert hätte, wenn Morten nicht aus dem nahen Dänemark, sondern aus Dschibuti, Delhi oder Daressalaam stammen würde? Da kann man noch so tolerant sein, und seinem Kind noch so vertrauen. Wer will schon, dass es Tausende Kilometer weit entfernt lebt, für die Ehe die Religion wechselt oder in eine Kultur einheiratet, die einem total fremd ist? Ich kann mir gut vorstellen: Auf den ersten Blick wäre es für meine Eltern schwierig, darin etwas Bereicherndes zu sehen.

»Meine Mutter und mein Vater waren am Anfang auch ein bisschen geschockt, als sie Ruth kennenlernten«, erzählt Sven mit einem Grinsen. »Aber das lag wohl weniger an ihr, sondern eher an mir.« Dass die Freundin ihres Sohnes eine

andere Hautfarbe hat und eine andere Sprache spricht, daran konnten sie sich schnell gewöhnen, erzählt Sven. »Aber ich selbst habe sie dann doch etwas überfordert.«

Nachdem Sven am Ende seiner Probezeit endlich in Südafrika gewesen war, besuchte Ruth ihn nämlich in Deutschland. Es war Sommer, und Sven wollte seinen 30. Geburtstag daheim bei seinen Eltern feiern, mit alten Freunden und Verwandten. Am Nachmittag des 21. Juli saß Ruth also zum ersten Mal in einem kleinen Dorf in Nordrhein-Westfalen am Kaffeetisch. Ein paar Brocken Deutsch konnte sie noch, denn sie war vor vielen Jahren Au-pair-Mädchen in Deutschland gewesen. Den Rest übersetzte Sven. Auch seine Eltern gaben sich Mühe, servierten Kuchen, versuchten sich mit Händen und Füßen zu verständigen. Es war noch nicht oft vorgekommen, dass ihr Sohn eine Frau zu Hause vorstellte.

»Sie ahnten ja auch noch nicht, wie der Tag enden würde«, sagt Sven. Als die Geburtstagsparty abends nämlich langsam Fahrt aufnahm, da entschloss er sich, die Musik leiser zu drehen, Ruth an die Hand zu nehmen und sich an seine Gäste zu wenden. »Ich habe mich dann natürlich erst einmal bedankt, dass alle gekommen sind. Und bis dahin waren meine Eltern auch noch ganz entspannt. Doch dann sagte ich, dass ich Ruth am Nachmittag gefragt hätte, ob sie meine Frau werden möchte.«

Ich verschlucke mich fast am Campari. »Was? Deine Eltern kannten Ruth doch gerade mal fünf Minuten! Waren die nicht total überrumpelt?«

»Nicht nur die«, sagt Ruth. »Ich hätte auch nicht damit gerechnet, dass er mich an dem Tag fragt, ob ich ihn heiraten möchte, ein paar Minuten, nachdem ich seine Eltern kennengelernt habe.«

»Sven«, sage ich entsetzt. »Welche Drogen hast du an dem Tag denn bitte schön genommen?«

Sven grinst und erzählt, wie seine Eltern vor den anderen Partygästen einigermaßen die Contenance bewahrten, obwohl die beiden gelinde gesagt ziemlich überrascht gewesen seien und man durchaus hätte verstehen können, wenn ihnen die Gesichtszüge entglitten wären. Schließlich hatten sie diese junge Frau gerade zum ersten Mal getroffen.

Und ihr zweites Treffen, so hatte Sven das damals geplant, sollte bereits die Hochzeit in Südafrika sein.

»Warum musstet ihr denn überhaupt gleich heiraten?«, frage auch ich jetzt.

»Ich war halt ungeduldig«, antwortet Sven und gießt noch einmal Campari-O nach. »Wenn ich eine Entscheidung getroffen habe, dann ziehe ich das durch. Und was blieb uns auch anderes übrig?« Im Prinzip, sagt er, sei ihre Hochzeit ja eine Scheinheirat aus Liebe gewesen: Sie waren zwar verliebt, aber wenn sie nicht gemusst hätten, nein, dann hätten sie nie und nimmer so schnell geheiratet.

»Wir hatten ja keine Alternative«, sagt Ruth. »Wir mussten heiraten, damit ich hierherkommen konnte, damit wir zusammenleben konnten. Wir waren keine 20 mehr. Und wir wollten nicht ewig mit dieser Fernbeziehung weitermachen.«

Nun ist Ruth also in Deutschland. Ein paar Monate hatte es nach der Hochzeit noch gedauert, ehe sie die Sprachprüfung absolviert und alle Papiere zusammenhatte. Dann packte sie ihre Koffer. Alle warmen Pullis, die sie besaß, kamen darin unter, und ein Stapel Fotos. Doch das, was ihr am wichtigsten war, das konnte sie nicht einstecken: Sie musste ihre Mutter und ihre Geschwister zurücklassen, ihre Freunde, den Sonnenschein, die südafrikanische Lebensfreunde, ihre Kir-

chengemeinde, ihren Job in einem Logistikunternehmen und damit auch ihre Unabhängigkeit.

Bis sie in Berlin einen Job fand, dauerte es noch einmal eine gefühlte Ewigkeit. Bis dahin musste Ruth von Svens Gehalt leben. Denn wer stellt schon eine Frau ein, die gebrochen deutsch spricht, in Deutschland keine Berufserfahrung hat und vermutlich ohnehin bald Kinder bekommen wird? Es war schon richtig, dass Ruth Sven vor allem geheiratet hatte, weil sie ein Visum brauchte, um mit ihm zusammen sein zu können. Aber dass sie ihn geheiratet hatte, weil sie unbedingt in Deutschland leben wollte – das stimmte ganz und gar nicht.

Träge streiche ich über meinen Bauch.

»Na, vollgefuttert?«, fragt Sven grinsend.

»Ich muss zugeben, dass ich die Kombination aus Fritten und Brötchen unterschätzt habe«, sage ich. »Schmeckt echt lecker.«

Sven lacht. »Dann werde ich mal die Schlafcouch ausziehen.«

Langsam stehe ich vom Esstisch auf. Puh, der Campari ist mir doch ganz schön zu Kopf gestiegen. An den Südafrikabildern und der Vuvuzela vorbei bahne ich mir den Weg ins Badezimmer und werfe mir erst einmal eine Ladung kaltes Wasser ins Gesicht. Dann schaue ich in den Spiegel. »Schäm dich«, denke ich. »Was für fiese Gedanken du nur über Ruth hattest. Sven kann froh sein, dass er die gefunden hat!« Hinter mir klopft es an der Tür. »Herein«, rufe ich und greife nach meiner Zahnbürste.

Ruth steckt ihren Kopf zur Tür hinein. »Hier, für dich«, sagt sie und reicht mir eine Nagelfeile und ein kleines Duschgel.

»Wow, das ist ja hier wie im Hotel«, sage ich. Ruth lächelt – und ich schäme mich gleich noch etwas mehr.

Nachdem ich mir die Zähne geputzt und mich umgezogen habe, lasse ich mich im Wohnzimmer auf die Schlafcouch fallen und klappe meinen Laptop auf. Sofort poppt eine Skype-Nachricht auf.

MARIKE80: Hej! Na, wo steckst du?

NICOLE_IN_DENMARK: Bin bei Ruth und Sven, meinem ehemaligen Mitbewohner und seiner südafrikanischen Frau.

MARIKE80: Klar, davon hattest du ja erzählt. Und? Wie isses?

NICOLE_IN_DENMARK: Super. Sie ist total nett. Weiß gar nicht, warum ich mir Sorgen gemacht habe.

MARIKE80: Haben die nicht so total überstürzt geheiratet?

NICOLE_IN_DENMARK: Ja, damit Ruth möglichst schnell nach Deutschland kommen konnte. Sonst hätte sie ja nur ein Touristenvisum bekommen.

MARIKE80: Schon blöd, wenn man mit jemandem zusammen ist, der nicht aus der EU kommt. Da heißt es gleich alles oder nichts. Und wenn man dann so schnell heiratet, dann sagen gleich alle: Scheinehe.

NICOLE_IN_DENMARK: Ehrlich gesagt: Ich frage mich langsam, was eigentlich so schlimm daran ist, wenn jemand tatsächlich heiratet, weil er gerne in einem anderen Land leben möchte.

MARIKE80: Na ja, ein bisschen was sollte man schon füreinander empfinden, oder?

NICOLE_IN_DENMARK: Ja, aber das eine schließt das andere doch nicht aus. Man kann den anderen ja nett finden und in ihm eben den zusätzlichen Vorteil sehen, dass man in ein sicheres, reiches Land ziehen kann. Bei deutsch-deutschen Beziehungen geht's ja auch nicht immer nur um die pure, leidenschaftliche Liebe. Ich kenne zumindest Paare, bei denen ich vermute: Die finden sich gegenseitig einfach praktisch.

MARIKE80: Da bin ich jetzt aber neugierig. Wer denn???

NICOLE_IN_DENMARK: Na ja, so ein bisschen Rationalität gibt es doch überall. Schau dir nur arbeitslose Männer an, für die ist es doch megaschwer, bei einer Frau zu landen. Da kann der Typ noch so sympathisch sein, 'nen Arbeitslosen wollen die Frauen nicht. Die wollen einen mit Auto und Wohnung und Karriere.

MARIKE80: Karriere gleich Geld gleich guter Versorger. Die Evolution lässt grüßen!

NICOLE_IN_DENMARK: Eben. Ich wette, es gibt Paare, bei denen die Frau denkt: Der ist zwar weder extrem charmant, noch eine Granate im Bett, aber dafür hat er einen netten Freundeskreis, hängt immer die Wäsche auf und wird garantiert mal einen Eins-a-Vater abgeben.

MARIKE80: O ja, Wäsche aufhängen steigert die Attraktivität eines Mannes ungemein ;-)

NICOLE_IN_DENMARK: Und vielleicht denkt er über sie: Okay, es hat zwar nie so gekribbelt wie bei meiner letzten Affäre, aber dafür hat sie schöne große Brüste, ich kann mich auf sie verlassen – und in der Firma ihres Vaters kann man vielleicht auch noch Karriere machen.

MARIKE80: Solche Leute kennst du?

NICOLE_IN_DENMARK: Die gibt's doch überall. Und bei denen stört sich kaum jemand daran, dass es nie das ganz große Gefühlsfeuerwerk gegeben hat. Die leben ja vielleicht auch ganz harmonisch miteinander. Und sind damit womöglich sogar glücklich.

MARIKE80: Na, ich weiß ja nicht …

NICOLE_IN_DENMARK: Gab es bei dir im Studium keine Mädels, die auf Verbindungspartys gegangen sind, weil sie dachten, da lerne ich bestimmt einen Typen aus gutem (und vor allem reichem) Hause kennen?

MARIKE80: So was find ich fies.

NICOLE_IN_DENMARK: Ja, ich auch. Ich meine ja nur, dass es doch Tausende Frauen gibt, die erst einmal schauen, was der Typ für ein Auto fährt. Und niemand sagt was dagegen. Bei Paaren wie Ruth und Sven aber, da erwartet man, dass es die große Liebe ist. Sonst ist da gleich was faul.

MARIKE80: Hab neulich so eine Doku über einen Deutschen mit einer Kubanerin im Fernsehen gesehen. Da sagte er: »Ja, vielleicht liebt sie mich auch deshalb, weil ich Geld habe. Aber ist es nicht genauso oberflächlich, dass ich sie liebe, weil sie so schön ist?«

NICOLE_IN_DENMARK: Das ist mal echt ehrlich. Aber vermutlich ist es doch bei den meisten so, dass sie sich nicht ausschließlich verlieben, weil der andere so ein toller Mensch ist. Nur wenn man einen Ausländer heiratet, dann muss man beweisen, dass man vor Liebesglück fast ausflippt. Sonst denken alle: Sie will ja nur sein Geld oder eine Aufenthaltsgenehmigung. Die Familie, die Freunde, alle. Und vor allem der Staat.

Wir gegen den Rest der Welt

»Carl, was will der?« Panisch umfasst Annika das Lenkrad ihres VW Käfers. Sie ist gerade in einen Tunnel gefahren, und plötzlich fährt der große Geländewagen neben ihr immer näher an sie heran. Immer wieder nimmt er Anlauf, drängt sie nach rechts ab. Bald trennen Annikas Käfer nur noch wenige Zentimeter von der Tunnelwand, und zwischen die Außenspiegel der beiden Autos passt gerade mal eine Handbreite. Annikas Stimme überschlägt sich: »Scheiße, Carl, was soll ich machen?«

Carl sitzt auf der Rückbank. Er ist Annikas Freund – und er weiß, was zu tun ist. »Gib ihm ein Zeichen, dass alles in Ordnung ist!«, ruft er.

Annika versteht nicht. »Was? Warum?« Verwirrt blickt sie sich nach ihm um.

»Mach einfach!«, gibt Carl zurück. Annika schaut also in Richtung des Geländewagenfahrers, streckt den Daumen nach oben, grinst. Und tatsächlich: Der Mann tritt aufs Gas, das Auto zieht vorbei und verschwindet.

Als sie den Tunnel hinter sich gelassen haben, fährt Annika rechts ran. Ihr Blick ist immer noch panisch, ihre Hände zittern. »Was war das? Was wollte der? Mein Gott, der hätte uns umbringen können!«

Auch Carl muss erst einmal durchatmen. Dann sagt er: »Der wollte dich nicht umbringen. Er hat dich am Steuer gesehen und mich auf der Rückbank – der dachte, ich würde dich entführen.«

Carl ist Südafrikaner, ein großer, schlaksiger Mann mit gemütlichem Gang und schwarzer Haut. Annika kommt aus Baden-Württemberg, hat rotblonde Locken und Sommersprossen. Zusammen sind sie ein Paar, das in Südafrika auch fast zwei Jahrzehnte nach Ende der Apartheid offenbar viele Leute nicht für möglich halten. Anstatt an ein Liebespaar zu denken, vermuten sie eher Kidnapping, wenn ein schwarzer Mann und eine weiße Frau gemeinsam im Auto unterwegs sind.

Seit sieben Jahren sind Annika und Carl zusammen. Als sie sich in Johannesburg kennenlernten, hielten sie in der Öffentlichkeit noch nicht einmal Händchen. Carl war das einfach zu unangenehm, denn die Leute starrten ihn dann an – selbst heute ist das noch so. Auch Annika muss sich unfreundliche Blicke gefallen lassen, nicht nur von Passanten auf der Straße, sondern auch von Carls Freundinnen. Sie hat das Gefühl, es störe die jungen Frauen, dass Annika, eine Weiße, sich einen »ihrer« Männer geschnappt hat. Obwohl alle Englisch können, sprechen sie oft Zulu, wenn Annika dabei ist. »Aber selbst wenn ich nichts verstehe, merke ich ja, dass sie über mich reden«, sagt sie. »Da fühlt man sich echt doof.«

Carl und sie versuchen die Ablehnung nicht mehr an sich heranzulassen. Das alles schweißt die beiden auch zusammen. Sie haben eine Trotzhaltung entwickelt: Ob Bürokraten, Spießer, Rassisten oder Zicken – niemand kann uns beide stoppen! Wir gegen den Rest der Welt!

Doch zu sagen: Ihr könnt uns mal, das ist nicht so einfach. »Das Dumme ist ja«, sagt Annika, »dass wir von dem Wohlwollen so vieler Leute abhängig sind. Auch wenn die noch so blöd sind, muss man denen dann in den Hintern kriechen.« Annika meint damit vor allem zwei Personen: eine Standesbeamtin in Baden-Württemberg und einen Botschaftsangestellten aus Pretoria.

Die Standesbeamtin trifft Annika im Mai 2010. Sie will damals das Aufgebot bestellen, denn Carl und sie haben sich entschieden zu heiraten. Eigentlich geht Annika mit einem guten Gefühl ins Standesamt. Sie freut sich auf ihre Hochzeit. Es soll ein unaufgeregtes, herzliches Fest werden, mit Freunden, Familie und viel zu essen. Sie hat sich damals extra ein blaues afrikanisches Kleid nähen lassen. Annikas Schwester hat ebenfalls gerade ihre Trauung in dem Standesamt angemeldet und erzählt, wie schön das gewesen sei, weil sich alle mit ihr gefreut hätten. Man hatte ihr auch gleich das Trauzimmer gezeigt. Doch als Annika auf die Behörde kommt und das Aufgebot für sich und einen jungen Herrn namens Carl Mvusi bestellen will, da bekommt sie kein Lächeln und keine Vorfreude. Sie bekommt eine rüde Abfuhr: Also nein, bei so einem Paar wie Annika und Carl, da könne man keine Reservierung machen. Da müsse Annika erst einmal einen ganzen Stapel an wichtigen Dokumenten vorlegen. Außerdem sei ja nicht davon auszugehen, dass dieser Herr Mvusi ein Visum bekomme, um zu heiraten. Und ohne Visum gebe es auch keine Reservierung im Standesamt. »Da tragen wir hier gar nichts ein«, sagt die Beamtin.

Annika weiß damals tatsächlich noch nicht, ob Carl rechtzeitig die Einreisegenehmigung bekommen wird. Aber was soll sie denn machen? Carl erhält sein Visum immer erst zwei, drei Wochen vor Abflug. Und sie kann ja nicht warten, bis er die Einreisegenehmigung hat und dann innerhalb weniger Tage eine große Feier planen. Was also soll sie tun? Völlig niedergeschlagen geht Annika nach Hause – und erzählt ihrem Vater von der Misere. Der ist wütend: Warum wird seine eine Tochter so ganz anders behandelt als die andere? Haben nicht beide das Gleiche vor? Eine Hochzeit ist etwas, auf das man sich freuen soll, findet er. Kurzerhand ruft er beim Standesamt an, beschwert sich – und von nun an sind plötzlich alle sehr freundlich zu Annika.

Ganz nach oben auf die Liste der Leute, mit denen Annika nie wieder zu tun haben möchte, hat es die Frau im Standesamt aber nicht geschafft. Die nimmt unangefochten ein Botschaftsmitarbeiter aus Pretoria ein. »Ich weiß nicht, wie die Diplomaten da geschult werden«, sagt Annika. Es müsse aber einer Kampfhundeausbildung ähneln: anknurren, Zähne fletschen, einschüchtern, laut bellen und vor allem niemals Zweifel daran aufkommen lassen, wer der Stärkere ist.

Den Botschaftsbeamten trifft Carl, als er ein paar Wochen nach der Hochzeit ein Visum beantragen möchte, um Annika zu besuchen. Die beiden sind jetzt zwar verheiratet, einfach nach Deutschland reisen kann er aber immer noch nicht. Da Carl weiter in Südafrika studieren will, hat er noch keinen Ehegattennachzug beantragt. Er geht also aufs Amt, um ein ganz normales Besuchervisum zu bekommen, doch wenn er heute davon erzählt, klingt es, als sei da ein Verbrecher in die Botschaft spaziert. Zunächst, so erinnert sich Carl heute, habe ihn ein Botschaftsbeamter ins Verhör genommen. Der Mann setzt ihn unter Druck, unterstellt ihm, dass er doch nie und nimmer nur ein paar Wochen in Deutschland verbringen wolle. Dann lässt er Carl stundenlang warten. Während Carl in der Botschaft sitzt, klingelt bei Annika in Deutschland das Handy. Wie die beiden denn ihre Zukunft planen, will der Botschaftsmitarbeiter von ihr wissen. »Das wissen wir noch nicht«, antwortet Annika. »Ich muss ja noch mein Studium beenden und Carl ...«

»Ja, da hat Herr Mvusi aber gerade etwas ganz anderes behauptet«, unterbricht sie der Beamte. »Der sagt, dass er nun in Deutschland leben will.«

»Nein«, antwortet Annika, »das kann er nicht gesagt haben.« Ihr Herz pocht wie verrückt. Sie weiß, dass an diesem Gespräch hängt, wann sie Carl wiedersehen wird. Und sie weiß auch, dass ein abgelehntes Visum jeden neuen Antrag noch viel schwieriger macht. So eine Visumsablehnung hat sie schon einmal erlebt, damals, als Carl sich für ein Freiwilligenjahr in Deutschland beworben und die Organisation bei den Dokumenten etwas falsch gemacht hatte. Das steht nun in Carls Pass und bereitet jedes Mal aufs Neue Probleme. Seitdem klingelt auch schon mal bei

Annikas Vater das Telefon, wenn Carl die Einreise nach Deutschland beantragt. Die Botschaft aus Pretoria will dann nachforschen, ob das denn alles seine Richtigkeit habe mit diesem Herrn Mvusi.

Annika versucht daher am Telefon so gelassen und bestimmt wie möglich zu klingen, als sie zum Beamten sagt: »Ich bin mir sicher, dass er das nicht gesagt hat. Er will nicht in Deutschland bleiben. Wir wissen noch gar nicht, wo wir später einmal leben wollen.«

»Herr Mvusi hat ganz klar gesagt, dass er länger in Deutschland bleiben will«, erwidert der Botschaftsbeamte. »Und außerdem: Welcher Arbeitgeber würde ihm denn wochenlang Urlaub geben? Da stimmt doch was nicht.«

»Er hat doch eine Bescheinigung seines Arbeitgebers«, kontert Annika.

»Wie dem auch sei«, antwortet der Botschaftsmitarbeiter. »Herr Mvusi sagt, er wolle in Deutschland bei Ihnen leben.«

Annika denkt nach. So blöd, dem Botschaftsbeamten zu sagen, dass er in Deutschland bleiben will, ist Carl nicht. »Wir sind verheiratet«, sagt sie schließlich. »Erscheint es Ihnen da nicht plausibel, dass wir auch Zeit miteinander verbringen wollen? Können Sie nicht verstehen, dass es belastend ist, dass wir von Ihnen abhängig sind?« Dann holt sie tief Luft und nimmt all ihren Mut zusammen: »Also, ich glaube, Sie lügen mich an. Was Sie da behaupten, hat Carl auf keinen Fall gesagt. Warum versuchen Sie, mich zu verunsichern?«

Der Beamte stockt. »Ich werde jetzt alles, was Sie gesagt haben, noch einmal mit Herrn Mvusi gegenchecken.« Dann macht er eine Pause, wohl um zu sehen, ob Annika nicht doch noch einknickt und ihre Aussage ändert.

Sie erfährt erst später, dass dies wohl die richtige Reaktion auf die Provokationen des Beamten war. Denn drei Tage nach dem Gespräch hat Carl endlich sein Visum; den Botschaftsmann sah er nie wieder.

Das Erlebnis mit dem Beamten aus Pretoria liegt mittlerweile über ein Jahr zurück. Doch wenn Annika heute davon erzählt, klingt sie noch immer empört. »Auf dem Standesamt, bei der Botschaft, überall wurde uns suggeriert, dass das mit uns doch eh nicht gut gehen könne«, sagt sie.

Carl fügt hinzu: »Es ist bei den Menschen einfach noch nicht angekommen, dass Beziehungen wie unsere auch glücklich sein können.«

Die beiden sitzen in der Küche ihrer Mannheimer Wohnung, vor sich eine Schale mit Studentenfutter. Drei Zimmer haben sie hier, mit bunt zusammengewürfelten Möbeln. Manchmal können sie immer noch nicht glauben, dass sie es geschafft haben, dass sie heiraten konnten, die Familienzusammenführung genehmigt bekamen und heute gemeinsam hier sind. Dass sie die Leute Lügen gestraft haben.

Annika etwa wurde nicht nur einmal gewarnt, Carl könne HIV-positiv, polygam oder gewalttätig sein – unter anderem von ihrer Chefin in Südafrika, die jede Möglichkeit nutzte, Annikas Dienstplan so zu gestalten, dass sie Carl nicht treffen konnte.

Annika findet es anstrengend, dass so viele eine Meinung über sie und Carl haben, dass die Behörden – zumindest bis Carl letztlich das Aufenthaltsrecht in Deutschland bekam – sich dauernd bei ihnen einmischen konnten, dass sie immer von der Gunst anderer abhängig waren. »Man muss sein Leben wie ein offenes Buch vor sich hertragen, immer alles offenlegen. Ich hatte ständig Angst, dass jemand etwas gegen unsere Liebe haben könnte, es hat mich immer Überwindung gekostet, wenn ich auf eine Behörde musste oder ein Telefonat mit der Botschaft anstand.« Dass sie ohne Probleme nach Südafrika reisen konnte, Carl aber nicht nach Deutschland, brachte außerdem ein Ungleichgewicht in die Beziehung. »Und dieses Ungleichgewicht«, sagt sie, »ist ja schon wegen unserer Herkunft da.«

Annika stammt aus einer Pastorenfamilie, sie ist behütet aufgewachsen, ohne Geldsorgen. Zum Geburtstag bekam sie immer schöne Geschenke. Carls Mutter hat alleine vier Kinder durchgebracht. Er hat sie eigentlich kaum gesehen, weil sie sich immer abrackern musste. Die Sache mit den Geburtstagsgeschenken kannte er gar nicht, bevor er Annika kennenlernte.

Von Annika hat Carl nicht nur gelernt, dass man sich zu Weihnachten oder zum Geburtstag mal eine Freude machen kann. (Obwohl es etwas dauerte: Annika bekam vier Jahre lang kein einziges Geschenk.) Er hat sich von ihr auch abgeschaut, dass man sich manchmal selbst in den Hintern treten muss, wenn man etwas erreichen will.

Als die beiden sich 2004 in Südafrika kennenlernten, machte Annika gerade ein freiwilliges soziales Jahr. Und Carl machte, na ja, eigentlich nichts. Er leitete zwar ein kirchliches Jugendzentrum in einem Problemviertel von Johannesburg, doch er war unterbezahlt, unterfordert, unzufrieden – und sumpfte meist vor sich hin. Er hatte das Gefühl, dass er und seine Träume langsam untergingen.

Aber was sollte Carl auch machen? Er hatte keine Berufsausbildung. Natürlich wollte er gerne studieren, aber wie sollte er sich die Studiengebühren leisten? Um ihn herum gab es kaum Leute, die erfolgreich waren, bei denen er sich etwas hätte abschauen können.

»Dabei brauchte er damals eigentlich nur einen kleinen Stups«, sagt Annika heute.

Dass man so ganz ohne Ziel ist, das kennt sie nicht. Annika hat ein sehr gutes Abitur gemacht, sie hat Eltern, die sie unterstützen, sie kommt aus einem Land, in dem man kostenlos studieren kann und in dem man BAföG bekommt, wenn man sich das Studium sonst nicht leisten könnte.

So etwas musste es doch in Südafrika auch geben, dachte sie sich damals, setzte sich vor den Computer, recherchierte, rief beim Studierendensekretariat an – und fand ein Stipendium, durch das Carl die Studiengebühren erlassen wurden. Das ist der Stups, den Carl gebraucht hat. Seither geht Carl nicht mehr unter. Er geht zur Uni.

»Ich habe dann in Südafrika Logistikmanagement studiert«, erzählt er und schiebt sich etwas von dem Studentenfutter in den Mund. »Als ich nach der Hochzeit hierhergekommen bin, da wollte ich natürlich unbedingt weiter zur Uni gehen, ich brauchte ja nur noch zwei Jahre bis zum Abschluss.« Doch seitdem Carl versucht, auch beruflich in Deutschland Fuß zu fassen, haben Annika und er nicht mehr nur eine Liste mit den unmöglichsten Personen, die sich ihnen in den Weg stellten. Sie haben nun auch eine Liste mit den blödsinnigsten Regelungen.

E 301, ALG 1, SGB III – sonst noch Fragen?

Dass die Prüfungen, die Carl an der Universität abgelegt hat, nicht alle in Deutschland anerkannt werden, damit hat er damals bereits gerechnet. »Aber dass hier in Baden-Württemberg noch nicht einmal sein Abitur gültig ist«, sagt Annika, »das haben wir nicht erwartet.«

In Deutschland sind meistens die Bundesländer für die Anerkennung von Abschlüssen und Berufen zuständig. Das heißt: 16 Länder, 16 verschiedene Regelungen, mindestens hundert zuständige Stellen. In Baden-Württemberg etwa ist für die Anerkennung schulischer Abschlüsse das Regierungspräsidium Stuttgart verantwortlich, für Industrieberufe die Industrie- und Handelskammer, für Hochschulabschlüsse das Wissenschaftsministerium. Zwar wurde 2011 ein »Anerkennungsgesetz« verabschiedet, aber die Zuständigkeit der Länder wird bei vielen Berufen bleiben, etwa bei Lehrern oder Ingenieuren.

Naturgemäß ist die Anerkennung von Ausbildungen eine schwierige Sache. Niemand möchte schließlich von einem Arzt operiert werden, der sein Handwerk in einem Schmalspurstudium mit veralteten Geräten gelernt hat. Oder in seinem Haus Leitungen von einem Elektriker verlegen lassen, der die deutschen Sicherheitsstandards nicht kennt. Viele Einwanderer müssen daher auch nach der Gesetzesänderung zur Nachschulung, bevor sie in ihrem Beruf arbeiten dürfen. Aber wer kann es sich leisten, mehrere Monate oder Jahre noch einmal die Schulbank zu drücken, von den Kosten für den Kurs ganz abgesehen? Und gibt es überhaupt eine passende Schulung für jeden im Angebot? Muss nicht ein Physiotherapeut aus Spanien vielleicht andere Fächer nachholen als einer aus China? Immerhin haben nun alle Einwanderer einen Rechtsanspruch darauf, spätestens nach drei Monaten einen Bescheid zu bekommen, inwiefern ihre Ausbildung anerkannt wird – oder eben nicht.

Annika und Carl hatten sich ziemlich schnell damit abgefunden, dass aus dem Traum vom Studium erst einmal nichts werden würde – und begannen die Arbeit an Plan B: Sie suchten einen Ausbildungsplatz für Carl, am besten in der Logistikbranche. Die Arbeitsagentur half ihnen dabei schon einmal nicht: Ausbildungsplatzförderung gibt es nur für Menschen bis 26, Carl aber ist 28 und musste selbst sehen, wie er weiterkam. Er ging zum Deutschkurs, arbeitete nebenher in einer Spülküche und schrieb Bewerbungen. 70 Stück.

70-mal zogen Annika und er einen großen Umschlag aus ihrem Briefkasten. Immer wieder kamen die Bewerbungsunterlagen zurück, immer wieder eine Absage. »Wir dachten, dass er für eine Ausbildung überqualifiziert sei und bestimmt schnell etwas finden würde«, erzählt Annika. Sie steckte damals mitten in den letzten Prüfungen ihres Psychologiestudiums. Sie hatte eigentlich keine Kraft, sich auch noch um Carls Zukunft zu kümmern, und erst recht hatte sie keine Kraft, die ganzen Rückschläge wegzustecken. Sie war selbst jedes Mal enttäuscht, wenn eine Absage kam, aber das konnte sie Carl ja nicht zeigen, für ihn waren die Ablehnungen schließlich noch viel schlimmer.

Im Mai 2011 entschlossen sich die beiden, eine letzte Bewerbungsaktion zu starten. Und tatsächlich bekamen sie plötzlich vier Briefe, die nicht groß waren, sondern klein: vier Einladungen zum Vorstellungsgespräch. Am Ende konnte sich Carl den Ausbildungsplatz aussuchen.

Zum Glück – denn Annika und Carl wären nicht das erste Paar, das sich trennt, weil der ausländische Abschluss in Deutschland nicht anerkannt wird. Denn wenn einer von beiden hier nicht arbeiten kann, dann hat das nicht nur Auswirkungen auf die Finanzen. Dann bedeutet das Langeweile, Perspektivlosigkeit, Frust. Arbeit ist schließlich der beste Weg, Anerkennung zu finden. Und Anerkennung in Deutschland ist das, was vielen fehlt.

Ich weiß noch, wie deprimiert Morten damals war, als er in Hamburg einen Job suchte und eine Absage nach der anderen erhielt. Hinzu kam der Ärger mit der Arbeitsagentur. Morten bekam nämlich dänisches Arbeitslosengeld – das aber durch die deutschen Behörden ausgezahlt werden sollte. Und es passierte, was passieren musste, wenn die Bürokratien von zwei Ländern aufeinandertreffen: nämlich nichts. Obwohl Morten alle Anträge eingereicht hatte, bekam er kein Geld – und auch keine Auskunft, warum dem so war. Manchmal saß ich dann neben ihm, wenn er wieder einmal mit der Arbeitsagentur, dem Einwohnermeldeamt oder dem »Team akademische Berufe« telefonierte. Ich hörte, wie die Menschen am anderen Ende der Leitung von »ALG 1« sprachen, wenn sie »Arbeitslosengeld« hätten sagen können. Sie sprachen von »Mehrfertigung«, wenn sie Kopien meinten. Morten wusste ja mittlerweile, was die Bescheinigung E 301 beinhaltete, und wofür man E 303 brauchte. Aber was zum Teufel war dieses »SGB III«?

Einmal, als ich merkte, dass das Gespräch nicht weiterging, gab ich ihm ein Zeichen, und er erklärte der Dame am Telefon, dass er den Hörer nun an seine Freundin weitergebe, der Verständigung wegen.

»Wie, Sie haben die ganze Zeit mitgehört?«, regte die Frau sich sofort auf. »Das ist verboten!«

»Verboten?«, fragte ich verblüfft. »Warum das denn?«

»Auf jeden Fall darf ich nicht mit Ihnen sprechen. Dazu haben Sie keine Vollmacht.«

»Aber mein Freund sitzt direkt neben mir, er kann mir doch die Vollmacht erteilen, mit Ihnen über seinen Fall zu sprechen. Er bekommt seit Monaten kein Geld, obwohl er darauf einen Anspruch hat. Wissen Sie, was das für ihn bedeutet? Er kann bald seine Miete nicht mehr bezahlen!«

»Das mag ja sein«, sagte die Dame, »aber besprechen kann ich das trotzdem nicht mit Ihnen.«

Natürlich sind nicht alle Beamten Monster. Natürlich machen sie einfach nur ihren Job, manche sind sogar toll und drücken auch mal ein Auge zu, wenn es Sinn hat. Aber dann gibt es eben leider auch die, denen es völlig egal zu sein scheint, welche Auswirkungen ihre Entscheidungen haben. In Mortens Fall bedurfte es dreier Monate, unzähliger Behördenbesuche und eines letztendlich sehr emotionalen Briefs meinerseits an die Arbeitsagentur, bis die Behörden herausfanden, was schiefgelaufen war: Sie hatten die Dokumente an die falsche Behörde weitergeleitet. Morten bekam schließlich sein Geld.

Braut ohne Bräutigam

Für Mona ist Geld nur der Anfang der Dinge, die ihr Sorgen machen. Sie sitzt daheim in Wismar und weiß nicht so recht, wie sie sich fühlen soll. Sie ist schon glücklich, irgendwie, aber auch traurig. Vor allem aber fühlt sich Mona ziemlich allein.

Vor ihr liegen Fotos, zwei Wochen alt. Darauf ein ziemlich nervöser Mann mit Schnauzer, fröhliche dunkelhäutige Menschen und eine hübsche junge Frau im Brautkleid. Der Mann mit Schnauzer ist Monas Vater. Die Braut, das ist sie.

Mona ist 23 Jahre alt. Sie hätte nie gedacht, dass sie einmal so jung heiraten würde. Und vor allem nicht, dass sie nach der Hochzeit nicht wissen würde, wann sie ihren Ehemann das nächste Mal wiedersehen kann. Denn Khaled lebt knapp 3000 Kilometer weit von ihr entfernt in Ägypten. Und die Ausländerbehörde hat gesagt, dass sie genug Geld verdienen müsse, um für sich und Khaled sorgen zu können. Erst dann dürfe er nach Deutschland ziehen. Doch wann wird das sein? In zwei Jahren? In fünf? In zehn? Mona steckt noch mitten im Studium.

Khaled war noch nie in Deutschland, nie in Monas Heimat. In Deutschland zu heiraten, das haben Mona und er gar nicht erst versucht. Es gibt keinen Rechtsanspruch auf ein Eheschließungsvisum. Ein Amerikaner, Australier oder Japaner könnte ein solches einfach beantragen und damit für drei Monate nach Deutschland reisen. Khaled aber hat kaum eine Chance. Junge Männer aus Ägypten haben den Ruf, dass sie untertauchen, sobald man sie ins Land lässt. »Beweis mal das Gegenteil«, sagt Mona resigniert.

Sie blickt auf die Fotos vor sich, auf ihren Vater, der vor Aufregung ganz rot im Gesicht ist, auf Khaled, wie er sein breitestes und strahlendstes Lächeln aufsetzt. »Wir wollten, dass sich bei unserer Hochzeit alle mit uns freuen können, dass keiner ein komisches Gefühl hat«, sagt sie. Doch was sich simpel anhört, war ein gewaltiger Balanceakt zwischen den Kulturen. Denn man kann nicht gerade sagen, dass beide Familien von Anfang an begeistert waren über diese deutsch-ägyptische Liebe – vor allem die Eltern nicht.

Auf der einen Seite sind da Mohammed und Manzuma, Mutter und Vater von Khaled. Sie sind ägyptische Bauern. Aus dem Stall neben ihrem Haus hört man den Esel. Freitags gehen Mohammed und Manzuma in die Moschee.

Auf der anderen Seite sind da Ute und Jürgen aus Wismar. Ute und Jürgen gehen nie in die Kirche. Früher, in der DDR, gingen sie gemeinsam an den FKK-Strand.

Khaleds Eltern haben Angst, dass ihr Sohn für immer das Land verlässt, dass er abhaut in den reichen Westen und sie nie ihre Enkel sehen werden. Monas Eltern befürchten dasselbe, nur in der umgekehrten Richtung: Was ist, wenn Mona tatsächlich nach Ägypten zieht? Was können sie dann tun, falls Khaled plötzlich gewalttätig werden sollte? Was, wenn er Mona trotz Ehevertrag nicht mehr nach Deutschland reisen lässt? Oder wenn er die Kinder streng muslimisch erziehen möchte? Könnte er Mona zwingen, sich zu verschleiern? Wird Mona nun Muslima? Tausend Gedanken, tausend Sorgen. »Wenn es das Buch *Nicht ohne meine Tochter* nicht gäbe«, sagt Mona, »dann wäre mein Leben leichter.«

Das menschliche Hirn ist ja ein Meister darin, Dinge zu vereinfachen. Das muss es auch, denn wenn wir versuchen würden, unsere Umwelt komplett zu erfassen, würden wir wohl verrückt werden. Die Bildung von Stereotypen erleichtert das Leben deshalb ungemein. Wer in Bayern zu einem Fest geht, der erwartet vermutlich große Gläser mit Bier, wer in der Bahn einen tätowierten Muskelmann mit Stiernacken sieht, der erwartet wahrscheinlich kaum einen Doktortitel. Und wenn eine Frau in Businesskostüm mit Hochsteckfrisur und High Heels von ihren vier Kindern erzählt, wer ist da nicht überrascht? Internationale Paare kennen solche Stereotype bestens. Ein Amerikaner und eine Hamburgerin? Spannend! Eine Argentinierin und ein Ostfriese? Hoffentlich hält der ihr Temperament aus! Ein Ägypter und eine junge Frau aus Wismar? Ui, das klingt gefährlich! Je größer das wirtschaftliche Gefälle zwischen den Herkunftsländern ist, desto skeptischer reagiert oftmals die Umwelt. Und kommen dann noch der Islam und ein dunkler Teint dazu, dann überfällt viele eine diffuse Angst – spätestens seit dem 11. September 2001.

Unter diesen Umständen wird für Mona schon die Auswahl des Brautkleides schwierig. In Ägypten tragen die Bräute weiße Bodys unter den Kleidern, damit die Arme bedeckt sind. »Wenn ich das gemacht hätte«, sagt Mona, »dann hätten meine deutschen Verwandten gesagt: ›O Gott, jetzt muss sie sich verschleiern.‹« Mona trägt deshalb einen Bolero.

Monatelang hatten sie und Khaled sich den Kopf zerbrochen, wie die Hochzeit so deutsch wie möglich werden könnte, ohne die ägyptischen Gäste vor den Kopf zu stoßen. Eigentlich gibt es nämlich bei einer typischen Hochzeit in Khaleds Familie keine große Zeremonie. Seinen Eltern ist die Sache mit der großen Liebe ohnehin suspekt. Für ihre beiden Töchter haben sie die Bräutigame jedenfalls noch selbst ausgesucht. Nach der Verlobung kamen die Männer dann jeden Tag zu Besuch, damit das Paar sich kennenlernen konnte – natürlich unter Aufsicht. Mona kann sich nicht vorstellen, selbst auf diese Weise den Mann fürs Leben aufs Auge gedrückt zu bekommen. Aber sie hat gelernt, dass man nicht die ganze Welt nach deutschen Maßstäben beurteilen darf. Und Khaleds Schwestern empfinden es als völlig normal, dass ihre Eltern einen Mann für sie aussuchen. Das gehört schließlich zu den elterlichen Pflichten. »Ich glaube, die führen nun recht glückliche Ehen«, sagt Mona.

Zu viele Herzchen und Liebesbekundungen, das weiß sie, würden die ägyptischen Hochzeitsgäste also merkwürdig finden. Doch gleichzeitig wollen sie und Khaled natürlich auch den Deutschen etwas bieten. Schließlich haben die eine lange Reise auf sich genommen, um zur Hochzeit zu kommen.

Mona baut daher so viele deutsche Elemente wie möglich in die Hochzeit ein. Ihre Mutter etwa hat ein Ringkissen aus dem Stoff des Brautkleides ihrer eigenen Mutter genäht. Und Monas Vater bringt seine Tochter zu Khaled – auch wenn es keinen Altar und keinen Priester gibt. Gesagt wird bei der Trauzeremonie auch nichts. Das hätte Khaleds Familie dann wohl doch ein bisschen zu christlich gefunden. Mona und Khaled tauschen die Ringe und müssen später aus einem Bettlaken ein Herz ausschneiden – wie bei einer deutschen Hochzeit. Eigentlich wollten sie auch noch einen Baumstamm zersägen, aber der ließ sich in Ägypten nicht so leicht organisieren. Als Khaled seine Mona durch das Herzloch im Laken trägt, klatschen die Gäste. Am Ende tanzen alle, meist die Frauen mit den Frauen und die Männer mit den Männern. »Ein bisschen wie in der Schwulendisco«, sagt Mona. »Zwar haben viele Ägypter ein Problem mit Schwulen, aber eng miteinander tanzen und Händchen halten, das ist zwischen Männern kein Problem.«

Mona hofft, dass am Ende dann doch alle glücklich waren. Sogar ihre Eltern.

»Als ich damals nach dem Abi nach Ägypten geflogen bin«, erzählt sie, »da haben sie noch gesagt: ›Schaff dir da bloß keinen Freund an! Das kann nichts werden.‹« Es ist vier Jahre her, dass sich Khaled, studierter Sportlehrer, ein großer Mann mit strahlendem Lächeln, und Mona, eine zarte, kleine Person mit blonden Locken, bei der Arbeit in einem Hotel in Hurghada trafen. Khaled war da noch Jungfrau. Für ihn hat Sex eine andere Bedeutung als für die meisten deutschen Jungs. Er wollte warten, bis er die Frau trifft, die er heiraten wird.

Und ihm war ziemlich schnell klar: Diese Frau ist Mona. Dabei sprach Khaled damals kaum Englisch. »Aber es war wie Magnetismus«, sagt Mona. »Wir wussten beide, dass das mit uns eigentlich keine gute Idee war. Aber wir konnten es nicht verhindern.« Sechs Monate später brachte Khaled seine Mona zum Flughafen nach Kairo. Sie musste zurück nach Deutschland. Sie weinte bis ihre Augen ganz geschwollen waren.

Als sie zu Hause ihren Eltern sagte, dass sie einen ägyptischen Freund hatte, waren die geschockt. Aber sie hofften, dass es schon wieder vorbeigehen würde mit dieser Sommerliebe. Sie setzten auf das Studium, das Mona nun begann, und attraktive Kommilitonen.

»Da gab es damals eine riesige Distanz zwischen uns, weil sie meine Beziehung nicht ernst genommen haben«, sagt Mona. Immer wieder musste sie sich Geschichten anhören über muslimische Männer, die ihre Frauen schlugen, die auf einmal zu Islamisten wurden oder ihre Kinder entführten. Und war es nicht auch verständlich, dass die Eltern sich Sorgen machten? Schließlich kannten sie kein anderes deutsch-ägyptisches Paar, wussten nicht, wie so etwas funktionieren sollte.

Um wieder bei Khaled sein zu können, organisierte sich Mona ein Praktikum im deutschen Konsulat in Kairo – und erfuhr, dass das, was ihre Eltern sagten, nicht nur Geschichten waren. »Da kamen deutsche Frauen, die verprügelt wurden, denen die Männer die Papiere abgenommen hatten. Deshalb kann ich meine Eltern heute verstehen«, sagt Mona. »Wenn mir jemand erzählen würde, dass er mit einem Ägypter zusammen ist, dann würde ich auch erst einmal ein paar kritische Fragen stellen.« Khaled wird mit solchen Männern in einen Topf geworfen, das weiß er. In all den Jahren hat er daher nicht einmal Geld von Mona angenommen, obwohl sie in Euro bekam, was er in Ägyptischen Pfund verdiente: also siebenmal so viel. Aber dass jemand sagen könnte, er sei nur des Geldes wegen mit ihr zusammen – das wollte er nicht riskieren. Auf seine Facebook-Seite hat er geschrieben, was ihm wichtig ist: »I believe in true love.«

»Man muss einfach immer berücksichtigen, was andere denken«, sagt Mona. Als sie zum ersten Mal zu Khaleds Eltern aufs Land fuhr, war sie daher wahnsinnig aufgeregt. Sie wusste ja schon, wie seine Eltern zur ihr standen: Sie fanden die Sache mit ihrem Sohn und dieser Deutschen nicht gut. Dass die beiden zusammen waren, ohne verheiratet zu sein, das war komisch für sie, das war gegen die Regeln. Manzuma und Mohammed wohnen auf dem Land in einem kleinen Bauernhaus. Es sind einfache Leute, die ihre Traditionen pflegen. Als Mona das Haus ihrer zukünftigen Schwiegereltern betrat, pochte ihr Herz wie wild. Sie sprach damals noch kaum ein Wort Arabisch. Was, wenn Khaleds Eltern es nicht akzeptierten, dass ihr Sohn mit einem weißen blonden, nicht gläubigen Mädchen zusammen war? Was, wenn Khaleds Eltern die Hochzeit verboten? Zumindest Khaleds Schwestern sprachen Englisch. Mona hatte ihnen Schokolade und Schminke aus Deutschland mitgebracht und damit waren sie sofort auf ihrer Seite. Sie nahmen Mona an die Hand, führten sie umher, stellten sie vor. Die jungen Frauen wussten wohl, wie schwierig es war, den Schwiegereltern zum ersten Mal zu begegnen. »Aber als Mohammed und Manzuma mich gesehen haben«, sagt Mona, »war alles gut. Dabei konnten wir ja kein Wort miteinander wechseln.«

Auch Monas Eltern haben sich mittlerweile an den Gedanken gewöhnt, dass ihre Tochter mit einem Ägypter zusammen sein will. Bei der Hochzeit sagte ihr Vater sogar, dass er sie gerne an Khaled übergebe. »Ich sehe, wie glücklich du bist, wenn du in Ägypten bist.« Man hört in Monas Stimme, wie viel ihr das bedeutet.

Zwei Wochen ist die Feier her. Nun sitzt Mona wieder in Wismar. Ohne ihren Mann. Europa kennt Khaled bislang nur von den Touristen im Hotel, in dem er als Sportlehrer arbeitet. Er mag die Urlauber, die sind meist gut drauf und geben den ganzen Tag lang Geld aus. Aber oft erscheinen sie ihm auch fremd. Er versteht nicht, dass die Männer ihre Frauen so offenherzig herumlaufen lassen, mit tiefem Dekolleté und kurzem Rock. Das würde er bei Mona nicht durchgehen lassen. Und er findet es komisch, dass die Männer vor ihren Freundinnen auf die Knie gehen, um einen Heiratsantrag zu machen. Im Hotel hat er das schon oft gesehen. »Wie kann man vor einer Frau niederknien?«, sagt er. »Das würde ein Ägypter nie tun.«

Dass er noch nie in Deutschland war, macht ihn traurig. Eigentlich müsste er die Kultur und das Land seiner Frau ja kennen, bevor er sie heiratet. Sobald er endlich eine Aufenthaltsgenehmigung für Deutschland bekommt, will er in Ägypten seine Koffer packen und umziehen. Für ein paar Jahre wollen Mona und er hier arbeiten und sich dann mit dem Ersparten in Ägypten etwas aufbauen – das ist zumindest der Plan. Khaled freut sich darauf, aber er hat auch Angst vor einem Neuanfang in Europa.

Auch Mona ist bange. »Ich habe Angst, dass er mit der sozialen Kälte nicht klarkommt«, sagt sie. »Bei seinen Eltern kommen ja jeden Tag bestimmt 20 Leute zu Besuch.«

Mona blickt auf die Hochzeitsfotos, die vor ihr auf dem Tisch liegen. Wie hübsch sie aussah. Wie glücklich alle schauten. Ihre Eltern erzählen seitdem allen Bekannten am Telefon, wie phantastisch die Hochzeit war.

Jetzt ist sie also verheiratet. Wann sie Khaled wiedersehen wird, das weiß sie trotzdem noch nicht. Sie hat den Antrag auf Familienzusammenführung schon gestellt. Aber ob der durchkommt? Sie weiß, dass viele Anträge abgelehnt werden und die Betroffenen manchmal gar nicht erfahren, warum. Und wer gegen einen abgelehnten Antrag klagt, der braucht wieder Geduld, denn die Verwaltungsgerichte kommen mit ihren Entscheidungen nicht mehr hinterher. Manchmal dauert es Monate, sogar Jahre, bis der Fall verhandelt wird. Mona will aber keine Geduld mehr haben. Sie will Khaled. »Wenn ich mit dem Studium fertig bin, dann muss ich ganz schnell eine gut bezahlte Stelle finden, damit er endlich hierherkommen kann.«

Wo steht der Rasierschaum?

Wenn sie so etwas hört, schüttelt Hiltrud Stöcker-Zafari den Kopf. »Dass der deutsche Ehepartner genug Geld verdienen muss, um für beide aufzukommen, das ist völliger Humbug.« Hiltrud Stöcker-Zafari leitet seit Jahren den deutschen Verband für binationale Paare und Familien. 1500 Mitglieder sind in ihm organisiert, es gibt Zweigstellen in 20 Städten. Als Vorsitzende wird Hiltrud Stöcker-Zafari in den Bundestag eingeladen, wenn mal wieder eine Reform des Ausländerrechts ansteht, sie wird als Expertin gehört, wenn es um Sprachtests oder Integrationskurse geht. In den letzten Jahrzehnten hat sie jede Gesetzesnovelle, jede Reform kritisch verfolgt. Die Frau kennt sich aus.

Deswegen fahre ich an einem Tag im Juni zu ihr nach Frankfurt. Im Zug denke ich darüber nach, warum Mona und Khaled so viel Skepsis entgegenschlägt und anderen nicht. Die Welt scheint tatsächlich eingeteilt zu sein: Heiratet eine Deutsche einen Araber oder einen Afrikaner, denken viele sofort an Scheinheirat oder befürchten, dass die Frau sich nun verschleiern müsse. Heiratet man einen Amerikaner oder einen Europäer, dann sieht fast niemand ein Problem darin.

Hiltrud Stöcker-Zafari kennt die Vorurteile, mit denen Mona und Khaled zu kämpfen haben. Nicht nur, weil sie selbst mit einem Iraner verheiratet ist, sondern auch, weil sie bei der Arbeit jeden Tag auf internationale Paare und ihre Probleme trifft. In ihrem Büro stehen unzählige Aktenordner, gerade in den letzten Jahren hat sich im Ausländerrecht viel getan.

Mona sei nicht die Erste, die sich von der Ausländerbehörde habe verunsichern lassen, erzählt sie mir. Beamte versuchten immer wieder, dem Ehegattennachzug nicht zuzustimmen, weil die Ehefrau nicht genug Geld verdiene, um ihren Mann zu unterhalten. Aber eine solche Regel gebe es gar nicht. »Die Behörden dürfen das Einkommen seit 2007 zwar prüfen, aber nicht deswegen den Nachzug verhindern«, erklärt sie.

»Warum erzählen die dann einen solchen Schwachsinn?«, frage ich. Ich kann nicht glauben, dass Mona völlig verzweifelt in Wismar sitzt und diese Verzweiflung überhaupt nicht nötig wäre. »Was für eine Sauerei!«, rege ich mich auf. Doch Hiltrud Stöcker-Zafari bleibt gelassen. Seit 30 Jahren setzt sie sich für internationale Paare ein. Sie hat so viel mit Politikern und Behörden gestritten, so viel Menschenverachtung erlebt, so viele verzweifelte Paare getroffen – da bringt sie so schnell nichts mehr in Rage.

»Wenn das Geld der einzige Grund ist, warum die Behörden den Nachzug Khaleds verhindern, dann will ich das schriftlich sehen, dann kann man dagegen vorgehen«, erklärt sie mir. Nur wenn Mona keine Deutsche wäre, sondern zum Beispiel selbst Ägypterin, müsste sie einen Einkommensnachweis erbringen. »Mona ist aber deutsche Staatsbürgerin. Sie hat alles Recht der Welt, den Mann zu heiraten, den sie will, und sie darf auch mit ihm hier im Bundesgebiet zusammenleben.« Dann wird selbst die besonnene Frau Stöcker-Zafari etwas schärfer: »Das ist kein Gnadenakt, das ist ein Rechtsanspruch!«

Seine Rechte zu kennen, das ist nicht einfach. Für einen Laien sind die Paragraphen des Ausländerrechts oft kaum zu durchschauen, und sie ändern sich ständig. »Ein roter Faden ist jedoch leicht zu erkennen«, sagt Hiltrud Stöcker-Zafari. »Drittstaater, so die Anordnung der Politik an die

Behörden, die braucht Deutschland nicht. Die gilt es rauszuhalten.«

»Drittstaater«: Im Behördendeutsch sind das Menschen, die nicht aus der EU stammen. Was für ein Wortungetüm! Irgendwie ist es doch komisch, denke ich: Der Staat ist ja bei deutsch-deutschen Paaren in den letzten Jahren durchaus flexibel geworden. Frauen können Frauen heiraten, Männer dürfen Männer küssen, und wer eine Ménage-à-trois bevorzugt, der wird schon lange nicht mehr wegen Unzucht verhaftet. Der Staat hält sich aus den Schlafzimmern raus – normalerweise. Sobald aber ein Deutscher einen Drittstaater heiratet, wollen die Behörden ganz genau wissen, was unter der Bettdecke passiert: Lieben die sich wirklich? Oder nutzt da einer den anderen aus?

»Dass auf einmal ein Beamter vor der Tür steht, ist nicht ungewöhnlich«, erzählt Hiltrud Stöcker-Zafari.

»Aber was überprüfen die denn dann?«, frage ich.

»Ob die beiden auch wirklich die Ehe leben«, antwortet die Expertin.

Wie genau die Beamten das testen, bleibt deren Geheimnis. Es gibt Kriterien, die Paare verdächtig machen, etwa ein großer Altersunterschied. Kommt es zum Hausbesuch, können viele Kleinigkeiten einen Gesamteindruck vermitteln: Hängen Fotos der beiden an der Wand? Weiß sie, wo er den Rasierschaum aufbewahrt? Schlafen die zwei im selben Bett? Oh, die haben jeweils ihr eigenes Zimmer?

Das Beruhigende ist: Es liegt an den Behörden, zu beweisen, dass man eine Scheinehe führt – und so eine Scheinehe ist nicht leicht zu belegen. »Nicht selten wird vor Gericht dem Paar recht gegeben«, sagt Hiltrud Stöcker-Zafari.

Aber wer hat schon Lust, es bis zu einem Gerichtsverfahren kommen zu lassen? Ist es nicht besser, die Behörden von vornherein davon zu überzeugen, dass man wirklich als Ehepaar lebt?

»Was soll man also tun, wenn plötzlich ein Beamter vor der Tür steht?«, frage ich. »Reinlassen oder die Tür zumachen?« Frau Stöcker-Zafari erklärt mir die Rechtslage: Generell hat niemand das Recht, die Wohnung zu betreten, wenn er dafür keinen richterlichen Beschluss hat – auch eine Behörde nicht.

»Aber macht man sich nicht verdächtig, wenn man einen Beamten abweist?«

»Man kann den Beamten natürlich hereinlassen«, sagt Hiltrud Stöcker-Zafari. »Aber man darf dann nicht vergessen, dass er nicht der nette Mann von nebenan ist, sondern einen Auftrag hat.« Manches Paar, so ihre Erfahrung, rede sich schnell um Kopf und Kragen. Da erwähnt etwa die Frau, dass die Wohnung ja schon ein wenig klein sei. Aber das sei kein Problem, sie gehe einfach nach der Arbeit oft zu Freundinnen oder zur Verwandtschaft. Und plötzlich steht dann in der Akte, dass die Frau nicht sehr bestrebt sei, mit ihrem Mann zusammenzuwohnen.

Ist die Behörde einmal alarmiert, dann wird die Sache langwierig. Die Beamten können das Landeskriminalamt einschalten, den Nachbarn interviewen oder den Postboten und das Paar getrennt voneinander befragen. All das dauert – und Zeit, auf die Behörden zu warten, die hat niemand, der in Deutschland Fuß fassen will. Denn erst wenn die Zweifel ausgeräumt sind, bekommt der Drittstaater die Aufenthaltserlaubnis. Und wer die nicht hat, der hat auf dem Arbeitsmarkt so gut wie keine Chance.

Schon Dutzende verzweifelte Paare haben vor Hiltrud Stöcker-Zafari gesessen, weil die Behörden sie der Scheinehe verdächtigten. Sie hat daher einen Tipp: »Man kann dem Beamten sagen: ›Ich habe jetzt keine Zeit, ich muss gleich weg. Aber ich komme gerne zu Ihnen in die Behörde, um Fragen zu beantworten, die Sie offensichtlich haben.‹« Auf der Behörde ist man dann vorbereiteter, bedächtiger als auf der Wohnzimmercouch.

Mona muss sich über so etwas noch nicht den Kopf zerbrechen. Sie muss erst einmal dafür sorgen, dass Khaled überhaupt nach Deutschland kommen kann. Und sie hat Angst, dass das nicht klappen könnte. Denn: Das Gesetz garantiert deutschen Staatsbürgern zwar, dass sie mit dem Partner ihrer Wahl in der Bundesrepublik leben dürfen. Aber es hat eine Tücke: Wer sich nämlich im Land des angeheirateten Ausländers gut auskennt, dort zum Beispiel schon einmal gearbeitet hat und die Sprache spricht, dem kann es laut deutschem Recht zugemutet werden, auch dort zu leben. Für Mona könnte diese Regelung zum Problem werden.

Dass sie nicht nur in Ägypten gearbeitet hat, sondern mittlerweile auch recht gut Arabisch kann, würde sie daher vor den Beamten nie sagen. Anfangs hat sie sich oft verunsichern lassen, mittlerweile ist Mona aber ein Profi im Umgang mit Behörden, von der Ausländerbehörde bis zum deutschen Konsulat in Kairo hat sie alle Telefonnummern in ihrem Handy gespeichert. Und sogar was das ägyptische Familienrecht betrifft, macht ihr niemand mehr etwas vor.

»In Ägypten setzt man normalerweise einen Ehevertrag auf, wenn man heiratet«, erzählt sie. »Darin steht zum Beispiel standardmäßig, dass der Mann für eine Wohnung sorgen muss, sonst kann sich die Frau scheiden lassen.«

Davon abgesehen, gibt es allerdings nicht viele Paragraphen, die der Frau Rechte verschaffen. Mona und Khaled haben daher ein paar zusätzliche Absätze eingefügt – etwa, dass Mona jederzeit ausreisen kann, genauso wie ihre zukünftigen Kinder. Normalerweise braucht eine in Ägypten verheiratete Frau dafür nämlich die Unterschrift ihres Mannes. »Ich hätte gerne, dass ich alleine entscheiden kann, wann und wo ich hinfliege«, sagt Mona.

Sie hat auch geregelt, dass sie das Recht hat, zu arbeiten, und dass sie sich in bestimmten Fällen scheiden lassen kann. Ägyptens Familienrecht stammt aus der islamischen Tradition. Dass man sich nicht mehr liebt, ist dort kein Scheidungsgrund. Aber dass man sich trennen kann, wenn der Mann sich eine zweite Frau nimmt, das lässt sich in einen Ehevertrag aufnehmen.

Wie jede frisch verheiratete Frau will Mona natürlich nicht an Scheidung denken. Aber wenn es doch so weit kommen sollte, dann wird sie nicht zwangsläufig in dem Land geschieden, in dem sie geheiratet hat. Es gilt nämlich das Scheidungsrecht des Landes, wo das Paar seinen Lebensmittelpunkt hat. Würden Mona und Khaled in Ägypten leben, so würde ägyptisches Recht angewendet, lebten sind in Deutschland, dann deutsches. Und zögen beide in die USA, dann würde amerikanisches Scheidungsrecht gelten – obwohl Mona Deutsche ist, Khaled Ägypter und die Hochzeit in Ägypten stattgefunden hat.

Hiltrud Stöcker-Zafari empfiehlt deshalb immer einen Ehevertrag, wenn eine Frau nicht ausschließen kann, mit ihrem Mann auch länger in einem islamischen Land wie Ägypten zu leben.

»Aber halten sich dann auch die Gerichte daran?«, frage ich. »Mal angenommen, Mona hält in ihrem Ehevertrag fest, dass sie sich scheiden lassen kann, wenn Khaled sich eine zweite Frau nimmt, dann beschneidet sie ihn ja in seinem Recht. Ägyptischen Männern ist Polygamie schließlich erlaubt.«

»Das stimmt«, sagt Hiltrud Stöcker-Zafari. »So ein Ehevertrag, das ist eine privatrechtliche Regelung. Wenn es tatsächlich zu einem Konflikt kommt, habe ich vor Gericht als Ausländerin nicht so gute Karten. Ob da ein Richter vor Ort zum Ehemann sagen würde: ›Das hast du unterschrieben, jetzt musst du dich daran halten‹, das würde ich bezweifeln.«

Verwirrt schaue ich Hiltrud Stöcker-Zafari an: »Warum soll ich einen Vertrag aufsetzen, wenn der dann vor Gericht so oder so nicht gilt?«

»Ägypter rennen ja nicht gleich zum Gericht. Da verhandeln die Familien miteinander. So ein Vertrag hat dann zwei Vorteile: Zum einen zwingt er das Paar dazu, sich über die wichtigen Fragen zu unterhalten und zu verständigen, bevor es Streit gibt. Zum anderen sind ja Verträge auch in Ägypten eine gängige Form der Vereinbarung.« Die Familie des Mannes, so die Erfahrung der Fachfrau, könnte sich daran gebunden fühlen, selbst, wenn die Ehefrau vor Gericht kaum eine Chance hätte: »Er hat das unterschrieben, also muss er sich auch daran halten.« Daher sei es wichtig, dass der Vertrag so aussehe, wie es in Ägypten üblich sei, damit die Familie ihn auch anerkenne. Ein deutscher Vertrag – selbst wenn man ihn übersetzen ließe – bringe einen da kaum weiter. »Die deutschen Auslandsvertretungen kennen Anwälte, die sowohl arabisch als auch deutsch sprechen«, erklärt Hiltrud Stöcker-Zafari. An die könne man sich wenden. Dennoch, warnt sie, solle man sich nicht zu große Hoffnungen machen, dass man als deutsche Frau sein Recht in einem islamischen Land durchsetzen kann. »Im Konfliktfall würde ich eher sehen, dass ich da wegkomme«, sagt sie. Denn wenn es Streit gibt, dann würden normalerweise die Familien miteinander verhandeln. »Aber eine deutsche Frau hat ja keine Familie vor Ort. Das ist ihr Problem.«

Mona möchte über solche Probleme erst einmal gar nicht nachdenken. Schließlich hofft sie darauf, dass Khaled bald nach Deutschland kommt. Sorgen macht sie sich trotzdem: Ob Khaled sich in Wismar wohlfühlen kann? Der Ausländeranteil liegt in Mecklenburg-Vorpommern bei gerade einmal 1,8 Prozent. Wenn die Stadt in den Nachrichten vorkommt, dann tauchen häufig die Begriffe »Rechtsradikale«, »Übergriffe« oder »Fremdenfeindlichkeit« auf. Mona hat Angst um Khaled und auch um sich. Nicht nur der Glatzköpfe wegen, die sie manchmal im Bus trifft. Auch weil Khaled hier ein Leben führen würde, auf das er nicht vorbereitet ist. Was, wenn er es hasst, von ihr abhängig zu sein, wenn er keinen Job findet, wenn er, weil er einen Akzent hat, wie ein Kind behandelt wird? Wie soll er das aushalten? Und wie soll Mona das aushalten?

»Deutschland ist doch viel zu gefährlich«

Jackson interessieren solche Fragen nicht, als er zum ersten Mal nach Deutschland kommt. Er macht sich keine Sorgen wegen Rassismus, dass er keinen Job finden könnte, dass er mit den Deutschen nicht klarkommt. Er ist ja auch erst einmal nur zu Besuch – und das ist aufregend genug. Jeden Morgen läuft er zum Fenster, blickt erwartungsvoll nach draußen. Vielleicht hat es geschneit, vielleicht liegt die Welt jetzt unter einer weißen Decke. Als eines Morgens die Wiese vor dem Haus glitzert, fragt er enthusiastisch: »Ist das Schnee?« Michaela, seine deutsche Freundin, lacht. »Nein«, sagt sie. »Das ist nur Raureif.«

Jackson pustet oft die Luft vor sich her, als er in diesem, seinem ersten deutschen Winter durch die Straßen läuft. Wie verrückt, dass man seinen eigenen Atem auf einmal sehen kann, wenn es so kalt ist! Ganz so, als würde man rauchen und den Qualm ausblasen.

Er hat lange darauf gewartet, das alles endlich erleben zu können. 25 lange Monate. Nicht nur, weil Deutschland ihn anfangs nicht reinlassen wollte, sondern auch, weil Kenia, sein Heimatland, nicht wollte, dass er weggeht. In Kenia können es sich schließlich nur die Reichen leisten, ins Ausland zu reisen, und die, die eine gute Ausbildung haben. Irgendwann, so die Befürchtung der kenianischen Behörden, sind alle Reichen und Studierten weg – und man bleibt auf dem Rest in Ostafrika sitzen.

Auch Jacksons Freunde wollten nicht, dass er geht: »Warum willst du nach Deutschland?«, fragten sie. Das sei doch viel zu gefährlich. Da gebe es Rassismus, das Land sei voller Risiken. Jacksons Freunde fragten ihn auch: »Warum willst du ausgerechnet mit einer Weißen zusammen sein?«

»Mir war egal, was die Leute reden«, sagt er heute. »Sie wissen nicht, was zwischen Michaela und mir ist. Die Wahrheit, die kennen nur wir beide.«

Aber es ist nicht so, dass sich andere nicht dafür interessieren würden, was zwischen Michaela und Jackson ist. Als deutsch-kenianisches Paar müssen sie sich permanent erklären, ständig rechtfertigen, ihr Leben offenlegen: Die Behörden in Deutschland mokieren, dass in Jacksons Geburtsurkunde der Name falsch geschrieben ist, die britischen Behörden wollen Fotos sehen, als er sich um einen Studienplatz dort bewirbt; Beweise, dass er und Michaela sich wirklich lieben (die Einreise wird ihm von den Briten allerdings trotz der Bilder verweigert). Und wieder andere wollen Geld von ihnen. Viel Geld.

»Seine Familie, seine Freunde denken: Jetzt ist er mit einer Weißen zusammen, jetzt ist er reich«, sagt Michaela. Manchmal sind darunter sogar Leute, die Jackson gar nicht kennt und die plötzlich behaupten, sie seien ein Cousin. Da stehe ihnen ja auch ein Teil des Geldes zu. Seit Jackson Michaela kennt, sagt ihm keiner mehr den richtigen Preis, wenn er etwas kaufen möchte, überall muss er extra bezahlen. Wenn er seine Freunde um einen Gefallen bittet, dann wollen sie Geld dafür.

Jackson weiß nicht so recht, wie er damit umgehen soll. »In Afrika ist es nicht einfach, den Leuten direkt zu sagen: Ich kann dir nicht helfen«, sagt er. »Das finden die Menschen unhöflich.« Jacksons Vater wohnt in einem kleinen abgelegenen Dorf. Um ihm zu erklären, dass er nicht mit einer monatlichen Überweisung aus Deutschland rechnen kann, hat Jackson eine Woche gebraucht. Immer wieder kreiste er um das Thema, erklärte, dass Michaela und er ja auch nicht viel verdienten und das Leben in Deutschland teuer sei, dass sie selbst sehen müssten, wie sie ihre Miete bezahlten. Jackson druckste immer wieder herum, bis auch sein Vater schließlich verstand: Da wird nichts kommen.

Für Deutsche, das wissen Michaela und er, ist es schwer zu verstehen, dass die beiden trotzdem Geld nach Kenia schicken, sobald sie etwas übrig haben. Viele haben Michaela gewarnt: Der will doch nur deine Kohle.

Wer wie Michaela solche Kommentare immer wieder hört, der muss aufpassen, dass nicht irgendwann der Gedanke aufkommt: Wenn das alle sagen, dann muss da doch etwas dran sein. Vielleicht ist er wirklich ein Faulpelz und will sich nur durchfüttern lassen, wie womöglich einige Verwandte behaupten? Vielleicht ist es wirklich dumm, das in Deutschland hart erarbeitete Geld nach Afrika zu schicken, wie die Arbeitskollegin findet? Vielleicht ist er nur nach Deutschland gekommen, um ein paar Jahre lang Geld zu verdienen, um dann zurückzugehen und eine andere zu heiraten, wie mancher Bekannte vermutet? Und ist er wirklich so treu, wie er sagt? Wenn man so etwas immer wieder hört, dann ist es ganz schön schwierig, seinen Partner einigermaßen neutral zu sehen. Entweder glaubt man irgendwann die Einschätzung der anderen – oder aber man stellt sich so stark hinter den Freund oder die Freundin, dass man Fehler gar nicht mehr sieht. Dann wird es schwierig festzustellen: Wo wird der Partner diskriminiert – und wo haben Freunde und Verwandte vielleicht einen unverstellteren Blick auf die Partnerschaft, wann haben sie recht damit, dass etwas im Ungleichgewicht ist?

»Ich kann die Skepsis der Leute durchaus verstehen«, sagt Michaela. »Ich habe mich anfangs auch immer wieder gefragt, ob er vielleicht doch nicht an mir interessiert ist, sondern nur an meinem Geld. Sehr oft sogar.«

Es ist ein wunderschöner Sonntag im Oktober 2004, als Jackson und Michaela sich zum ersten Mal begegnen. Michaela arbeitet damals mit Straßenkindern in Nairobi und in der Küche einer großen Missionsstation. Ihre Tage sind anstrengend, nicht nur wegen des Jobs, sondern auch, weil sie sich täglich gegen Heiratsangebote wehren muss. Michaela hat dunkelblonde lange Haare und ein strahlendes

Lachen. Sie ist schlank und einfach zu nett, um die Verehrer effizient abzuwimmeln. Ständig laufen ihr Männer hinterher, und wenn sie ihnen eine Abfuhr erteilt, dann fragen sie, ob sie noch eine Schwester habe, die vielleicht heiratswilliger sei. Michaela ist genervt.

Aber bei diesem Mann, an diesem Sonntag, da ist das anders. Als sie nach dem Kirchengottesdienst mit Jackson ins Gespräch kommt und er fragt, wie er sie denn erreichen könne, gibt sie ihm tatsächlich ihre Handynummer. Das hat sie noch nie getan. »Ich war sofort verliebt«, gesteht Michaela. »Vom ersten Tag an, vom ersten Mal, als ich ihn gesehen habe.«

Als Jackson sie am nächsten Tag besucht, macht er ihr einen Heiratsantrag. Aber sie findet das nicht komisch. Er ist der erste Mann, bei dem sie sich vorstellen kann, Ja zu sagen. Was Michaela sich damals nicht vorstellen kann: dass es geschlagene sechs Jahre dauern würde, bis es endlich so weit ist.

Michaela setzt sich nämlich zwei Dinge in den Kopf, die für sie Voraussetzung sind, um Jackson zu heiraten.

Erstens soll er vor der Hochzeit ihre Heimat, ihr Leben kennenlernen.

Zweitens will sie in Deutschland heiraten, das erscheint ihr sicherer.

Sie kann ja damals nicht ahnen, dass sie diese Bedingungen nicht nur jede Menge Zeit, sondern auch jede Menge Geld kosten würden.

Es fängt mit viermal 25 Euro an. 25 Euro kostet nämlich damals das Formular, mit dem man als deutscher Staatsbürger einen Ausländer nach Deutschland einladen kann. Und eine solche Einladung braucht Jackson, sonst bekommt er kein Visum. Dreimal schickt Michaela das Formular an die deutsche Botschaft nach Nairobi, jedes Mal geht es irgendwo verloren. Beim vierten Mal gibt sie es einer Nonne mit, die sie kennt und die nach Tansania reist. Mit schwesterlicher Hilfe kommt die Einladung schließlich an – Monate, nachdem Jackson nach Deutschland kommen wollte.

Weiter geht es mit 3000 Euro: Damit ihr Freund einreisen darf, soll Michaela eine Verpflichtungserklärung unterschreiben, die besagt, dass sie für ihn aufkommt, falls er Geld braucht. Dafür soll sie drei Gehaltsnachweise vorlegen. Doch die hat sie noch nicht, sie ist gerade erst mit ihrer Ausbildung zur Physiotherapeutin fertig geworden. Schließlich verpfändet Michaela ihr Sparbuch, um Jackson trotzdem einladen zu können.

Als der dann endlich nach Deutschland darf und zum ersten Mal auf Michaelas Familie trifft, beginnen sie auch schon, die Hochzeit zu planen. »Eine schwarz-weiße Hochzeit«, sagt Michaelas Oma. »Warum kann es keine weiß-weiße Hochzeit sein?« Sie ist über 90 und Jackson ist der erste schwarze Mensch, den sie kennenlernt. Aber irgendwann freut sich auch die Oma, dass ihre Enkelin heiratet, und Michaelas Mama belegt sogar einen Anfängerkurs in Englisch. »How are you?«, sagt sie nun jedes Mal sehr enthusiastisch, wenn sie ihren Schwiegersohn in spe trifft.

Doch was braucht man eigentlich für eine Hochzeit mit einem Kenianer? Michaela beschließt, sich Hilfe zu holen. Das Standesamt müsste sich auskennen, findet sie, und fragt dort nach, welche Dokumente denn notwendig seien. Die Beamtin macht ein paar Telefonate, schreibt Michaela am Ende eine Liste. »Sie hat sich Mühe gegeben«, sagt Michaela. Doch es ist wie bei einem Arbeitszeugnis: »Sie hat sich stets bemüht« reicht nicht aus.

Und so steht nur die Hälfte der Dokumente auf der Liste, die die beiden brauchen. Was nicht dort steht, ist etwa das Sprachzertifikat, das Jackson benötigt, bevor er Michaela in Deutschland heiraten darf.

Diese Regelung ist relativ neu: Seit Ende 2007 müssen alle heiratswilligen Ausländer, die nicht aus der EU kommen und ein Visum für Deutschland brauchen, schon in ihrer Heimat eine Deutschprüfung ablegen. Auch wenn Michaela und Jackson in Kenia heiraten würden, bräuchte er das Sprachzertifikat, um den Ehegattennachzug zu beantragen. Zwar ist der Test nicht besonders schwierig; man muss rund 300 deutsche Vokabeln können und einige Hörverstehens-Übungen meistern. Für einen studierten Ökonomen wie Jackson, der zudem fließend Englisch spricht, ist es wahrscheinlich kein Problem, dieses Niveau zu erreichen. Doch was, wenn man beispielsweise in China auf dem Land wohnt und kaum eine Chance hat, einen Deutschlehrer zu finden? Zumal ein Chinese erst einmal das lateinische Alphabet lernen muss, bevor er mit dem Vokalbelpauken anfangen kann. Es gibt Paare, die jahrelang nicht zusammenleben können, weil der ausländische Partner immer wieder durch den Test rasselt. Seit es diese neue Regel gibt, ist die Zahl derer gesunken, die einen Ehegattennachzug beantragen.

In Nairobi bietet das Goethe-Institut zwar Kurse an. Doch die sind damals schon ausgebucht, als Jackson und Michaela von der deutschen Botschaft erfahren, dass er das Zertifikat braucht.

Als er Monate später endlich die Prüfung ablegen kann, sollte der Hochzeit eigentlich nichts mehr im Wege stehen. »Aber Pustekuchen«, sagt Michaela. »Wir dachten damals, dass er das Visum innerhalb von einer Woche bekommen würde. Er hatte ja alles vorgelegt. Aber der Visaprozess dauerte ganze sechs Wochen.« Das Problem dabei: Ihr mühevoll organisiertes Ehefähigkeitszeugnis ist nur sechs Monate gültig und läuft genau in der Zeit ab, in der Jackson und Michaela auf das Visum warten. Also geht der ganze Prozess für Jacksons Ehefähigkeitszeugnis wieder von vorne los: In Nairobi muss sich ein Botschaftsmitarbeiter in seinen Jeep setzen und 200 Kilometer durchs kenianische Hochland fahren, bis in Jacksons Heimatdorf. Dort befragt er Verwandte und Nachbarn, ob der junge Herr tatsächlich nicht verheiratet ist. »Und natürlich muss man auch dafür wieder bezahlen«, erzählt Michaela heute.

Dabei hat sie damals in Deutschland längst die Hochzeit geplant. Weil das Visum nicht kommt, muss sie alles wieder abblasen, den Saal, den sie reserviert hat, wieder freigeben, die Gäste informieren. »Das war schrecklich«, sagt sie.

Als das Visum endlich da ist, kommt Jackson nach Deutschland, zieht einen schwarzen Anzug an und bindet sich eine rote Krawatte um. Sechs Jahre, nachdem er Michaela zum ersten Mal nach dem Gottesdienst getroffen hat, sechs Jahre, nachdem sie sich nur einmal im Jahr sehen konnten, werden die beiden endlich ein Ehepaar. Sie strahlen um die Wette. Sie ahnen ja auch noch nicht, dass ihr Kampf mit den Behörden nicht zu Ende ist.

Denn nach der Hochzeit müssen die beiden die Aufenthaltsgenehmigung für Jackson beantragen. »Wir müssen noch einmal ihre Sprachfähigkeiten überprüfen«, sagt da plötzlich die Beamtin in der Ausländerbehörde, als Jackson und Michaela die Unterlagen abgeben. Offenbar kommt es vor, dass sich einige Ausländer das Zertifikat erschleichen und nie einen Kurs besucht oder einen Test gemacht haben – sie kaufen sich den Nachweis einfach. Daher ist die Dame skeptisch. »Dabei kann man in Kenia den Test nur am Goethe-Institut machen«, erzählt Jackson. »Von dort wurde das Zertifikat direkt an die deutsche Botschaft geschickt und die sollten es nach Deutschland schicken. So hat man mir das zumindest gesagt.« Er und Michaela versuchen zu erklären, dass sie das Dokument daher gar nicht gefälscht haben können, doch das hilft nicht.

»Ich werde Ihrem Mann ein paar Fragen stellen«, sagt die Beamtin und schickt Michaela aus dem Zimmer.

Als sie wieder hereinkommt, erzählt Jackson, dass er nur zwei von fünf Fragen beantworten konnte. Was sie denn gefragt habe, will Michaela von der Dame wissen. Doch die antwortet nicht. Ob sie eigentlich wisse, was die Anforderungen bei dem Sprachtest seien, bohrt Michaela noch einmal nach.

»Da haben wir gemerkt, dass sie gar nicht wusste, was man auf diesem Sprach-Level können muss«, erzählt Jackson heute. »Wie will sie dann einen Test durchführen?«

Aber er und Michaela wundern sich mittlerweile über fast gar nichts mehr. Selbst über den falschen Nachnamen kann sich Michaela nicht mehr richtig ärgern. »Mutu« steht heute in ihrem Pass, dabei trägt Jackson eigentlich »Munjassia« als Nachname. »Die deutschen Behörden verstehen eben nicht, dass das in Kenia alles nicht so strukturiert abläuft wie hier«, sagt Jackson. »Als meine Geburtsurkunde ausgestellt wurde, ist ein Fehler passiert: Der Nachname wurde auf die falsche Linie geschrieben. Hier hieß es dann, dass man das nicht so leicht ändern könne. Ich müsse zurück nach Kenia fahren und dort zum Notar. Aber dann hätten wir die Hochzeit noch einmal verschieben müssen.« Michaela und Jackson leben deshalb lieber mit einem falschen Nachnamen: Mutu ist eigentlich der Name von Jacksons Vater.

Heute können Michaela und Jackson über all das sogar lachen. Jackson fühlt sich wohl in Deutschland. Er macht gerade ein Praktikum bei den Vereinten Nationen in Bonn, er glaubt, dass Deutschland auch ein Karrieresprungbrett für ihn ist, und er hat gleich tolle Leute kennengelernt.

»Ich habe mich selbst gewundert«, sagt Michaela. »Aber er ist sofort super klargekommen. Rassismus haben wir noch nicht erlebt.« Sie freuen sich, dass nun alles geklappt hat, dass sie beide eine berufliche Zukunft haben, dass sie endlich zusammen sind. Und sie freuen sich auf Januar.

Dann bekommen Michaela und Jackson ihr erstes Baby.

Wie zofft man sich mit einem spanischen Hitzkopf?

(Oder: Wie laut kann ich schreien?)

NEUSTRELITZ, 18. AUGUST

Meine Chancen stehen mittlerweile fünf zu eins. Die Wetterdiagramme auf fünf Webseiten zeigen für Samstag bedrohlich dunkle Regenwolken mit hässlichen, noch dunkleren Wassertropfen an, für Sonntag aber eine niedliche gelbe Sonne – und erst nach langem Suchen habe ich eine Seite gefunden, auf der schon am Sonnabend die Sonne scheint. Heute ist Mittwoch. Wie sehr können sich Vorhersagen irren? Ich hoffe: sehr. Am Telefon erzähle ich Roberto stolz von meinem Internet-Fund. »Diese eine Seite sagt, am Samstag wird die Sonne scheinen.«

»Und was sagen die anderen?«

Ich schweige betrübt. Dann gebe ich langgezogen zurück: »Reeegen.«

Roberto seufzt. »Wir müssen uns was überlegen.«

»Weiß ich«, sage ich. »Will ich aber nicht. Ich will draußen heiraten, am See, unter Bäumen, bei Sonnenschein.«

»Amor«, sagt Roberto, »ich weiß, alles soll perfekt sein. Aber wenn es nun mal regnet?«

Er hat natürlich recht.

»Also«, fährt mein Freund fort, »was gibt es drinnen für Optionen?«

»Die Frau vom Schlosshotel sagt, dass wir nur im Restaurant heiraten könnten.«

»Was?«, ruft Roberto. »Im Restaurant? Direkt neben der Bar, oder was? Umgeben von Geweihen?«

»Ich weiß«, sage ich, »deshalb muss ja unbedingt die Sonne scheinen.«

»Aber was ist mit dem großen Saal, da, wo wir abends essen werden?«

»Den müssen sie schon Stunden vorher vorbereiten, da können wir die Zeremonie nicht abhalten, sagt die Managerin.«

»Dann musst du noch mal mit ihr reden.«

Ich seufze. »Habe ich doch schon. Ich habe gestern angerufen und darauf hingewiesen, dass wir bei Regen den Saal brauchen, so, wie es mit ihrem Vorgänger abgesprochen war. Aber davon wusste sie nichts. Sie fiel aus allen Wolken.«

»Scheiß-Vorgänger«, sagt Roberto. Beziehungsweise so etwas Ähnliches – er sagt es nämlich auf Spanisch und drückt sich dabei deutlich unflätiger aus. »Was musste der auch mitten in unseren Vorbereitungen gefeuert werden.« Roberto seufzt erneut. Dann stellt er sehr entschieden fest: »Du gehst da noch mal hin, und dann bestehst du darauf, dass wir im Saal heiraten.«

»Aber sie hat gesagt, dass sie nicht die Trauung zwischen vier und fünf abwarten und dann bis acht alle Tische fertig haben können! Die müssen ja erst aufgebaut werden, verstehst du, und eingedeckt. Dafür hat sie gar kein Personal, das Per-

sonal ist nämlich nach fünf damit beschäftigt, uns Häppchen und Sekt zu reichen!«

»Das ist alles ihr Problem, und nicht deins«, sagt mein Freund. »Du musst dich da jetzt mal durchsetzen. Die sollen das irgendwie hinbekommen, und wie sie das machen, kann uns egal sein.«

»Aber du musst die doch auch einmal verstehen ...«, beginne ich eine Erwiderung.

»Du verstehst die anderen immer viel zu sehr«, unterbricht Roberto. »Das ist unsere Hochzeit, und die sind Dienstleister, Punkt. Wir zahlen viel Geld, da können die uns nicht in einen dunklen Restaurant-Raum verfrachten, der später dann als Disco dienen soll. Ich heirate doch nicht in einer Disco!« Immer mehr steigert Roberto sich in seine Empörung hinein. Ja, er würde denen sicher zeigen, wo der Hammer hängt. Leider ist mein Freund aber immer noch in Hamburg, weil er erst ab morgen Urlaub hat. Also muss ich ran, findet er.

»Sag denen, dass wir allen unseren Freunden davon erzählen werden, wie unfreundlich sie sind. Sag ihnen, dass wir sie nicht weiterempfehlen werden.« Seine Stimme wird jetzt immer fordernder. »Wenn's hart auf hart kommt, sag ihnen, dass wir weniger zahlen werden. Schließlich war alles mit dem Vorgänger abgesprochen, es ist nicht unsere Schuld, dass der gefeuert wurde!«

»Ich werd denen doch nicht drohen«, antworte ich entsetzt.

»Manchmal hilft nur das.« Robertos Stimme klingt sehr zufrieden. Schließlich hat er mit dem Drohen schon beste Erfahrungen gemacht.

Einmal etwa beschwerte er sich in einem Fotoladen, dass viele seiner Bilder Streifen hatten. Man sagte ihm, dann müsse seine Kamera wohl einen Schaden haben. Roberto verneinte –

schließlich war der Streifen nicht auf allen Bildern zu finden. Der Verkäufer sagte, er könne da auch nichts machen. Da verlangte mein Freund nach dem Geschäftsführer. Das Ganze schaukelte sich hoch, und schließlich drohte Roberto, allen Freunden davon abzuraten, bei diesem Fotogeschäft Bilder entwickeln zu lassen. Daraufhin wurden ihm die Bilder am gleichen Abend vom Labor mit dem Taxi nach Hause geliefert. So läuft das in Spanien.

Als Roberto mich vor ein paar Jahren in einem Restaurant aufforderte, nach dem Beschwerdebuch zu fragen, dachte ich zuerst, er mache einen Scherz. In Spanien, so erzählte er dann, sei jedes Geschäft, jedes Restaurant oder Hotel, jede öffentliche Einrichtung verpflichtet, ein Beschwerdebuch zu führen. Unzufriedene Gäste können darin ihrem Unmut Luft machen. Potenzielle Gäste wiederum dürfen in das Buch Einsicht verlangen. Immer dann, wenn ein Gast nach dem Buch fragt, wird in Spanien deshalb jeder sehr plötzlich sehr hilfsbereit. Man tut alles, nur, um einen Eintrag zu vermeiden. Im Zweifelsfall bezahlt man eben ein Taxi. Als ich Roberto staunend berichtete, von so etwas hätte ich noch nie gehört, und das gebe es in Deutschland ganz sicher nicht, war er wiederum erstaunt. Ihm schien es das Natürlichste der Welt zu sein, sich zu beschweren.

Ich dagegen bin ein Beschwerde-Vermeider. Soweit es geht, bleibe ich freundlich und sehr höflich, ich mag es nämlich nicht, wenn Menschen schlecht gelaunt Kellner oder Verkäufer anbellen. Das finde ich unsympathisch. Deshalb lächele ich viel, auch wenn ich eigentlich unzufrieden bin. Ich sage lächelnd »Macht doch nichts«, wenn ich eine dreiviertel Stunde auf das Essen warten musste, ich lächele, wenn es mir nicht geschmeckt hat und ich harre geduldig lächelnd aus, wenn eine Verkäuferin mit ihrem Freund telefoniert, statt mir zu helfen. Wegen mir wird also kein Kellner oder Verkäufer jemals sein Verhalten ändern. Mir ist bewusst, dass ich zukünftigen Gästen damit keinen Gefallen tue. Dafür fühle ich mich gut. Ich finde, das ist auch etwas wert. Würde ich Drohungen aussprechen, wie sie mir mein Freund anrät, wäre mir das nicht nur unangenehm, sondern sogar peinlich.

Und jetzt soll ich also die Managerin unter Druck setzen. »Wenn sie sich mit dir streiten will, musst du halt streiten. Das ist jetzt wichtig!«, sagt Roberto.

Und er hat ja recht: Es hängt wirklich an mir, ob wir bei schlechtem Wetter in einem hellen, großen Saal Ja sagen, oder in einem dunkelgrün gestrichenen kleinen Raum, umgeben von Hirschgeweihen.

Aber wie wird man das: konsequent, hart und durchsetzungsfähig? Wie lernt man Streiten?

Ich muss unbedingt Nicole konsultieren. Weil ich sie auf Skype nicht entdecken kann, beginne ich eine E-Mail.

»Hej, hier ist immer noch Hochbetrieb. Jetzt will Roberto mich dazu verdonnern, die Managerin umzustimmen, damit wir bei schlechtem Wetter im schönen Saal heiraten dürfen. Ich hatte dir doch erzählt, dass sie den eigentlich für uns sperren will, jedenfalls vor dem Abendessen. Stattdessen sollen wir in ein dunkles Kabuff. Roberto sagt, ich soll quasi zur harten Spanierin mutieren. Dabei kann ich doch gar nicht streiten! Dir geht das doch auch immer so – hast du einen Tipp, der nicht in Richtung ›Ich erzähle allen meinen Freunden davon, wie böse Sie sind‹ geht? Abgesehen von den doofen Fluglotsen läuft ansonsten so weit alles nach Plan. Morgen soll es eine definitive Entscheidung geben, ob sie nun streiken oder nicht. Obwohl ich dem spanischen ›mañana‹ ja nicht besonders traue … Drück mir die Daumen, dass sie es sein lassen! Sonst müssen die Leute echt alle mit dem Auto anreisen. 2000 Kilometer!

Habe heute noch mal mein Kleid Probe getragen. Einfach nur so, um mich an den Gedanken zu gewöhnen: Bald bin ich Braut! Freu mich so. Und morgen sehen wir uns ja auch schon! Liebe Grüße, Marike«

Dann klappe ich meinen Laptop zu und greife nach einem Stapel Etiketten. Ich habe extra einen Kalligrafiestift besorgt, um sie eine nach der anderen in Schönschrift beschriften zu können: »Zur Erinnerung an den 21. August. Marike & Roberto«. Wenn mein Freund morgen kommt, werden wir die Etiketten auf bereits mit Marmelade befüllte Gläser kleben und im Akkord kleine rote Schleifen darum binden. 65-mal. Womit man sich bei einer Hochzeit alles so zu beschäftigen hat!

Nach einer Stunde Schönschreiben bin ich müde. Mal sehen, ob Nicole geantwortet hat. Sie hat! Mit einem Klick öffne ich ihre E-Mail.

»Hallo Frau Frick! O ja – beschweren – das ist ja unsere Spezialität. :-) Aber Roberto hat recht: Wir müssen wirklich härter werden. Wir geben einfach zu schnell nach.

Wenn du meinst, du kriegst die harte Tour nicht hin, dann würde ich auf Mitleid machen. Sag denen doch, wie lange ihr für diese Hochzeit gespart habt, und dass es dein absoluter Albtraum wäre, deine Trauung in einem kleinen dunklen Kabuff mit Bar zu vollziehen. Das würde dir die ganze Hochzeit versauen. Sag am besten auch, dass du deswegen schon seit Tagen nicht schlafen kannst. Und ganz wichtig: Dabei nicht lachen! Sonst bringt das nichts. ;-)

Wenn du die Mitleidsmasche nicht machen möchtest, dann versuch doch einen Mittelweg. Sag freundlich aber bestimmt, dass für dich als Gast die Lösung, neben der Bar zu heiraten, völlig inakzeptabel und keine Option ist – und schreib mir später, wie es geklappt hat. Drücke dir die Daumen.

War übrigens gerade mit Sven und seiner Frau Ruth spazieren, und Ruth erzählte, dass es für sie ganz toll war, nicht mehr drohen oder bestechen zu müssen, als sie in Deutschland ankam. So kann es eben auch seine Vorteile haben, in einer wenig streitliebenden Nation zu leben … Musst du mal Roberto erzählen. So, ich muss jetzt Schluss machen. Wollte noch mal nach Schuhen für die Hochzeit schauen. Bis morgen, ich freu mich auch! Liebe Grüße, die Frau Basel.«

Ach, wie gut es ist, schlaue Freundinnen zu haben! Alles, was Nicole da sagt, macht in der Theorie unheimlich viel Sinn. Nur: Ob ich das auch in der Praxis hinbekommen werde? Ich will doch gerade KEINE hysterische Braut sein, die in Tränen ausbricht, weil irgendeine Kleinigkeit nicht passt!

Netterweise bietet mein großer Bruder an, mich bei meinem schweren Gang zum Schlosshotel zu begleiten. Wir setzen uns ins Auto, fahren an bereits abgeernteten Feldern vorbei, durch winzige Dörfer, und wieder einmal freue ich mich unbändig, als wir am Ende einer Kopfsteinpflasterstraße vor dem Hotel parken und aussteigen. Das Schloss ist nicht wirklich ein Schloss, sondern eher eine Art ehemaliges Gutshaus, aber es ist von einem Park mit uralten Eichenbäumen und akkurat gemähtem Rasen umgeben; von der großen Terrasse blickt man direkt auf einen malerischen See. Es ist ganz still hier, nur ein paar Vögel ziehen laut rufend ihre Runden am immer noch bleigrauen Himmel.

Also mal ehrlich: Wenn mein einziges Problem der Sonnenschein ist, dann darf ich mich in der Tat glücklich schät-

zen. Da hat Nicole schon recht. Immerhin finde ich, dass ich am schönsten Ort der Welt heiraten werde! Das mit den Fluglotsen wird schon irgendwie hinhauen – und wenn nicht, reisen die Spanier eben per Mietwagen an. Wenigstens kann ich meine Probleme alleine lösen und bin nicht auf irgendwelche blöden Behörden angewiesen.

Ich atme tief ein und wieder aus. »Paul, du musst mir jetzt helfen«, sage ich. Mein Bruder nickt. Dann treten wir vor die Managerin. Mein Puls steigt und steigt, ich fühle mich wie ein Teenager, der mit einer Alkoholfahne vor seine Eltern tritt – und nach mehr Taschengeld zum Feiern bittet. Was für ein Blödsinn. Ich bin kein Teenager mehr, und ich habe mich auch nicht falsch verhalten! Warum nur kann ich nicht cool auf mein Recht beharren? Roberto würde das hier so viel besser rocken. Denn auch wenn er es mir noch so oft beizubringen versucht: Ich kann nun mal nicht aus meiner deutschen Haut. Ich werde wohl nie eine gute Spanierin sein.

Die Managerin wirkt gestresst. Und ich bin einmal mehr froh, einen großen Bruder zu haben. Der fragt immer wieder hartnäckig, ob es nicht doch irgendwie möglich sei, den Saal bis fünf Uhr frei zu halten. Weil es doch so ein wichtiger Tag sei. Er hört aufmerksam zu, wenn sie spricht, nickt, zeigt Verständnis – und kommt dann immer wieder auf seine Forderung zurück. Echt, von großen Brüdern kann man wirklich was lernen. Am Ende seufzt die Managerin und sagt: »Ich denke noch mal drüber nach.«

Ha! So schafft man es also auch ohne Drohen! Mit dieser taffen Dame hätten das Ich-erzähle-allen-meinen-Freunden-Davon und eine erhobene Stimme wahrscheinlich auch gar nicht funktioniert. Die hätte dichtgemacht und wäre nur noch taffer aufgetreten. Weil sie den rüden Ton als unver-

schämt wahrnehmen würde. Weil man so nicht miteinander spricht. Weil man sich doch zivilisiert einigen kann.

Weil Deutschland eben nicht Spanien ist.

Als wir uns wieder auf den Autositz fallen lassen, sehe ich meinen Bruder glücklich an.

»Danke«, sage ich.

»Dafür nicht«, entgegnet er. Wir Deutschen sind eben auch in emotionalen Bekundungen eher kurz angebunden. In mancher Hinsicht, denke ich auf der Rückfahrt über die Dörfer, lohnt es sich ja, spanischer zu werden. Aber manches am Deutschsein möchte ich mir eigentlich ganz gerne bewahren.

»Alles roger«, tippe ich in mein Handy. »Ich glaube, wir bekommen den Saal. Musste noch nicht mal drohen! Puh. Ist mir sowieso von Anfang an spanisch vorgekommen, dieses Durch-Lautwerden-löse-ich-alle-meine-Probleme ...« Dann sende ich die SMS auf den Weg zu Nicole und lehne mich zufrieden im Autositz zurück.

Immer diese Deutschen!

»Was wollt ihr?« Die Falte zwischen Robertos Augenbrauen gräbt sich tief in seine Stirn.

»Nur eine Kleinigkeit essen«, sage ich und setze meinen freundlichsten Blick auf.

Unsere Freunde Verena und Max nicken. »Ein belegtes Baguette oder so«, sagt Verena. »Meinetwegen an der Theke. Oder auch auf die Hand. Und dann ab zum Sightseeing!«

»Meinst du, die haben hier was zum Mitnehmen?«, frage ich Roberto und deute auf die kleine Gastwirtschaft, vor der wir stehen.

»Bestimmt nicht«, sagt mein Freund und verschränkt die Arme vor der Brust.

»Aber da steht doch ...« Ich deute auf ein Schild neben dem Eingang. Dort heißt es, hier gebe es außer Tapas und Mittagstisch auch »Bocadillos«. Belegte Baguettes also.

Robertos Stimme klingt zunehmend genervt. »Das ist ein Restaurant. Um diese Zeit wird in Restaurants mittaggegessen. Und kein Spanier nimmt sein Mittagessen an der Theke ein, oder im Stehen. Also, gehen wir nun rein?«

Mir schwant Übles: ein dreigängiges Mittagsmenü nämlich, wie es in Spanien üblich ist. Dabei sind wir doch gerade erst in Santiago de Compostela angekommen, haben noch nichts von der Stadt gesehen! Wollen wir da wirklich als Erstes für eineinhalb Stunden in ein dunkles Restaurant verschwinden? Wir drei Deutschen sind uns einig: Das wollen wir nicht. Ein Baguette auf einer Parkbank in der Sonne oder auf den Stufen der Kathedrale, danach gemächlich durch die Straßen schlendern – so stellen wir uns Urlaub vor! Um Roberto das begreiflich zu machen, müsste ich nun freilich in eine ausufernde Diskussion über nationale Essgewohnheiten einsteigen. Dafür habe ich keine Zeit. Deshalb mache ich kurz entschlossen einen Gegenvorschlag: »Sicher gibt es in der Stadt irgendwo einen Imbiss oder einen Bäcker.«

Robertos Stirnfalte wird daraufhin nur noch tiefer. »Jetzt willst du also doch nicht hier rein? Kannst du dich bitte mal entscheiden? Es ist halb vier, wenn wir noch länger warten, machen die Restaurants zu. Wir sind in Spanien, nicht in Deutschland.«

»Ich glaube ganz sicher, dass wir etwas anderes finden«, beharre ich. »In so einer Stadt wie dieser.«

Nun ist mein Freund vollends erbost. »Hörst du mir eigentlich zu?«, blafft er. »Ihr müsst euch schon ein wenig anpassen! Hier gibt es bestimmte Zeiten, zu denen man isst, und dafür setzt man sich an einen Tisch, wie es sich gehört!«

»Aber hier sind doch überall Touristen! Und wo Touristen sind, gibt es auch Bocadillos.«

»Marike, verdammt, warum glaubst du mir nicht einfach?«

Verena versucht zu vermitteln. »Fragen wir doch einfach den Kellner, ob sie Bocadillos haben, und wenn nicht, dann gehen wir eben weiter. Wir finden schon noch was.«

Roberto flucht leise vor sich hin. Er muss jetzt Dampf ablassen. Diese anstrengenden Deutschen, die immer alles so machen wollen, wie sie es kennen! Wenn er ihnen doch sagt, wie die Dinge sind!

Als wir das kleine Lokal betreten, lächelt uns der Kellner freundlich zu. »Vier Personen?«, fragt er. »Wir haben noch einen Tisch frei.«

»Haben Sie auch Bocadillos?«, fragt Roberto zähneknirschend. Es ist völlig klar, dass er das hier nur macht, weil er dazu gezwungen wurde. Schließlich ist völlig offensichtlich, dass es nur eine Antwort auf eine solch dumme Frage gibt!

Der Kellner schüttelt bedauernd den Kopf. »Leider nein. Zurzeit nur Mittagstisch.«

»Danke«, sage ich und drehe mich um.

»Wir finden schon was«, sagt Verena erneut bemüht zuversichtlich.

»Gar nichts werden wir finden um diese Zeit«, brummt mein Freund übel gelaunt und verlässt hinter uns das Restaurant.

Kurz darauf haben wir die Kathedrale von Santiago de Compostela erreicht. Dutzende Pilger sitzen auf den Stufen. Verena und Max schlagen vor, wir könnten uns aufteilen und später wieder treffen.

Roberto blickt mich empört an. »Wir sind doch zusammen hier, warum können wir nicht gemeinsam durch die Stadt gehen?«, fragt er barsch.

»Ist doch praktischer«, gebe ich zurück. »Dann sind wir flexibler.«

»Praktisch, flexibel!«, presst mein Freund hervor. »Estos alemanes!«

Wir beschließen, sein Immer-diese-Deutschen-Gemurmel geflissentlich zu ignorieren und verabreden eine Zeit am Abend. Dann verschwinden Verena und Max um die Ecke. Sie haben wohl wenig Lust auf meinen schlecht gelaunten Spanier.

Kaum sind sie außer Sichtweite, mache ich meinem Freund Vorwürfe. »Was soll das, warum moserst du so rum, wir sind im Urlaub!«

»Warum müsst ihr alles so kompliziert machen?«, schimpft Roberto zurück. »Wir sind in meinem verdammten Land, warum hört ihr nicht einfach auf mich?«

»Lass uns erst mal was essen«, versuche ich abzulenken.

»Ja, ein trockenes Brötchen aus einer Bäckerei!«, schnaubt Roberto und trabt mit grimmigem Gesicht hinter mir her. »Großartig!«

Als wir in eine der kleinen Gassen einbiegen, finden wir schnell eine Art größeren Imbiss mit mehreren Tischen. Auf der Karte stehen Tapas, Hamburger und Sandwiches. Geöffnet ist das Lokal von acht Uhr morgens bis Mitternacht. Küche durchgängig. Und ich kann mir nicht verkneifen zu sagen: »War doch klar, wir sind schließlich in einer Touristenhochburg!«

Aber damit hat sich die Diskussion natürlich nicht erledigt. Denn nun habe ich zwar recht, aber trotzdem immer noch alles falsch gemacht.

»Warum stellst du dich dauernd auf die Seite der anderen?«, fragt mein Freund. Er sieht dabei sehr, sehr böse aus. »Ich mag das nicht. Du solltest zu mir halten!«

Ich zucke die Schultern, versuche ruhig zu bleiben. »Aber wenn ich doch einer Meinung mit den anderen bin?«

»Drei Deutsche, die nicht auf mich hören wollen. Mit Spaniern hätte ich diese Probleme nicht!«

»In einer Gruppe muss man sich eben anpassen«, gebe ich altklug zurück. »Kompromisse finden, das ist doch normal. Und wir wollten alle nicht in dieses Restaurant.«

»Schon wieder! Du machst es schon wieder! Du stellst dich auf deren Seite und gegen mich!«

Unser Spanienurlaub mit Verena und Max ist jetzt zwei Jahre her. An jenem Nachmittag ging es noch eine Weile so weiter. Roberto wurde immer lauter, die Sache immer größer, und irgendwann saß ich heulend auf meinem Stuhl. Und fragte mich, ob ich jemals mit dem Temperament meines Freundes würde leben können.

Wenn ich heute daran denke, dann fällt mir vor allem eines auf: dass ich mir eine solche Frage mittlerweile nicht mehr stelle. Man könnte sagen, ich habe mich irgendwie arrangiert. Ein dickeres Fell bekommen.

Es sollte an dieser Stelle keinesfalls der Eindruck entstehen, wir würden andauernd streiten. Im Gegenteil: Wir reden viel, nehmen uns oft in den Arm, können miteinander lachen, all so was. Bei guter Musik und guter Laune breitet Roberto manchmal spontan die Arme aus und legt ein Tänzchen mit mir hin, mitten in unserem Wohnzimmer. Tagsüber ruft er mich oft einfach so an, um zu fragen, wie mein Tag ist. Und wenn er nach Spanien reist, erreichen mich aus der Ferne Liebes-SMS.

Roberto wäscht außerdem Wäsche, bügelt seine Hemden, bereitet großartige Tortillas zu, putzt (viel besser als ich), kauft ein, bringt den Müll raus, das Altpapier weg, räumt den Geschirrspüler ein und aus und bewirtet meine Familie, wenn sie zu Besuch ist. Er entspricht also in vielerlei Hinsicht nicht dem, was in unseren Breitengraden als »Macho« bezeichnet wird.

Aber in dieser einen Sache ist er dann eben doch ein typischer »Südländer«: Roberto regt sich schnell auf. Zum Beispiel, wenn wieder einmal irgendwo in der Wohnung ein Glas herumsteht. Laut Roberto leben wir in einem von mir zu verantwortenden Chaos aus Gläsern, ständig sammele er sie ein und bringe sie dorthin, wo sie hingehörten: in den Geschirrspüler. Oft höre ich aus dem Nebenzimmer ein wutschnaubendes »Joder, Marike, no es tan difícil poner los vasos en la puta máquina!« Frei übersetzt: »Verdammt, Marike, so schwer kann es doch nicht sein, die Gläser in den verdammten Geschirrspüler zu stellen!« Ich schalte in solchen Momenten mittlerweile auf Durchzug. Tue so, als sei nichts geschehen, reagiere nicht, stelle mich taub. Denn ich weiß: In zwei Minuten wird Roberto den Kopf zur Tür hereinstecken und fragen: »Wollen wir einen Film schauen?« Als wäre nichts geschehen.

Die ersten Male erschrak ich noch fürchterlich, wenn er mir scharfkantige Sätze vor die Füße warf. Etwa, wenn ich meine Schuhe einfach so im Flur hatte fallen lassen (»PLEASE! The shoes!«) oder zu schnell durch die Fernsehkanäle zappte (»Can you PLEASE decide?«). Wie böse er da guckte! Wie wütend seine Stimme klang! Man muss wissen, dass ich ein konfliktscheues Reh bin. Man kann mich leicht verschrecken. Ist der Ton nur etwas schärfer, so möchte ich am liebsten meine Beine in die Hand nehmen und im Wald verschwinden. Dabei wirke ich auf die meisten wahrscheinlich eher wie eine, die weiß, was sie will – und was nicht. Zum Beispiel will ich Frieden haben und von allen gemocht werden. Und Roberto störte diesen Frieden in den ersten Jahren häufig. Dann tauchte diese Zornesfalte auf seiner Stirn auf. Wenn wir in einen Streit gerieten, sagte ich irgendwann traurig: »Ich will nicht, dass wir uns streiten!« Dann kam von ihm verwundert zurück: »Aber wir streiten doch nicht, wir diskutieren!«

Zu seiner Verteidigung: Roberto machte damals eine harte Zeit durch. Er saß an seiner Doktorarbeit, Tag für Tag allein an einem Schreibtisch in einem Land, dessen Sprache er noch nicht beherrschte, umgeben von Menschen, die nicht seine Freunde waren, sondern meine. Er verließ kaum das Haus, igelte sich ein, arbeitete vor sich hin. Je öfter ich sagte, er solle rausgehen und Freunde finden, desto allergischer reagierte er auf diese Forderung. »Ich habe keine Zeit, das weißt du doch!«, herrschte er mich dann manchmal regelrecht an. Und ich zog mich verletzt ins Schlafzimmer zurück, um meine Wunden zu lecken.

Manchmal können Menschen sich ganz schön verändern, wenn ihre Umstände durcheinandergewirbelt werden. Ich erkannte den Mann kaum wieder, in den ich mich verliebt hatte. Und alles, was er mir geben konnte, war der Satz: »Das wird alles anders, wenn ich fertig bin.«

Ich habe kaum etwas so herbeigesehnt, wie das Ende dieser Doktorarbeit.

Italienisch für: »ein Haufen Scheiße«

In diese Zeit fiel auch besagter Urlaub in Spanien. Wenn man Roberto fragt, war ich auf dieser Reise allerdings nicht ganz unschuldig an seiner miesen Laune. Ich hatte nämlich kurz zuvor meine Kreditkarte verloren – und dann gleich im ersten spanischen Hotel auch noch mein Portemonnaie liegen lassen. Dass ich nun mal eben schusselig bin, half da nicht als Ausrede. Roberto war sauer. Denn wir waren schon in der zweiten Unterkunft angekommen, hundert Kilometer entfernt, als ich den Verlust bemerkte. Und schließlich hatte er mir schon so oft gesagt, ich solle besser auf meine Sachen aufpassen. Mein Freund rief also im Hotel an, wo man nichts gefunden hatte, wir gingen zur Polizei, wo wir drei Stunden warten mussten – und erst einen Tag später kam dann doch noch der erlösende Anruf: Ein Hotelangestellter hatte meine Geldbörse entdeckt. Wir fuhren die hundert Kilometer zurück, holten sie ab und gingen erneut zur Polizei, um das Wiederfinden zu melden. In diesen zwei Tagen war Roberto knurrig ohne Ende. »Siehst du jetzt, dass du andere Menschen in deinen Schlamassel mit reinziehst?«, sagte er. »Siehst du, dass du anderen damit den Urlaub versauen kannst?«

Ich selbst war deutlich weniger aufgeregt. Im Laufe der Zeit habe ich mich an liegen gelassene Portemonnaies, Handys, Kleidungsstücke und sogar an vergessenes Reisegepäck gewöhnt. Klar nervt es auch mich, wenn ich mal wieder bei der Deutschen Bahn anrufen muss: »Haben Sie zufällig einen Koffer in der Farbe rot gefunden ...?« Aber wenn ich deshalb jedes Mal mehrere Tage toben würde, wäre ich vermutlich mein halbes Leben lang sauer. Das gäbe ziemlich hässliche Falten. Also seufze ich lieber nur einmal über mich selbst und versuche ansonsten, irgendwie aus dem Schlamassel herauszukommen.

Für Roberto aber hatte ich in diesen Urlaubstagen wohl eine Grenze überschritten. Deshalb die Übellaunigkeit in Santiago de Compostela, deshalb unser großer Streit zu Füßen der Kathedrale.

Als Karolin zum ersten Mal so richtig mit ihrem Freund streitet, liegt das an ein paar Telefonaten. Karolin und Francesco führen eine Fernbeziehung, Mailand – Regensburg. Das bedeutet: Einen Großteil ihrer gemeinsamen Zeit verbringen sie am Telefon. Karolin freut sich auf die Anrufe. Aber es passiert immer wieder, dass Francesco sich nicht an die vereinbarte Zeit hält. Manchmal meldet er sich erst Stunden später; Stunden, in denen sie neben dem Telefon gesessen hat. Dann sagt er, es habe eben so viel mit der Exfrau zu besprechen gegeben, wegen der Kinder. Karolin kennt das auch von seinen Besuchen bei ihr in Regensburg: Dann verbringt er nach seiner Ankunft erst einmal zwei, drei Stunden am Telefon. Zuerst sind die Kinder dran, dann die Schwester, dann seine Mutter. Obwohl er die sonst jeden Tag sieht – schließlich wohnt er seit der Trennung von seiner Exfrau wieder bei der Mutter. Karolin möchte das alles gern verstehen, und sie findet es auch gut, dass Francesco so intensiv am Leben seiner zwei Kinder teilhat, trotz der Trennung. Aber eines Abends sagt sie dann doch: »Warum kannst du mir nicht einfach eine SMS schicken, wenn absehbar ist, dass es mal wieder später wird? Schon aus Respekt mir gegenüber.« Dass sie dieses Wort »Respekt« benutzt hat, scheint Francesco überhaupt nicht zu passen.

»Du wirfst mir also Respektlosigkeit vor?«, fragt er scharf – und das ist der Beginn einer langen Diskussion, die in einen

Streit mündet, und an dessen Ende Francesco das erste Mal mit Karolin Schluss macht.

Er beendet die Beziehung in den folgenden Jahren noch weitere 20-, 30-mal, so oft, dass Karolin das gar nicht mehr ernst nehmen kann. Doch was er ihr an den Kopf wirft, wenn sie am Telefon streiten oder wenn sie sich an manchen Wochenenden sehen, das kann sie kaum glauben. »Was bist du für ein Mensch?«, schimpft er einmal. »Mit so jemandem würde ich nicht einmal befreundet sein wollen!« Ein andermal nennt er sie einen Haufen Scheiße, auf Italienisch. Damals spricht Karolin die Sprache noch nicht und lässt sich den Ausdruck später von einem Bekannten übersetzen. Sie ist entsetzt. Wie kann man sich in einer Beziehung so etwas an den Kopf werfen? Wie kann man so aggressiv, so laut werden?

Es sind Kleinigkeiten, die Francesco zur Weißglut bringen. Wie damals, als sie einen Film über das Mittelalter sehen, in dem Männer in Schlafhemden auftauchen.

»So etwas würde dir bestimmt auch stehen«, neckt Karolin ihren Freund.

Der wehrt entsetzt ab. »So was? Nie im Leben!«

Sie fragt ihn, wie er das wissen könne, schließlich habe er noch nie ein Schlafhemd angehabt. »Und da«, sagt Karolin, »ist er völlig ausgerastet.« Auch an diesem Abend macht Francesco mit Karolin Schluss.

Karolin sagt, solche Beispiele gebe es zuhauf. Und manchmal fragt sie sich, warum sie sich nur so hat einwickeln lassen von diesem Italiener, als sie ihn vor fünf Jahren kennenlernte. Damals wird Francesco ihr als neuer Kollege vorstellt; ein halbes Jahr will er hier in Deutschland verbringen. Bald wird Karolin hartnäckig von dem Italiener umworben: Er schmeichelt ihr, macht Komplimente und

Geschenke, ist wortgewandt und spontan. Am Ende seiner Zeit in Deutschland werden sie schließlich ein Paar. In den folgenden Jahren streiten sie dann aber mehr, als dass sie schöne Momente miteinander verbringen. Dass Streiten für ihn allerdings viel weniger ein Problem bedeutet als für sie, das merkt Karolin, als sie nach drei Jahren Fernbeziehung zu Francesco nach Italien zieht.

Dort sieht sie, wie in seiner Familie die Fetzen fliegen und sich dennoch alle lieben, wie italienische Männer ausrasten, die Frauen dann zurückbrüllen und am nächsten Tag alles vergessen ist. Sie selbst kann das nicht. »Hätte ich ihm Grenzen aufgezeigt, dann wäre ich wahrscheinlich erfolgreicher gewesen. Seine Exfrau hat das ja auch gemacht, und dann hat Francesco pariert.«

In Karolins Familie setzt man sich an den Tisch, wenn es einen Streitpunkt gibt, trinkt einen Tee und redet. Manchmal wird auch diskutiert – aber es kommt nie zu Beleidigungen. Wer so aufgewachsen ist, dem fährt jedes Brüllen tief in die Knochen. »Was für einen Italiener normal ist, ist für einen Deutschen beleidigend und nicht mehr akzeptabel«, sagt Karolin. »Und Francesco verstand wiederum nicht, warum ich nun so schrecklich verletzt war.«

Francesco will, dass Karolin sich anpasst. »Fehler hat er immer nur bei mir gesucht«, sagt Karolin. »Ich habe auch wirklich versucht, mich zu ändern. Aber damit habe ich mich wahnsinnig schwergetan.« Sie lernt zwar, sich besser Gehör zu verschaffen, anderen einfach mal ins Wort zu fallen. Aber wenn sie wieder einmal am Tisch seiner Familie sitzt, genervt ist von der Lautstärke, das Essen nicht mehr genießen kann und einfach nur noch weg will – wie soll Anpassung da gehen? Lächeln und alles gut finden, weil es ja eine andere Kultur ist und man offen sein will? »Das konnte ich dann doch nicht«, sagt Karolin.

Seit sie in Italien lebt, findet sie das Klischee von den »Mittelmeerprinzen« bestätigt. »DEN Italiener gibt es natürlich nicht, aber der Großteil wünscht sich im Prinzip eine Mutter als Partner. Die Männer werden Zeit ihres Lebens von den Müttern und Großmüttern verhätschelt, und die Ehefrau soll das dann auch machen. Francesco hat von mir erwartet, dass ich mich genauso aufopfere, wie er das von den Frauen aus seiner Familie kannte. In Italien geht alle Welt davon aus, dass Frauen es schon irgendwie schaffen, Kinder, Familie, Haushalt und Arbeit unter einen Hut zu bringen. Denen wird einfach alles zugetraut.«

Francesco wird immer unzuverlässiger, kommt spät nach Hause, lässt sogar am Weihnachtsabend auf sich warten. Wenn sich Karolin beschwert, dann sagt er: »Du bist in meinem Haus, hier habe ich das Sagen!« Dann tritt er in einem Streit wutentbrannt eine Tür ein – und Karolin hat endgültig genug: Sie trennt sich von Francesco. Da ist sie gerade erst ein paar Monate in Italien. Sie hat für Francesco Deutschland verlassen, ihren Job gewechselt, ihre Freunde hinter sich gelassen. Nun ist sie allein in einem Land, dessen Sprache sie gerade erst lernt, in dem sie kaum jemanden kennt. Trotzdem beschließt sie, zu bleiben. »Ich wollte Italien eine Chance geben«, sagt sie. »Ich wollte nicht nur Schlechtes damit verbinden.« Sie lernt Italienisch, behält ihre Stelle an der Universität in Mailand – und lernt schließlich Pablo kennen. Auch er ist frisch getrennt. Und: Pablo ist Argentinier. »Bei ihm muss ich mir erst mal wieder abgewöhnen, laut zu werden, wenn ich gehört werden will«, sagt Karolin und lacht. »Er zieht nämlich ruhige Diskussionen vor. Das ist wirklich angenehm.«

Kompromiss? Das wäre ja Aufgeben!

Sich ändern – beim Streiten ist das eine schwierige Sache. Denn Streiten ist Emotion pur; Vernunft und überlegtes Handeln treten da in den Hintergrund. Wer sich Zeit seines Lebens lautstark aufgeregt hat, wird das kaum zurückhalten können, nur weil es jemand für die bessere Form der Auseinandersetzung hält. Umgekehrt können Karolin und ich zwar verstehen lernen, dass unsere Freunde wütend werden, wenn sie sich ärgern – aber das heißt nicht, dass es uns nicht verletzt. Ein deutscher Mann kann begreifen, dass seine japanische Freundin selbst dann kichert, wenn sie etwas aufregt – aber das bedeutet nicht, dass er es nachvollziehen kann.

Natürlich gibt es schon innerhalb von Deutschland unterschiedliche Streitkulturen. Familien, in denen auch mal zu Weihnachten die Fetzen fliegen, Familien, bei denen alles mit Gesprächen geklärt wird oder auch Familien, die Probleme einfach unter den Teppich kehren. Spätestens, wenn man über seine Partner neue Familien kennenlernt, wird man sich mit einer anderen Umgangsweise arrangieren müssen. Aber selten treffen die Gegensätze so krass aufeinander wie in einer internationalen Beziehung.

Ich habe immerhin gelernt: Mit Ein-Satz-Beschwerden komme ich bei Roberto häufig nicht weiter. Die beste Lektion in dieser Sache erteilte mir eine Begebenheit vor einigen Wochen. Ich war beruflich zwei Tage in Köln gewesen, saß nun müde im Zug, es war spät abends, und ich war hungrig. Das Bordrestaurant hatte schon geschlossen (halb zehn ist schließlich keine Zeit für eine deutsche Abendmahlzeit!), ich hatte nichts zu essen dabei – und rief also aus dem Zug bei Roberto an. Schließlich steht für ihn immer ein Essen auf dem Tisch, wenn er von einer Reise spät am Abend heimkommt. Denn was das Essen angeht, bin ich gnadenlos spanisch geworden: Abends gibt es fast immer eine warme Mahlzeit, für gewöhnlich so gegen zehn. Manchmal wird es sogar noch später – wie an jenem Abend. »Ich bin in eineinhalb Stunden in Hamburg«, sagte ich damals in mein Handy, »und ich habe ziemlichen Hunger. Hast du schon gegessen?« Roberto verneinte. »Kannst du dann was kochen?«, fragte ich. »Ich müsste so gegen elf Uhr daheim sein.«

»Ich glaube, wir haben gar nichts Richtiges da«, sagte mein Freund.

»Der Supermarkt hat doch bis zehn Uhr offen«, gab ich zurück.

Als ich dann kurz nach elf die Wohnungstür aufschloss, winkte mir Roberto freudig aus der Küche zu – wo er gerade eine tiefgefrorene Pizza aus ihrer Folie befreite.

Da bin ich dann tatsächlich mal ausgerastet. Jedenfalls für meine Verhältnisse.

»Das ist jetzt nicht wahr, oder?«, fragte ich entgeistert. »Du weißt seit zwei Stunden, dass ich riesigen Hunger habe und hast noch nicht mal mit dem Kochen angefangen? Und dann willst du mir allen Ernstes eine *Pizza* vorsetzen? Wenn du nach einer Reise nach Hause kommst, ist der Tisch gedeckt und das Essen steht auf dem Tisch! Und dann ist das keine FER-TIG-PIZ-ZA!«

Roberto wehrte erst erschrocken ab, ging dann in ein vorwurfsvolles »Marike, please« über und sagte schließlich »Ya está!«, was so viel heißt wie »Es reicht.«

»Nein, es reicht nicht«, rief ich. »Das macht mich wirklich wütend!!«

Ich regte mich den ganzen Abend über die Situation auf. Harmoniesucht? Das Wort hätte ich in dem Moment noch nicht mal buchstabieren können! Sogar am nächsten Morgen machte ich noch Kommentare dazu. Denn wie oft hatte ich in den vergangenen Jahren für uns gekocht, Rezepte ausprobiert, mir eigene Gerichte ausgedacht? Und er wollte mich so billig abspeisen?

Zugegeben: Wenn ich Hunger habe, kann ich unfair bis biestig werden. Aber ich fand das Ganze tatsächlich unfassbar – und ich wusste ja mittlerweile, dass ich das dann auch ausdrücken musste.

Als ich drei Wochen später hungrig von Terminen in Berlin zurückkam, da standen auf dem Esstisch nicht nur zwei Teller und eine geöffnete Flasche Wein, sondern auch ein großer Strauß roter Rosen. In der Küche strahlte mich mein Freund an und deutete auf das Gemüse, das in einer Pfanne vor sich hin brutzelte.

»In fünf Minuten fertig«, sagte er mit stolz geschwellter Brust.

Ich sagte: »Du bist der Beste.« Und dachte bei mir: Aha, so geht das also.

Wer am lautesten schreit, gewinnt – Elisabeth Jupiter kennt dieses Phänomen aus Griechenland. »Wenn Griechen lauter werden, ist das nichts Aggressives für sie«, sagt die Kommunikationsexpertin. »Wenn etwa ein Mitarbeiter seinem Chef gegenüber die Stimme erhebt, bedeutet das, dass ihm das Anliegen sehr wichtig ist – der Chef wird also besonders gut zuhören und darüber nachdenken, was er nun antwortet. Wenn dagegen in Deutschland ein Mitarbeiter dem Chef gegenüber laut wird, ist das unhöflich und wird zum Problem.«

Auch Roberto erklärte mir einmal, wie Streitigkeiten im Süden Europas ablaufen. »Ihr Deutschen wollt am Ende eine Lösung finden, einen Kompromiss«, sagte er amüsiert. »Spanier aber wollen gewinnen. Einen Kompromiss zu finden, das wäre wie aufgeben.«

»Warum erzählst du mir das erst jetzt?«, fragte ich erstaunt zurück. »Dann bin ich ja jahrelang umsonst daran verzweifelt, dass du beim Streiten nicht auf mich zugehen willst!«

»Ach was«, sagte Roberto. »Dass man gewinnen will, ist doch die normalste Sache der Welt! Danach ziehen wir uns dann zurück und denken auch durchaus einmal darüber nach, was der andere gesagt hat. Aber das würden wir im Moment des Streitens nie zugeben.«

»Und warum müsst ihr dabei immer so laut werden?«

»Es ist ja nicht so, dass wir das unbedingt wollen, es passiert einfach. Wenn jemand laut wird, denkt ihr Deutschen gleich: ›Da hat die Kommunikation versagt.‹ Aber wir finden Konflikte normal, das ist für uns kein Versagen. Und wir sehen es so: Je lauter man wird, desto verärgerter ist man – das ist doch auch Kommunikation.«

In einem amerikanischen Buch über internationale Beziehungen las ich einmal eine gute Begründung dafür, warum mir diese Art der Kommunikation so gegen den Strich geht: In der Öffentlichkeit eine Szene zu machen, so hieß es dort, werde in vielen Ländern als Verteidigung der Position, als Statuswahrung angesehen. In Ländern wie Großbritannien gelte die öffentliche Ereiferung dagegen als sehr »low class«, als Zeichen geringer Bildung. Tatsächlich ist es mir sehr unangenehm, wenn Roberto vor anderen sauer wird oder sich lautstark beschwert. Weil sich so rüde doch nur Menschen ohne Erziehung benehmen. Deshalb stört es mich auch so sehr, wenn mein Freund sich über einen allzu lauten Nachbarn aufregt und schnurstracks in die Küche läuft, um einen Besenstiel zu holen. Damit will er dann ein paarmal gepflegt an die Decke wummern. Zum Glück habe ich es bisher immer geschafft, ihn davon abzuhalten. Schließlich kann man doch erst einmal klingeln und den Nachbarn freundlich um Verständnis bitten! Man muss doch nicht gleich die aggressivste Form der Beschwerde wählen! Roberto schaut mich dann immer an, als wolle er fragen: Ja, was soll ich denn sonst machen?

Neulich war ein befreundetes Paar zum Abendessen bei uns: Thomas aus Osnabrück und seine italienische Frau Maria. Als gute Südländer hatten wir natürlich mit einigem Aufwand gekocht, es gab Gambas, verschiedene Brotaufstriche, selbst gemachte Kürbisnocken, zwei Sorten Gemüse und Hähnchen vom Bio-Fleischer. Zwischen Vorspeise und Hauptgang erzählte ich von den Besenstielattacken.

»O ja«, sagte da Thomas. »Das macht Maria auch. Furchtbar. Total aggressiv.«

»Wieso aggressiv?«, fragte seine Frau. »Das ist doch die am wenigsten aggressive Art, sich klar auszudrücken: Bitte stell die Musik leiser! Wenn man klingeln würde und den Typen direkt vor sich hätte …«

»… *dann* würde es sicher aggressiv zugehen«, ergänzte Roberto – glücklich, dass ihn endlich einmal jemand verstand. »Denn dann ist man wütend, und wer weiß, was daraus für ein Streit entsteht? Das Klopfen mit dem Besen ist sauber, unkompliziert und ohne Konsequenzen.«

»Aber wenn man dem Nachbarn später im Treppenhaus begegnet, das ist doch unangenehm«, sagte ich.

»Genau«, stimmte Thomas mir zu.

»Aber wieso denn?«, fragte Maria. »Man hat doch einen Konflikt vermieden! Die Nachricht ist angekommen, *ohne* dass man es zur Konfrontation kommen lassen musste!«

Robertos Theorie ist ja schon seit Langem, dass eben diese Vermeidung von Konfrontation die Spanier im Alltag so besonders höflich und aufmerksam sein lässt. Rempelt man in seinem Heimatland jemanden an, wird sich wortreich entschuldigt. Beschwert man sich im Restaurant über den schlechten Kaffee, wird der am Ende nicht berechnet. Versperrt man einem anderen aus Versehen den Weg, folgt eine Bitte-verzeihen-Sie-Arie, die nicht selten damit endet, dass man sich kurz unterhält und miteinander lacht. Deeskalation auf Spanisch eben. Denn, so sagt Roberto, jede dieser Situationen habe das Potenzial für mächtig viel Ärger. In Deutschland dagegen seien die Menschen unhöflich, findet er: Sie rempelten an und gingen einfach weiter, schauten nicht, ob sie jemandem im Weg sein könnten, und im Restaurant müsse auch schlecht schmeckender Kaffee trotz Beschwerde bezahlt werden. Noch schlimmer fand er es eigentlich nur in schwedischen Discos. Bei vielen Schweden tendiert das Aggressionspotenzial ja gen null. Wer keine Konsequenzen zu fürchten hat, muss auch keine Vorsicht walten lassen – das ist Robertos Fazit nach all den Jahren im Norden Europas.

Unsere italienische Freundin Maria stimmte ihm wortreich zu. Und erzählte uns dann von einem wissenschaftlichen Konzept, das die kulturellen Unterschiede im Umgang mit Konflikten recht gut einordnet: den »kontextarmen Kulturen« und den »kontextreichen Kulturen«. Menschen, die genau das meinen, was sie sagen, leben für gewöhnlich in einer kontextarmen Kultur – also in einer Umgebung, in der nicht viel zwischen den Zeilen gesagt und auch nicht nach versteckten Bedeutungen gesucht wird. Eine Aussage besteht da meist ausschließlich aus Worten. Wer aber beispielsweise im großen Stil Mimik und Gestik nutzt, um seinen Worten mehr Bedeutung zu geben oder ihre Bedeutung zu verändern, der ist für gewöhnlich ein Vertreter einer kontextreichen Kultur. Hier macht erst das Drumherum einen Satz zu der Aussage, die man treffen will.

Ehrlich gesagt könnte ich schon meine deutschen Freunde in diese zwei Schubladen einsortieren. Und wir stammen aus ein und demselben Land! Tatsächlich würden die meisten von ihnen aber in die Schublade wandern, in der die Menschen nicht viel zwischen den Zeilen verstecken – vor allem die Männer.

Bei Roberto bin dagegen ich manchmal diejenige, die typische Männer-Sätze sagt. Etwa: »Jaja, das habe ich schon verstanden, du musst das nicht ständig wiederholen!« Obwohl ich doch mittlerweile weiß: Je öfter ein Spanier einen Satz sagt, desto mehr Bedeutung will er ihm geben.

Einmal saß ich zum Beispiel mit seinem Vater und dessen Freundin Lourdes im Restaurant – und musste mir immer wieder anhören: »Diesen Mann besuchen wir ganz gewiss nie wieder!« Lourdes hatte nämlich eine schlimme Erfahrung mit einem Schulfreund von Robertos Vater gemacht: Dieser Mann hatte doch tatsächlich rein gar nichts zu essen angeboten, als sie ihn eines Abends besuchten! Darüber ereiferte sich Lourdes derart, dass sie im Restaurant geschlagene 20 Minuten von nichts anderem reden konnte: »Was für eine Frechheit! Das tut man doch nicht! Dass da kein Essen auf dem Tisch steht! Nicht mal ein kleines Bocadillo mit Tomate und Schinken! Nein, da will ich wirklich nicht mehr hinfahren.« Von diesen Sätzen bot sie immer wieder neue Variationen. Sie musste es wirklich ernst meinen. Dabei setzte sie selbstverständlich Mimik und Gestik im großen Stil ein – schließlich ist sie eine waschechte Vertreterin einer kontextreichen Kultur. Und ich begriff, dass ich alles, aber auch wirklich alles richtig gemacht hatte, als ich damals abends mit dem Zug nach Hause gekommen und mich kräftig über Robertos Tiefkühlpizza aufgeregt hatte: laute Stimme, heftiges Gestikulieren, ständiges Wiederholen. Ich hatte Signale ausgesendet, die der Empfänger bestens deuten konnte. Und war deshalb auch so erfolgreich gewesen.

Frittierte Spiegeleier und inakzeptable Spülschwämme

Meine italienische Freundin Maria nickte, als ich ihr bei unserem gemeinsamen Abendessen diese Geschichte erzählte. »Dabei erklärt diese Theorie von den kontextarmen und kontextreichen Kulturen natürlich längst nicht alles«, sagte sie, während sie ein paar Kürbisnocken mit der Gabel zerteilte. »Ich glaube zum Beispiel, dass bei Thomas und mir viele Unterschiede daher kommen, dass er in einer protestantischen Gegend groß geworden ist. Und ich stamme ja aus einem katholischen Land.«

»Und das wirkt sich auch auf das Streiten aus?«, fragte ich.

»Ich glaube schon. Man verzeiht hier im Norden nicht so schnell, weil man durch die protestantische Prägung das Bild hat: Die Menschen sind selbst für das verantwortlich, was sie tun. Nur Gott kann vergeben, das war ja ein Grundsatz von Luther. Also bemüht man sich, keine Fehler zu machen. Im Katholizismus dagegen wird einem im Prinzip alles verziehen, wenn man nur genug Buße tut. Der Ablasshandel war dafür das Paradebeispiel: Kaufe einen Ablassbrief, und deine Sünden werden vergeben. Das wirkt sich auch auf die Kultur eines Landes aus.« Wenn sie selbst Mist gebaut oder sich mit Thomas gestritten hat, dann kocht Maria deshalb gern etwas Nettes – quasi als modernes Äquivalent zum Ablassbrief. »Ich bemühe mich einfach um Entspannung, das macht man in Italien so. Aber hier sind die Leute dann eher genervt und sagen: ›Ach, jetzt willst du wohl ablenken?‹«

»Genau!«, rief ich begeistert. »In den ersten Jahren war ich manchmal traurig, wenn Roberto keine Zeit für mich hatte und einfach nur schlecht drauf war. Dann half eigentlich nur, mal so richtig sauer zu werden – da wurde er dann auf einmal sehr nett und aufmerksam.«

»Soll ich die Stimmung denn noch verschlechtern, indem ich nicht nett bin?«, fragte Roberto entrüstet.

Ich zuckte die Schultern. »Das fühlt sich einfach blöd an: Erst wenn ich dir die kalte Schulter zeige, reagierst du. Na toll. Wenn du schon vorher nett und aufmerksam gewesen wärest, wäre ich gar nicht erst sauer geworden!«

Maria schüttelte den Kopf. »Du wirst ihn aber leider nicht erziehen können. Wir Südländer sind nämlich ziemlich erziehungsresistent. Das hat vielleicht auch wieder mit dem Katholizismus zu tun. Erziehung ist ja vor allem im Protestantismus ein großes Thema: Man will einen besseren Menschen formen.«

Kontextreiche oder kontextarme Kultur, Protestantismus oder Katholizismus, Individual- oder Gruppengesellschaft, Stadt oder Land, Mann oder Frau, jung oder alt, dominante oder zurückhaltende Persönlichkeit – wie man sich streitet, hängt von so vielen Faktoren ab. Claude-Hélène Mayer, Betreiberin einer Praxis für interkulturelle Konfliktberatung, weiß das. »Oft kommen Paare zu mir in die Mediation, weil sie meinen, sie hätten einen interkulturellen Konflikt«, sagt sie. »Dann ist es aber in Wirklichkeit beispielsweise ein Machtkonflikt. Etwa, wenn der eine einen unsicheren Aufenthaltsstatus hat und somit davon abhängig ist, dass die Ehe funktioniert.« Es gebe zwar viele Theorien, um Unterschiede zu erklären, fährt sie fort. »Ich sage auch nicht, dass die falsch sind. Aber sie stimmen eben nicht immer. Jede Person ist letztendlich anders. Wenn man dann eine Schablone nimmt und meint, man wisse von vornherein, wie *der* Italiener oder *der* Japaner nun reagieren werde – das wird nicht funktionieren.« In einem Konflikt empfiehlt sie deshalb, den anderen in seiner ganzen Persönlichkeit so gut wie möglich zu erfassen: Was muss ich tun, damit er auf mich reagiert? Was wirkt bei ihm? »In unserer Beratung arbeiten wir mit verschiedenen Methoden, um das herauszufinden. Das Gelernte können die Betroffenen dann in der Partnerschaft anwenden.«

Das bedeutet bei den meisten Paaren aber wohl: jahrelanges Herumprobieren. Da jeder unterschiedliche Methoden gewohnt ist, brüllt man oft genug am anderen vorbei. Viel wirkungsvoller kann es aber sein, den Partner einmal zu fragen: Was wünschst du dir beim Streiten von mir? Der eine sagt dann vielleicht: Wiederhole nicht ständig, was du sowieso schon zehnmal gesagt hast! Und der andere antwortet möglicherweise: Gib mir ein Zeichen, dass du verstanden hast – ein einfaches »Das kann ich ja mal probieren« oder »Ich werde darüber nachdenken« hilft! Vielleicht schafft man es, beim nächsten Streit daran zu denken – und so seine ganz eigene Streitkultur zu etablieren, völlig unabhängig von den Nationalitäten.

Übungsmöglichkeiten gibt es jedenfalls zuhauf – denn besonders in den ersten Jahren einer internationalen Beziehung wird das Altbekannte vom Partner aus einem anderen Land ständig infrage gestellt: »So macht man das doch nicht!« Oder auch: »Ihr Deutschen seid so komisch!« Da ist die automatische Reaktion erst mal Verteidigung. Und damit ist man oft mittendrin im Streit.

Bei Nicole etwa gab schon die richtige Anwendung des Spülschwamms Stoff für Diskussionen, als sie mit Morten zusammenzog. Den Schwamm zum Abwaschen zu nehmen, ist für die meisten Dänen nämlich inakzeptabel. Denn in Dänemark belegen alle in der Schule das Fach »Haushaltsführung«, und darin lernen sie neben ein paar Kochrezepten auch, wie man richtig abwäscht: mit einer Bürste nämlich. Ein Lappen ist dazu völlig ungeeignet, den nimmt man ausschließlich zum Abwischen der Flächen. Am Anfang fragte Morten deshalb entsetzt: »Was machst du da?«, als Nicole beim Abwaschen zu Schwamm oder Lappen griff. Sie verteidigte sich dann heldenhaft mit den Worten: »Das ist ein *Spül*-Schwamm! Der ist – wie der Name schon sagt – zum Spülen da!« Damals wollte sie schon aus Prinzip nicht nachgeben – schließlich hatte sie sich schon bei allen anderen Putzaufgaben der dänischen Schulbuchmeinung angepasst. Seit sie in Dänemark lebt, ist aber auch bei Nicole der Spülschwamm verschwunden. »Alle Dänen, die ich kenne, finden das einfach ekelig«, sagt sie.

Ich dagegen könnte mich jedes Mal wieder darüber aufregen, wenn Roberto sich ein Spiegelei brät. Er füllt Olivenöl in eine Pfanne, bis eine zwei Zentimeter dicke Schicht den Boden bedeckt (und nein: Das ist keine Übertreibung), schlägt dann das Ei hinein und verteilt schließlich geduldig immer wieder mit einem Löffel das heiße spritzende Öl auf dem Eigelb, damit es sozusagen auch von oben gebraten wird. Das kann doch nicht gesund sein! In Spanien stehe ich mit dieser Meinung aber leider allein da. Wenn ich sage, dass zu viel Fett nicht gut sei wegen der vielen Kalorien, dann schütteln alle nur milde lächelnd den Kopf: Diese Deutschen, die haben einfach keine Ahnung, schließlich kochen sie immer mit Butter, und dass DAS ungesund ist, weiß man ja. »Von Olivenöl wird man nicht dick«, höre ich deshalb immer wieder. In einem Ton, der suggeriert: Das konntest du natürlich nicht wissen, aber es ist tatsächlich so!

In Spanien werden Eier nun mal eher frittiert als gebraten, und es wird auch sonst niemals beim Kochen mit Olivenöl gespart. Als Roberto neulich für meine Familie kochte, befanden meine Brüder deshalb, das Essen sei nicht zubereitet, sondern »in Öl ertränkt« worden. Würde ich immer wieder darüber diskutieren, dann wären das von vornherein Diskussionen im Ungleichgewicht: Ich würde mich bestärkt fühlen von meiner Umgebung – und er müsste umso mehr dagegen ankämpfen. Sogar auf das Streiten hat es also Einfluss, in welchem Land wir leben.

Über ein anderes Thema haben Roberto und ich neulich aber dann doch wieder einmal diskutiert. Es ging um das Problem Ordnung und Sauberkeit. Und ja: Wir stritten nicht, wir diskutierten! Er brachte seine Argumente vor, ich erklärte meine, und keiner erhob dabei übermäßig die Stimme. Ich sagte am Ende, dass ich seine Wünsche verstanden hätte und zählte auf, was meine Wünsche waren. Dann nahmen wir uns in den Arm und gingen zur Arbeit.

Noch bevor er dort ankam, hatte ich ihm eine E-Mail geschrieben. »Danke für diese gute Auseinandersetzung«, stand darin.

Auch für so etwas gibt es natürlich mittlerweile einen Fachbegriff: »positive Verstärkung«. Das soll ja bekanntlich bei allen Männern Wunder wirken.

Wie man sich in die Beziehung seiner Kinder einmischt (und wann man es besser lässt): Die Sicht der Eltern

NEUSTRELITZ, 19. AUGUST

Ob ich wohl heil in Neustrelitz ankomme? Ich sitze hinter dem Lenkrad meines Leihwagens und starre auf die Straße. Bloß nicht die Konzentration verlieren, sage ich mir, lasse die Scheiben etwas herunter und Luft in den Wagen. Nicht, dass ich eine schlechte Fahrerin wäre. Nein, ich bin eine grottenschlechte. Ich besitze seit 12 Jahren den Führerschein, bin seitdem etwa einmal jährlich eine längere Strecke Auto gefahren und habe dreimal eine fette Macke produziert. Statistisch gesehen also alle vier Fahrten.

Wie ich damals den Transporter heil nach Kopenhagen gebracht habe? Ich habe alle 45 Minuten eine Pause gemacht, mir weder Radio noch Musik gegönnt, bin immer schön hinter einem LKW geblieben und ja: Ich habe sogar gebetet. Immerhin ist das Auto, das ich mir heute geliehen habe, um von Berlin in die Mecklenburger Pampa zu kommen, auf meiner

Seite. Es besitzt eine phantastische Einparkhilfe, mit der selbst ein Blinder einparken könnte, und eben hat es ganz charmant von allein die Scheibenwischer eingeschaltet, als der Regen plötzlich vom Himmel prasselte. Ganz so, als hätte es meine Überforderung hinter dem Lenkrad geahnt. Hoffentlich hört der Regen bald auf. Wenn es am Samstag immer noch so gießt, das wäre ein Albtraum.

Nur noch ein paar Kilometer bis nach Neustrelitz. Ich werde also pünktlich zur Probe in Marikes Elternhaus ankommen. Vielleicht bin ich ja doch keine so große Autofahr-Niete. Hinter mir auf dem Sitz liegt meine Querflöte. Wegen jahrelanger Vernachlässigung war sie schon ganz braun angelaufen, als ich sie neulich aus der Schublade holte. Aber jetzt ist sie frisch poliert, und ich habe sogar fleißig das wahnsinnig schwierige Stück geübt, das Marikes Bruder Hannes für das Brautpaar geschrieben hat. Damit wir noch Zeit zum Proben haben, reise ich schon zwei Tage vor der Hochzeit nach Neustrelitz.

Die werden es noch bereuen, dass sie mich mitspielen lassen, denke ich. Das Stück soll am Samstag bei der Hochzeit aufgeführt werden. Marikes ältester Bruder Paul spielt darin Gitarre, die beiden jüngeren Brüder Geige und Bratsche, und ihre Cousine Anna wird bei der großen Uraufführung am Klavier sitzen. Die ganze Familie ist – zumindest aus meiner Perspektive – musikalisch sehr talentiert. Mich in diesem Familienensemble als Querflötenspielerin einzuplanen ist ungefähr so, als würde man Rainer Calmund für die Nationalelf nominieren.

Endlich biege ich bei der alten Ziegelei um die Ecke und parke mein Auto auf dem Hof. Der Boden ist vom Regen ganz aufgeweicht, von den Bäumen tropft das Wasser. Das alte Haus liegt mitten im Wald. Wer den Fricks einen Brief schrei-

ben möchte, der schreibt statt eines Straßennamens einfach »Ziegelei 1« darauf. Oder auch nur »Ziegelei«. Denn weit und breit steht sowieso kein anderes Haus. Die Ziegelei ist umgeben von einem riesigen blühenden Blumengarten, daran grenzt der Wald, dann kommt ein See. Mehr Mecklenburg-Vorpommern geht nicht.

Aus den Fenstern des alten Backsteinhauses hört man schon, wie Marikes Brüder ihre Instrumente stimmen. Als ich die Haustür öffne, meinen Koffer im Schlepptau, kommt mir Paul entgegen, der Älteste der vier Geschwister.

»Ist Marike nicht da?«, frage ich ihn.

»Gerade nicht«, sagt Paul und nimmt mir den Koffer ab. »Die ist mit meiner Mutter Wein kaufen.«

»Na, das passt ja super«, sage ich. »Dann können wir in Ruhe proben.«

Paul hängt meine Jacke auf und holt noch ein paar Flaschen Wasser aus der Küche, er geht wohl von einer längeren Probe aus. Ich werde die auf jeden Fall brauchen können.

»Was ist eigentlich mit Emily?«, frage ich ihn. Denn bislang habe ich seine chinesische Freundin noch nicht gesehen. »Ist sie auch schon da? Ich bin zu neugierig, sie kennenzulernen.«

Paul schüttelt den Kopf und kramt ein paar Gläser aus dem Schrank. »Die kann leider gar nicht kommen. Sie hat einen Auftritt mit ihrer Theatergruppe. Da konnte sie nicht fehlen.«

»Oh, wie schade.«

Bisher weiß ich nicht viel über Emily. Nur, dass sie seit Ewigkeiten mit Paul zusammen ist und eigentlich Wang-Lei heißt. Wie viele andere Chinesen in Europa hat sie sich einen zweiten Namen gegeben, weil sie fürchtet, dass den Namen »Wang-Lei« hier niemand ohne größere Unfälle über die Lippen bringen kann.

Mit Wasser und Gläsern folgt Paul mir ins Wohnzimmer, in dem ein großer brauner Flügel steht. Marikes jüngere Brüder Julius und Hannes haben schon den Verstärker und die Notenständer aufgebaut. »Qué pasa?«, rufen sie mir zu. Cousine Anna sitzt bereits am Flügel.

»Super, dann sind wir ja komplett.« Paul greift nach seiner Gitarre.

»Wie war es denn in China?«, frage ich ihn, während ich meine Flöte aus dem Instrumentenkoffer hole und zusammenbaue. »Marike hat mir erzählt, dass du Emilys Familie kennengelernt hast. War bestimmt aufregend, oder?«

Paul nickt und stöpselt mehrere Kabel in Steckdosen, in den Verstärker und seine Gitarre. Er arbeitet in den Niederlanden als Sounddesigner und kennt sich mit diesen technischen Sachen aus. Bei Filmen kümmert er sich darum, dass sie nicht nur gut aussehen, sondern auch den richtigen Ton haben.

»Aufregend war es wirklich«, sagt er. »Aber Emily hatte den deutlich schwierigeren Part. Schließlich hatte sie ihren Eltern sieben Jahre lang nichts von meiner Existenz erzählt.«

»Sieben Jahre?«, frage ich entsetzt. »Wieso das denn nicht?«

»Das ist eine lange Geschichte. Die erzähle ich dir am besten nach der Probe, in Ordnung?«

»Fangen wir an?«, fragt Hannes und hebt seine Geige an die Schulter. Eilig krame ich meine Noten hervor und setze die Flöte an. Dann zählt Hannes den Takt vor, und wir legen los.

Nach zwei Stunden Probe haben wir immerhin ein paar Durchgänge geschafft. Gerade, als wir alle Instrumente und die Technik wieder abgebaut haben, hören wir ein Auto im Hof: Marike und ihre Mutter sind vom Weinkaufen zurück.

»Hej, da ist ja die Braut!«, rufe ich und breite die Arme aus. Schließlich haben wir uns seit Wochen nicht gesehen. »Bist du schon aufgeregt?«

»Stell dir vor«, sagt Marike und strahlt über das ganze Gesicht. »Seit gerade eben ist alles gut. Ich steh immer noch voll unter Adrenalin. Roberto hat angerufen: Die Fluglotsen werden nicht streiken! Ist das nicht großartig?«

»Gott sei Dank«, rufe ich und falle meiner Freundin gleich noch einmal um den Hals. »Sind Juan und Victoria denn schon angekommen?«

Marike nickt und wuchtet eine Kiste Wein auf den Tisch. »Hier, schau mal: Nur das Beste für die Gäste! Roberto checkt seine Eltern gerade im Hotel ein. Heute Abend gehen wir dann alle zusammen essen. Kannst auch mitkommen, wenn du magst!«

»Probiert doch schon einmal eine Flasche Weißwein und stoßt auf die spanischen Fluglotsen an«, ruft Marikes Mutter aus dem Flur. »Noch ist der Wein kalt.«

»Gute Idee!«, sagt Paul und kramt gleich einen Korkenzieher aus der Küchenschublade. Anna holt ein paar Gläser aus dem Schrank und stellt sie vor uns auf den Tisch. Dann stoßen wir an.

»Auf die Fluglotsen«, sagt Paul.

»Genau, und auf die amore!«, füge ich hinzu, obwohl ich mir nicht sicher bin, ob das nun Spanisch oder Italienisch ist. Oder beides? Egal, denke ich und blicke zu Paul hinüber. »Jetzt musst du aber unbedingt von eurer Reise erzählen.«

Paul schwenkt den Wein ein wenig in seinem Glas. »Ach«, sagt er, »das ist wirklich eine lange Geschichte.«

Und dann erzählt er von einer Stadt im Norden Chinas, von Emilys Mama, die verrückt danach ist, teure Taschen zu kaufen, von den Teezeremonien mit winzigen Tassen und von seinem Schwiegervater in spe, der früher als Gefängnisdirektor gearbeitet hat. Und genau das macht Pauls Liebe zu Emily so kompliziert. Denn als Beamtenfamilie wünschen sich

Emilys Eltern für ihr einziges Kind einen hohen Beamten, einen Chefarzt, einen erfolgreichen Unternehmer oder einen Anwalt. Mindestens. Was ein Sounddesigner ist, das wissen sie nicht. Klar ist aber – so vermutet es zumindest Emily – dass Sounddesigner nicht auf der Liste familienkompatibler Schwiegersohnberufe steht.

Daher existierte Paul sieben Jahre lang ausschließlich in Emilys niederländischem Leben. Sobald sie mit ihren Eltern in China sprach, wurde er ausgeblendet. Doch irgendwann musste sie einsehen, dass sie sich in China nicht ewig als Single verkaufen konnte. Schließlich wollten Paul und sie ja irgendwann auch heiraten oder Kinder bekommen. Da er aber nun einmal weder Chefarzt noch Unternehmer ist, musste seine Präsentation bei ihren Eltern wie ein Staatsbesuch geplant werden. Bei der Wahl der Strategie für die Organisation des familiären Gipfeltreffens entschied sich Emily für die Salamitaktik: Scheibchen für Scheibchen, dachte sie, ist die Wahrheit besser zu verdauen als am Stück.

Allein die Ankündigung von Pauls Besuch in China bedurfte daher monatelanger Vorbereitung. »Mama«, sagte sie eines Tages am Telefon ganz unverfänglich, »ich wollte dir noch erzählen, dass es da einen Mann in meinem Leben gibt.« Dass sie mit diesem Mann schon seit fünf Jahren zusammenwohnte, brauchte ja erst einmal niemand zu wissen.

Das zweite Häppchen Wahrheit servierte Emily ihren Eltern dann ein paar Wochen später: Sie kreiste so lange um das Thema herum, bis die Eltern irgendwann heraushören konnten, dass ihre Tochter mit diesem deutschen Mann nun fest zusammen war. Paul konnte es damals gar nicht glauben, dass seine Freundin ihren Eltern endlich die Wahrheit sagte. Dass sie wie in einem Fortsetzungsroman bei jedem neuen Telefonat mit einem weiteren Stückchen Wahrheit heraus-

rückte. Er hatte sie oft gedrängt, das Versteckspiel endlich aufzugeben, aber jahrelang war ihr das zu heikel gewesen. Und nun sagte sie, dass die ganz langsame Vorbereitung ihrer Eltern die einzige Methode sei, die funktionieren könnte.

Der absolute Höhepunkt in Emilys Drehbuch folgte dann einige Wochen später: Sie verkündete ihren Eltern am Telefon, dass sie, wenn sie das nächste Mal nach China käme, Paul mitbringen würde. Für sie war das vermutlich eines der schwierigsten Telefonate ihres Lebens. Schließlich bedeutet es in China nicht viel weniger als die Ankündigung einer Hochzeit, wenn der Schwiegersohn die Eltern seiner Freundin kennenlernt.

»Und wie haben ihre Eltern dann auf dich reagiert?«, frage ich Paul und nehme einen großen Schluck des Hochzeitsweins.

Paul überlegt kurz. »Na ja, so genau weiß ich das gar nicht.«

In Emilys »Paul ist der tollste Schwiegersohn der Welt«-Schauspiel, das sie bei ihren Eltern in China aufführte, war Pauls Rolle nämlich genau definiert: Er war Statist und durfte nett lächeln. Schließlich wurde chinesisch gesprochen. So erfuhr er erst abends, wenn alle anderen im Bett waren, dass neben der Peking-Ente auch jede Menge Lügen und Halbwahrheiten serviert worden waren. So präsentierte Emily ihn etwa nicht als Sounddesigner, sondern als Ingenieur. »Wenn jemand genauer nachfragt«, verteidigte sie ihre Lüge, »dann kann ich ja sagen, du bist Toningenieur.« Paul blickte sie damals skeptisch an. Sie aber fügte selbstbewusst hinzu: »Stimmt doch auch, fast zumindest.«

Auch Pauls familiäre Situation erschien ihr nicht vereinbar mit den Vorstellungen ihrer Eltern. Die beiden Scheidungen seiner Mutter erwähnte Emily daher besser nicht und auch seine beiden jüngeren Brüder strich sie aus ihrem Dreh-

buch. Die beiden haben nämlich einen anderen Vater als Paul. Nur Marike, seine hundertprozentig leibliche Schwester, die durfte in den Erzählungen vorkommen.

Paul konnte abends manchmal kaum fassen, was für Geschichten seine Freundin ihrer Familie auftischte. Vor allem, weil klar war, dass ihre Eltern früher oder später einmal die Schwiegereltern kennenlernen wollen würden. Schließlich hatte Emilys Mutter schon ihren Besuch in Europa angekündigt: Demnächst will sie ihre Koffer packen, nach Rotterdam reisen und bei Paul und Emily einziehen – für volle drei Monate. In diesen drei Monaten wollen sie auch einmal nach Neustrelitz fahren, um die deutsche Familie zu präsentieren. Spätestens dann wird sich nicht mehr verbergen lassen, dass es da noch zwei weitere Geschwister gibt. Emily hoffte während der Chinareise darauf, dass ihre Eltern die Wahrheit schon schlucken würden, wenn sie Paul erst einmal akzeptiert hätten. Und Paul fand die ganze Situation zwar merkwürdig, aber andererseits wusste Emily natürlich viel besser, wie sie ihre Eltern anpacken musste. Er konnte das alles ohnehin nur schwer nachvollziehen, schließlich hatte er noch nie so unter Druck gestanden wie Emily. Seine Eltern wünschen sich für ihn nur, dass er glücklich ist. Emily hingegen soll den Status einer Beamtenfamilie bewahren, am besten sogar steigern. Und vor allem, so sehen es ihre Eltern, soll der Zukünftige ihrer Tochter noch repräsentabler sein als die Partner ihrer Freundinnen.

In eine Halbwahrheit war Paul daher auch von Anfang an eingeweiht: Er sollte auf der Chinareise grundsätzlich alles bezahlen. Das Taxi, das Essen, das Hotel – und zwar für die ganze Familie, das hatte Emily ihm aufgetragen. Schließlich musste er unter Beweis stellen, dass er angemessen für seine zukünftige Gattin sorgen konnte. Davon, dass das Geld, was er da auf den Restauranttisch blätterte, zur Hälfte von Emilys Gehalt als Anwältin stammte, musste ja niemand etwas erfahren.

»Immerhin hat ihr Vater auch manchmal bezahlt, der wollte auch großzügig sein«, erzählt Paul. »Ich habe bei der ganzen Sache einfach mitgespielt. Eigentlich finde ich es nicht so toll, so ein Schauspiel aufzuführen, aber ich kann ihr ja auch nicht in den Rücken fallen.«

»Sie braucht da auch deine Unterstützung«, sagt Anna von der anderen Seite des Küchentisches. Sie hat die ganze Geschichte mit angehört. »Es ist verdammt schwierig, einen Freund bei den Eltern zu präsentieren, der vielleicht nicht ganz dem entspricht, was sie sich immer für ihre Tochter gewünscht haben.« Anna spricht da aus Erfahrung. Ihr Freund Aminu ist gläubiger Moslem und geht jeden Tag in die Moschee. Es ist nicht schwierig, sich die Gesichter ihrer Eltern auszumalen, als sie von Annas Partnerwahl erfuhren. Man muss sich ihren Vater wie einen nordischen Seebären vorstellen, mit weißem Rauschebart und Zopf. Er liebt Dänemark und verdient auf mittelalterlichen Märkten als Tischler sein Geld. Aminu dagegen kommt aus Afrika, ist aus dem Niger nach Deutschland geflohen. Er liebt Anna und Allah. Sein größter Wunsch wäre es, dass Anna irgendwann zum Islam konvertiert.

»Es ist ja nicht so, dass meine Eltern nicht aufgeschlossen wären oder etwas gegen Ausländer hätten«, sagt Anna. »Aber durch die Medien haben sie natürlich ein ganz bestimmtes Bild bekommen, was das Frauenbild im Islam betrifft. Die haben einfach Angst um mich.« Das Verständnis für die Sorgen ihrer Eltern hält sie allerdings nicht davon ab, manchmal ziemlich genervt zu sein. »Mein Vater hatte eine Phase, da hat er jeden Zeitungsartikel ausgeschnitten, etwa wenn es

einen Ehrenmord gab oder irgendein Moslem etwas angestellt hatte. Die hat er mir dann gegeben.« Dass ihr Freund damit indirekt unter Generalverdacht gestellt wird, das ging ihr mit der Zeit doch gehörig gegen den Strich.

Wir reden noch eine Weile darüber, wie wir es wohl fänden, wenn unsere Tochter mit einem Afrikaner, Asiaten oder Südamerikaner nach Hause käme. Würden wir uns nicht auch Gedanken machen? Kann man nicht tolerant und aufgeschlossen sein und den neuen Schwiegersohn dennoch unter die Lupe nehmen? Doch allzu weit kommen wir nicht in unserer Diskussion – Anna muss zu ihren Eltern, die nicht weit entfernt wohnen. Und wir haben schließlich eine Verabredung mit Roberto, seiner Mutter Victoria und ihrem Mann Juan.

Am Abend treffen wir die drei in einer alten, zum Restaurant umgebauten Fabrik. Ein wirklich schöner Laden, in Dänemark würde man wohl »hyggelig« sagen. Robertos Mutter ist schon da. »Marike ya nos ha contado muchas cosas sobre ti«, ruft Victoria. »Qué alegría conocerte!« Ich verstehe zwar kein Wort, aber da sie mir strahlend einen Kuss auf jede Wange drückt, war das wohl etwas Freundliches. Sofort werden Bier und Rotwein bestellt, und als der Kellner dann das Essen auf die alten hölzernen Tische stellt, dauert es nicht lange, da habe ich die ersten wichtigen Vokabeln drauf. »Muy rico«, wende ich mein neues Wissen gleich an, als ich die Gemüsequiche teste. »Lecker!«

Victoria strahlt. Sie hat sich lange auf diese Hochzeit gefreut, und sie mag Marikes Familie – nur dass sie nicht auf Spanisch drauflosreden kann, das trübt ihre Freude ein bisschen. Marike ist daher permanent als Übersetzerin zwischen den beiden Müttern im Einsatz. Victoria scheint sich unbändig zu freuen, dass sich alle so gut leiden mögen, dass ihr Sohn heiratet und sie nun endlich die Tochter bekommt, die sie nie hatte. Sie findet daher: Es ist Zeit für eine Rede! Als sie mit großer Geste ansetzt, hört Marike erst eine Weile zu und fängt dann an zu grinsen. »Jetzt wird's salbungsvoll«, sagt sie in die Runde. »Victoria möchte euch gern sagen, dass sie sehr froh ist, hier sein zu dürfen. Und dass es für eine Mutter natürlich ein großes Ereignis ist, wenn der Sohn heiratet. Aber sie ist umso glücklicher, dass ich es bin, die er heiratet.« Als sie sieht, wie ich mich amüsiert zurücklehne, fügt sie schnell hinzu: »Also, ich übersetze das ja nur.«

Victoria setzt derweil zur nächsten Liebesbekundung an. »Ich möchte euch sagen, dass ihr, meine neue Familie, in meinem Haus immer auf das Herzlichste willkommen sein werdet. Immer. Ich würde mich wahnsinnig freuen, wenn ihr uns bald in Spanien besuchen kommt. Von ganzem Herzen möchte ich mich auch bei euch bedanken, dass ihr meinen Sohn Roberto in den vergangenen Jahren so wundervoll in eure Familie aufgenommen habt.« Marike übersetzt, Victoria nickt zufrieden und sieht erwartungsvoll in die Gesichter ihrer zukünftigen deutschen Verwandtschaft. »Meine Mutter ist mit so vielen Emotionen jetzt mal echt überfordert«, flüstert Marike mir zu. Tatsächlich lächelt ihre Mutter auf der anderen Seite des Tisches etwas unsicher und weiß wohl nicht so recht, wie sie auf den emotionalen Überschwang reagieren soll. Da tippt Victoria Marike auf den Arm und sagt erneut etwas auf Spanisch. »Mama«, sagt Marike. »Victoria würde gern wissen, wie es denn für dich war, einen Spanier in die Familie aufzunehmen.«

Jetzt rutsche auch ich leicht nervös auf meinem Stuhl umher. Es ist einer dieser Momente, in denen man schon ahnt, dass gleich etwas ganz furchtbar schiefgehen wird. Denn so wie ich Marikes Mutter einschätze, würde sie jetzt wohl lieber drei rohe Eier essen als auf Victorias hochoffizielle Rede antworten zu müssen. Sie räuspert sich. »Na ja«, sagt sie und macht eine kleine Pause. »Am Anfang war ich natürlich etwas skeptisch.«

»Aber Mama!«, ruft Marike entsetzt. »Das kann ich doch jetzt nicht übersetzen!«

Victoria scheint aber auch so verstanden zu haben. Wahrscheinlich klingt das Wort »skeptisch« auf Spanisch ganz ähnlich. Jedenfalls nickt sie sehr verständnisvoll und sagt etwas zu Roberto und Marike.

»Was hat sie gesagt?«, frage ich.

»Dass sie das verstehen kann«, antwortet Roberto an Marikes Stelle. »Sie findet so etwas ganz normal. Ich komme nun mal aus einer anderen Kultur.«

Marike aber scheint immer noch etwas peinlich berührt. »Jetzt musst du aber noch etwas Nettes sagen«, fordert sie ihre Mutter auf.

Paul stimmt ihr zu. »Immerhin hat sie dich gerade nach Spanien eingeladen!«

Marikes Mutter versucht sich dann an einer Erklärung: Am Anfang sei man halt skeptisch, wenn so ein Südländer an der Hand der Tochter anspaziert komme. Da wisse man ja nicht, wie ernst der es meine – Südländer hätten ja so ihren Ruf.

Mehr sagt sie nicht – aber ich weiß von Marike, was sie ihr damals, als sie und Roberto gerade zusammengekommen waren, durch die Blume zu verstehen gab: »Erst machen sie der Frau umfassend den Hof, aber später, zu Hause, rühren sie dann keinen Finger.«

»Aber jetzt wissen wir ja, dass er es ernst meint«, fügt Marikes Mutter noch schnell hinzu. Ihr Freund Andreas ergänzt diplomatisch: »Und nun freuen wir uns sehr. Wir freuen uns *auch, dass ihr hier seid.« Er scheint verstanden zu haben, dass man der spanischen Überschwänglichkeit nicht nur mit nordischer Kühle begegnen kann.*

Marikes Mutter hat es aber auch wirklich nicht leicht, denke ich. Schließlich hat sie bald nicht nur spanische Verwandtschaft, sondern auch noch chinesische. Und wer weiß, wen ihre beiden Jüngsten noch mit nach Hause bringen werden! Ich frage mich, wie ich mich verhalten würde, wenn ich die Mutter von Paul, Anna oder Marike wäre. Ich fürchte ja, dass ich der chinesischen Schwiegermutter einen vor den Latz knallen würde, wenn sie auch nur andeutungsweise zu verstehen gäbe, dass mein Sohn nicht gut genug für ihr Töchterchen sei. Dass ich dem Mann aus dem Niger unmissverständlich klarmachen würde, dass meine Tochter so viele Männerfreundschaften haben darf, wie sie will. Und dem Schwiegersohn aus Spanien, dass er gefälligst pünktlich sein soll, wenn er sich mit mir verabredet. Ich habe zwar noch keine Kinder, aber ich kann mich in die Rolle der überengagierten Tigermutter ziemlich gut hineinversetzen.

Natürlich will jeder sein Kind beschützen. Die Frage ist: Wie macht man das? Und wann macht man alles nur noch schlimmer? Schließlich würde meine hypothetische Tochter wohl nie wieder mit mir sprechen, wenn ich ihren muslimischen Freund beiseitenähme, um ihm zu erklären, dass er mich von einer ganz anderen Seite kennenlernen würde, sollte er es wagen, meine Tochter zum Hausmütterchen zu machen. Und meinem Sohn wäre wohl auch nicht geholfen, wenn ich ihm erklärte, dass ich dieses Statusdenken seiner chinesischen Schwiegerfamilie extrem ätzend finde.

Wann soll man sich also als Eltern oder Freunde bedeckt halten, obwohl man sieht, dass die Beziehung in keine gute

Richtung läuft? Wann darf man etwas sagen, wann Tipps geben? Wann sollte man Hilfe anbieten? Und wann muss man tief durchatmen und sich dreimal hintereinander sagen: »Sie sind erwachsen. Es ist ihr Leben.«?

Hühnerfüße auf dem Mittagstisch

Herr Dong ist ein kleiner, zarter Mann Ende 50. Er besitzt ein Restaurant in Shanghai, in dem er »Baozi« und Peking-Ente anbietet, und wenn er isst, dann schmatzt er genüsslich. Er hat drei Kinder, eine Vorliebe für guten grünen Tee und eine überschaubare Zahl an Unterwäschesets. Einmal die Woche ist bei Herrn Dong Badetag.

Frau Schulz ist eine hochgewachsene, schlanke Frau Mitte 60, mit grauem Pagenschnitt und rasantem Mundwerk. Sie isst gerne Mohnstriezel (ohne zu schmatzen), mag Fernreisen und ihre Berliner Altbauwohnung. Frau Schulz wäscht sich täglich. Sie ist jetzt Rentnerin und erwartet noch einiges vom Leben. Was sie aber nicht erwartet hätte, ist, dass sie, die lange Frau Schulz, mit dem kleinen Herrn Dong einmal eine Art Wohngemeinschaft bilden würde. Dass sie gemeinsam mit dem Chinesen frühstücken würde, er frittierten Fisch und Suppe, sie ein Brötchen mit Marmelade. Dass sie gemeinsam im Supermarkt einkaufen gehen und die Abende nebeneinander auf der Couch vor dem Fernseher verbringen würden, in der Hand ein Glas französischer Rotwein, im TV chinesische Soapoperas. Vier Wochen haben die beiden so gelebt. Sie sind zusammen spazieren gegangen, haben gekocht, und einmal waren sie gemeinsam in der Stadt ein neues Hemd kaufen, weil Herr Dong die deutsche Waschmaschine nicht verstand und sein schönes Poloshirt nach der Wäsche ganz rosa geworden war.

»Wir haben uns wunderbar verstanden. Wir schätzen uns wirklich sehr«, sagt Frau Schulz heute. Sie sagt das voller Überzeugung. Dabei weiß man nicht so recht, was genau sie an Herrn Dong eigentlich schätzt. Sie findet, dass er ein bisschen müffelt, wenn es auf den nächsten Badetag zugeht. Außerdem könnte er nach dem Frittieren daran denken, den Herd sauber zu machen. Gepflegte Unterhaltungen können die beiden ebenfalls nicht verbinden. Denn sie tauschen mehr oder minder nur ein Wort aus: »Prost!«

»Prost« gehört neben »Guten Tag« und »Wie geht es?« nämlich zu dem Wenigen, was Frau Schulz auch auf Chinesisch sagen kann. Ansonsten verständigen sie und Herr Dong sich mit einer Zeichensprache, die sich Frau Schulz ausgedacht hat. Sie redet halt gerne – und wenn es sein muss, auch mit den Händen. Wenn sie irgendwo hingehen möchte, dann macht sie Trippelschritte mit ihren Fingern und hält eine Tasche hoch. Das ist für Herrn Dong das Zeichen für: Jetzt gehen wir einkaufen.

Sie schafft es sogar ohne Sprachkenntnisse, Herrn Dong während ihrer WG-Zeit moralisch aufzubauen, etwa mit einem Bummel über den Weihnachtsmarkt oder einem gemeinsamen grünen Tee. Herr Dong hat damals Stress: Er muss drei warme Mahlzeiten zubereiten, jeden Tag. Schon morgens serviert er deshalb Fisch und Reissuppe. Dafür ist er nach Nürnberg gekommen. Herr Dongs Tochter hat nämlich ein Baby bekommen. Und da seine Frau nicht nach Deutschland reisen konnte, ist es nun seine Aufgabe, seine kleine zarte Tochter wieder aufzupäppeln, sie jeden Tag mit anständigem chinesischem Essen zu versorgen. Doch Lingling ist so erschöpft, dass sie es oft noch nicht einmal schafft, zum Essen zu kommen. So bleibt das frittierte Hühnchen dann unangerührt stehen, und Herr Dong hat ganz umsonst gekocht.

Zu Linglings Verteidigung ist zu sagen, dass sie kein normales chinesisches Baby bekommen hat. Sie hat einen 57 Zentimeter großen Brocken zur Welt gebracht, was wohl daran liegt, dass der Vater des Kindes kein Chinese ist, sondern Daniel, der rund zwei Meter große Sohn von Frau Schulz. Und was die Größe betrifft, so scheint es, kommt das Baby ganz nach dem Papa.

60 Jahre lang sind Frau Schulz' und Herrn Dongs Leben parallel verlaufen, getrennt durch 8000 Kilometer, sieben Zeitzonen und zehn Flugstunden. Doch nun wird der kleine Wonneproppen Lukas sie für immer verbinden.

Wenn sich zwei Menschen aus unterschiedlichen Ländern verlieben, so wie Daniel und Lingling, dann müssen nicht nur sie herausfinden, wie sie miteinander auskommen, wie sie die Sprachbarriere überwinden, wie sie es mit der Religion halten wollen oder in welchem Land sie leben möchten. Es müssen auch zwei Familien zusammenwachsen, die aus unterschiedlichen Kulturen kommen, die an unterschiedliche Götter glauben oder die sich außer mit Händen und Füßen überhaupt nicht verständigen können – so wie Frau Schulz und Herr Dong. Die Familie Dong muss zudem damit leben, dass ihre Tochter viele Flugstunden weit entfernt wohnt, dass sie, wenn es ihr schlecht geht, nicht schnell ins Auto steigen und zu ihr fahren können, dass ihr Enkel weitgehend deutsch aufwachsen wird und sie ihn nur einmal im Jahr sehen werden. Sie werden das Frühlings- und das Mondfest oft ohne Lingling feiern müssen. Und wenn sie alt werden und gebrechlich, dann muss auch Lingling damit leben, dass sie sich nicht richtig um ihre Eltern wird kümmern können.

Wer zudem Bürger eines Landes ist, aus dem man nur mit Visum nach Deutschland einreisen kann, der braucht für jeden Besuch bei seinen Enkeln eine Einreiseerlaubnis und muss nachweisen, dass er genug Geld hat – damit keine Gefahr besteht, er könne dem deutschen Staat auf der Tasche liegen. Immerhin soll nun der sogenannte EU-Visakodex dafür sorgen, dass die einzelnen Behörden keinen Ermessensspielraum mehr haben, sondern beispielsweise der türkischen Oma die Einreise gewähren müssen, wenn alle Voraussetzungen erfüllt sind. Auch soll es nach der neuen Regel Visa für mehrere Einreisen geben, die fünf Jahre lang gültig sind. Damit könnten Verwandte auch kurzfristig und ohne lange Wartezeiten zu Besuch kommen. Und noch eine Erleichterung soll der Kodex bringen: Die Behörden sind nun verpflichtet, innerhalb von zwei Wochen eine Entscheidung zu treffen und eine Begründung zu liefern, wenn sie einen Antrag ablehnen.

Auch Herr Dong braucht ein Visum, um seine Tochter zu besuchen. Er und seine Frau waren damals nicht gerade begeistert, als das Töchterchen diesen Deutschen anschleppte. Und Frau Schulz und ihr Mann waren ebenso erstaunt, dass Daniel aus Shanghai nicht nur seine fertige Diplomarbeit mitbrachte, sondern auch seine Chinesischlehrerin.

»Als er uns von ihr erzählte, da war schon klar, dass die ihm nicht nur Chinesisch beibringt«, sagt Frau Schulz und lacht. »Da haben wir uns auch gefragt: Findet der keine Deutsche? Der wird doch jetzt wohl nicht ganz nach China ziehen?«

Hätte Daniel eine Frau aus seiner Heimat geheiratet, wäre wohl wirklich vieles einfacher gewesen. Vor allem die Sache mit der Sprache. Als er Lingling an Weihnachten zum ersten Mal mit nach Berlin bringt, spricht sie noch kein Wort Deutsch – auch wenn das Frau Schulz natürlich nicht davon abhält, ausführliche Konversation zu betreiben. »Wir fanden sie sehr nett«, sagt sie überzeugt. Hätte Daniel eine Deutsche zur Frau, hätten seine Eltern sich auch nie mit dem Buddhismus beschäftigen müssen, mit chinesischem Aberglauben, den sie doch oft merkwürdig finden, mit der Sorge, dass ihr Sohn für immer nach China ziehen könnte.

Andererseits hätten Mutter und Vater Schulz dann auch einiges verpasst. Daniels Vater hätte nie einen Chinesischkurs besucht, er hätte nie versehentlich Hühnerfüße gegessen, weil er beim Besuch in China nicht wusste, was er sich in den Mund steckte, er hätte nie den verrückten Shanghaier Autoverkehr kennengelernt, der ihn bis heute fasziniert. Seine Frau würde sich nicht auskennen mit der richtigen Zubereitung grünen Tees, mit chinesischen Kinderliedern. Und die beiden hätten auch nie eine chinesische Hochzeit miterlebt. »Das alles hat unser Leben auch bereichert«, sagen sie.

Fünf Jahre ist es her, dass Stefanie und Günther Schulz zum ersten Mal in ein Flugzeug stiegen, um in den Fernen Osten zu fliegen. Ihr Sohn hatte ihnen vorher einen Crashkurs in Sachen chinesischer Höflichkeitsregeln gegeben. Sie hatten Gastgeschenke gekauft, sie wussten, dass die kleinen Tassen für den grünen Tee keine Henkel haben und man beim Essen auf jeden Fall etwas übrig lassen muss, da der Gastgeber sonst sein Gesicht verliert, weil er nicht genug gekocht hat. Als sie zum ersten Mal bei den zukünftigen Schwiegereltern ihres Sohnes zu Gast waren, als sie die Treppe hinauf ins Wohnzimmer geführt wurden, waren sie dennoch stocksteif. Sie setzten sich um den Tisch, tranken den Tee und ließen sich beäugen. Dass man andere Menschen nicht anstarrt, das merkten sie bald, ist offenbar ein eher europäisches Konzept. »Erst kam ein Chinese«, erzählt Frau Schulz, »dann kamen zwei weitere, redeten kurz und verschwanden wieder. Dann stapften immer mehr Chinesen die Treppe herauf, Freunde, Nachbarn und Verwandte, und betrachteten uns. Das war wie im Zoo.«

Die Braut, die über den Kohleofen stieg

Wenige Tage später fühlte sich Stefanie Schulz dann eher an ein Kasperletheater erinnert. Lingling und Daniel hatten sich nämlich entschlossen, eine traditionelle chinesische Hochzeit zu feiern. Es wurde also ein Pferd organisiert, ein kleiner Kohleofen und eine Sänfte, Lingling zog ein rotes Gewand an, bekam eine schwere Krone aufgesetzt und wurde dann mit einem Tuch verhangen. Daniel wurde in traditionellen Stoff gehüllt, er bekam einen Hut mit einer Art Riesenpropeller auf und einen Puschel vor die Brust montiert. Das Haus, das er für seine Eltern gemietet hatte, wurde für einen Empfang vorbereitet und mit unzähligen Luftballons geschmückt, welche fatale Folgen für die Hochzeitsnacht haben sollten – aber dazu später mehr.

Da traditionelle Hochzeiten auch in China eher ungewöhnlich sind, kam sogar das Fernsehen, und weil keiner der anwesenden Gäste wusste, wie so eine Zeremonie eigentlich funktioniert, wurden Linglings Großmütter abwechselnd angerufen, um Instruktionen für den weiteren Ablauf zu erhalten. Per Fernanweisung wurde Lingling also das Tuch über den Kopf gestülpt und Daniel in das Haus ihrer Eltern gelassen. Er kniete vor ihr nieder, hielt um ihre Hand an und entfaltete dann den Puschel vor seiner Brust zu einer langen Kordel, an dem er seine Braut aus dem Haus zerrte. Lingling weinte ordentlich, so, wie es die Tradition verlangt, stieg, wie von den Großmüttern gefordert, über den mitgebrachten Kohleofen und dann in die Sänfte, während Daniel auf das Pferd kletterte, wobei klettern übertrieben ist: Eigentlich musste er nur ein Bein überwerfen, denn der Gaul hatte eine eher chinesische Größe. Immerhin war Daniel somit auf der zwei Stunden langen Tour durch die Stadt an der frischen Luft, während Lingling unter ihrem Tuch schwitzte, und ihr vom Schaukeln der Sänfte immer übler wurde. Mit dem Brautpaar zogen auch Trommler und Artisten durch die Straßen, die als Drachen verkleidet durch die Gegend wirbelten. Ein eigens engagierter Trupp zündete Böller, Daniel winkte von seinem Pferd, die Leute am Straßenrand schossen Fotos. Am Haus seiner Eltern angekommen, stieg Lingling dann wieder über den Kohleofen, um die bösen Geister zu vertreiben, und wurde von ihrem neuen Ehemann mit einem roten Stab endlich von ihrem Tuch befreit.

»Da ging das Theater los«, erzählt Frau Schulz. »Wir hatten ja keine Ahnung, was wir jetzt machen sollten.«

»Ihr müsst nun den grünen Tee zubereiten«, signalisierte ihnen Linglings Schwester. Die Schulzens kochten also den Tee, mit 70 Grad warmem Wasser, so, wie sie es gelernt hatten. Sie versuchten alles richtig zu machen und lächelten freundlich, auch wenn sie wieder einmal nichts verstanden. »Dann sollte ich meiner Schwiegertochter auf einmal ein Geschenk überreichen«, erzählt Frau Schulz. »Aber ich hatte ja keines da, davon hatte niemand etwas gesagt.« Irgendjemand organisierte aber schnell eine goldene Uhr, die sie Lingling ans Handgelenk legen konnte.

Damit hatten die Schulzens den ersten von drei Teilen der Hochzeit mit Bravour gemeistert. Weiter ging es in einem großen, grell ausgeleuchteten Saal und einem schrill ins Mikro brüllenden Conférencier, der die Hochzeitszeremonie von Daniel und Lingling samt Kohleofen, Tuch, Stab und Kordel noch einmal für die 400 Gäste nachspielen ließ. Daniels Vater hielt eine Rede auf Chinesisch, von der man nicht weiß, ob jemand sie verstanden hat, die aber frenetischen Jubel erntete. So war also die Stimmung gut, als er und seine Frau mit allen 400 Gästen anstießen. Nun verstanden sie auch, warum ihr Sohn einen »Bestman« brauchte: »Der war dafür da, die Schnapsgläser auszutrinken, denn der Bräutigam musste ja auch mit allen Gästen anstoßen«, erklärt Mutter Schulz. »Und Daniel musste schließlich noch die Hochzeitsnacht hinbekommen. Außerdem gab es ja auch noch einen dritten Hochzeitsteil zu erledigen.« Eine amerikanische Feier nämlich, mit üppigem weißen Brautkleid, schwarzem Anzug, riesiger Hochzeitstorte, Sektglaspyramide und Feuerwerk.

»Ich fand das schon etwas übertrieben, aber so eine amerikanische Hochzeit, das ist ja in China heute das Normale«, erklärt Frau Schulz. Die jungen Leute orientierten sich schon sehr am Westen, nicht nur, was die Hochzeitsfeier angehe, sondern auch, was die Partnerwahl betreffe. »Die Freundinnen von Lingling, die wollen auch alle gerne einen Europäer oder einen Amerikaner zum Mann.«

Warum das so ist, kann Stefanie Schulz nur erahnen: Vielleicht, weil sie damit rechneten, in Europa oder den USA als Frau mehr Anerkennung zu bekommen, dass sie dann freier und gleichberechtigter seien. Auf eines müssen die Bräute aber gefasst sein: Chinesische Luftballons und europäische Nasen, die vertragen sich nicht unbedingt. Daniel, so erzählt es zumindest Frau Schulz, hatte abends jedenfalls so lange die Ausdünstungen der Plastikballons eingeatmet, dass ihm in der Hochzeitsnacht eher übel als nach irgendetwas anderem zumute war.

Mutter und Vater Schulz erinnern sich gerne an die Hochzeit in Shanghai. Heute haben sie nicht nur eine chinesische Schwiegertochter, sondern auch ein chinesisches Enkelkind. »Mich macht das ja schon wuschig, wie der Kleine verwöhnt wird«, gesteht Stefanie Schulz. »Sobald der Piep macht, wird geschaukelt, gemacht, getan.« Manchmal sagt sie ihrem Sohn, dass es doch besser wäre, wenn der Kleine in seinem eigenen Zimmer und nicht immer im Elternbett schliefe, dass er doch langsam mal abgestillt werden müsse. Aber ihr Sohn ignoriert sie. »Er sagt dann, dass Lukas eben ein chinesisches Baby sei. Da ginge das nicht anders.«

Andererseits genießt sie es, bei ihrer Schwiegertochter in Nürnberg zu sein, dort mit den anderen chinesischen Müttern Baozi zu essen und mit den Kindern zu spielen. Sie weiß auch, wie sehr sich Lingling hier in Deutschland integriert hat, wie sie das chinesische Essen, die chinesische Geselligkeit vermisst. Sogar einen europäischen Namen hat sie sich zugelegt: Ewa.

Wie wahnsinnig schnell sie Deutsch gelernt und wie sehr sie sich hier angepasst hat, das imponiert Frau Schulz. Ihre Nase zieht Lingling etwa schon lange nicht mehr geräuschvoll hoch – im Gegensatz zu ihrem Vater. »Der ist halt noch ein richtiger Chinese.«

Frau Schulz weiß auch, dass man die Partnerwahl seines Kindes wohl einfach akzeptieren muss. Heutzutage suchen sich die Eltern in den meisten Ländern die Schwiegerkinder schließlich nicht mehr selbst aus.

Meine Eltern konnten Morten zwar von Anfang an gut leiden, fanden es aber auch nicht so toll, als ich ihnen eröffnete, dass ich meine Festanstellung kündigen und nach Kopenhagen ziehen wollte. »Was machst du dann dort?«, fragten sie. »Kannst du genug Geld verdienen? Einen Job als Journalistin wirst du da ja wohl nicht finden.« Als Morten nach Deutschland gezogen war, da hatten sie sich hingegen kaum Gedanken gemacht, was er alles aufgegeben hatte. Dass er herkam, schien irgendwie selbstverständlich. Aber nun waren da die Sorgen, dass ich meine Karriere wegwerfen könnte. Wozu hatte ich fünf Jahre studiert, die Journalistenschule durchlaufen und dann sogar mitten in der Wirtschaftskrise eine Redakteursstelle ergattert? Nur, um das jetzt aufzugeben? Machte ich mich nicht sehr von Morten abhängig, finanziell und auch, was mein Sozialleben betraf? Schließlich kannte ich in Kopenhagen kaum jemanden.

Meine Eltern haben nie gesagt, dass sie meine Entscheidung für gut oder schlecht hielten. Sie haben lediglich Fragen gestellt. Und ich machte mit meinen Antworten klar, dass meine Entscheidung gefallen war. Ich hatte gar keine Lust, irgendwelche Zweifel zu hören. Ein bisschen dachten meine Eltern wohl auch daran, dass sie mich in Zukunft wesentlich seltener sehen würden, dass sie mit dem Auto zehn Stunden bis zu mir brauchten oder erst ins Flugzeug steigen müssten, um zu Besuch zu kommen.

Andererseits sagen sie ganz offen, sie seien froh, dass ich mir »nur« einen Dänen angelacht habe, der dazu auch noch sehr gut Deutsch spricht. Wenn wie bei Lingling und Daniel eine große Sprachbarriere hinzukommt, wenn der Schwiegersohn praktizierender Moslem ist, die Schwiegertochter mit ihrem aufbrausenden südamerikanischen Temperament den Sohn vollständig im Griff hat oder das eigene Kind nicht nur zehn Autostunden entfernt wohnt, sondern in Australien, dann ist es sicher schwieriger, die Partnerwahl seines Kindes zu akzeptieren. Natürlich würden die meisten Eltern sagen, dass es für sie das Wichtigste sei, dass der Sohn oder die Tochter glücklich ist. Aber wenn es dann um die Details geht, haben viele wohl doch eine ziemlich genaue Vorstellung davon, wie dieses Glück ihres Kindes aussehen soll.

»Selbst wenn sie es versuchen würden – Eltern können ihre Kinder sowieso nicht von einer Beziehung abhalten«, sagt Hiltrud Stöcker-Zafari, die Fachfrau für binationale Familien aus Frankfurt. »Man kann keinem Menschen sagen: ›Den darfst du nicht lieben.‹« Fest steht für sie nur, wie man seinem Kind mit Sicherheit nicht hilft und garantiert auch kein Gehör findet: »Wenn ich sage: ›Bist du wahnsinnig? Lass die Finger von dem, der nimmt dich nur aus!‹ – baue ich Fronten auf. Geringschätzige Bemerkungen über einen Menschen, den man nicht kennt, sind nie förderlich – auch wenn sie aus Sorge entstanden sind.«

Was also tun, wenn man das Gefühl hat, dass der Sohn oder die Tochter einen Fehler begehen könnte?

Dann ist man gut beraten, der Beziehung erst einmal so offen und wertfrei wie möglich zu begegnen, Interesse zu zeigen, ohne zu werten. Hat man danach wirklich Bedenken, sollte man diese auch äußern – dabei kommt es aber auf die Formulierung an. Wer sagt: »Um Himmels willen, ein Moslem!«, der löst wahrscheinlich eine Abwehrhaltung aus. Wer dagegen eine Unterhaltung beginnen will, wer den anderen zum Nachdenken bewegen möchte, der kommt mit Fragen viel weiter als mit Verurteilungen. Etwa mit diesen: »Habt ihr eigentlich schon mal darüber gesprochen, wie ihr das mit der Religion handhaben wollt, falls ihr Kinder bekommt?«; »Was müsstest du ändern, wenn ihr in seinem Land leben würdet?«; »Könntest du damit leben, wenn deine Tochter ein Kopftuch tragen soll?«

Ist erst einmal eine Gesprächsbasis hergestellt, dann kann man auch sagen, was einen stört. »Das kann sogar förderlich sein«, sagt Hiltrud Stöcker-Zafari. Eltern dürften durchaus ausdrücken, dass sie etwa Angst davor haben, wenn Sohn oder Tochter in ein weit entferntes Land ziehen. Man dürfe auch Kritik äußern. »Ein Blick von außen ist ja oft wertvoll. Vielleicht trifft man auch genau ins Schwarze.« Denn wer sich Sorgen macht, diese aber nie äußert, der tut sich und seinem Kind auch keinen Gefallen.

Currysoße bis zum Ellbogen

Helmut Sedlmayr sagte seiner Tochter nur zwei Sätze, als sie ihren Eltern erklärte, dass sie sich in einen Inder verliebt hatte. Erstens: Willst du das wirklich mit allen Konsequenzen? Und zweitens: Wenn das so ist, dann unterstützen wir euch, wo wir nur können. »Ich wollte eben, dass sie weiß: Wir stehen hinter ihr, egal, wie sie sich entscheidet.« So konnten zwischen Eltern und Tochter erst gar keine Fronten entstehen.

Was es bedeutet, einen Mann aus einer ganz anderen Kultur zu heiraten, das weiß die Tochter heute. Sie muss sich nun als Ausländerin in einem anderen Land zurechtfinden und wohnt 6500 Kilometer von ihren Eltern entfernt. Sie führt ein Leben als Hausfrau in einem bewachten und umzäunten Wohngebiet, sieht ihre Familie, ihre Brüder oft nur über Skype, und muss sich Sorgen machen, weil sie als Weiße bevorzugtes Ziel von Kriminellen ist.

Helmut Sedlmayr und seine Frau Elisabeth sind die Eltern von Susanne Ramamani, der jungen Frau aus Dettenhausen, die vor zwei Jahren mit ihrem Mann nach Indien gezogen ist. Noch heute erinnern sich die Eltern genau daran, wie es war, als Susanne ihnen gestand, dass sie sich in Amit verliebt hatte.

»Wir waren da gerade auch in Indien, sie arbeitete dort ja als Assistenzlehrerin, und wir haben sie besucht«, erzählt ihre Mutter. »Als sie uns erzählte, was los war, das war schon wie im Film. Ich war überhaupt nicht darauf gefasst, einmal einen indischen Schwiegersohn zu haben.«

Susannes und Amits Väter kannten sich damals bereits seit Jahren, weil sie beide engagierte Christen sind. Amits Vater leitet eine kleine Missionsstation in Indien, Helmut Sedlmayr war dort schon öfter zu Gast gewesen.

»Die gemeinsame Religion, das spielt für uns eine große Rolle«, sagt Elisabeth Sedlmayr. »Wäre Amit Hindu, wäre ich sicher skeptischer gewesen.«

Helmut Sedlmayr setzte sich damals auch mit Amits Vater zusammen und besprach die Lage. Sie vereinbarten: Wir warten ab, ob das was Ernstes ist. Und wenn ja, dann geben wir unseren Segen dazu, dann helfen wir ihnen, dass das funktioniert.

»Ohne die Unterstützung unserer Eltern hätten wir es nicht gepackt«, sagt Susanne heute. »Wir waren gerade mal Anfang 20, und wir hatten kein Geld.« Susannes Eltern bezahlen Amit deshalb sogar einen einjährigen Intensivsprachkurs und später eine professionelle Videoausrüstung, damit er als Filmemacher arbeiten kann. »Miteinander auskommen, das mussten die beiden alleine«, sagt Vater Sedlmayr. »Aber ihnen finanziell zu helfen, das war das, was wir tun konnten.«

Susannes Eltern wollten damals, dass Amit in Deutschland gut ankommt, dass er sich wohlfühlt. Auch weil sie Angst hatten, dass die beiden nach Indien ziehen könnten, falls er hier nicht zurechtkommt. »Natürlich macht man sich Sorgen«, sagt Susannes Mutter. »Wer will schon, dass sein Kind so weit weg lebt?«

Als nach sieben Jahren in Deutschland feststand, dass Susanne und Amit tatsächlich nach Indien gehen würden, mussten sich Susannes Eltern schon zusammenreißen, um nicht zu klammern. Susanne und Amit wohnten damals samt ihrem acht Monate alten Baby in einer Einliegerwohnung bei ihnen im Haus, sie aßen oft gemeinsam, machten Ausflüge, feierten Weihnachten und Geburtstage zusammen. Und jetzt sollte ihre Tochter so weit wegziehen? In Dettenhausen könnte der kleine Enkel ganz unbeschwert draußen spielen. Wie sollte er aber in Indien aufwachsen, mit all den Krankheiten, die es dort gibt, der fehlenden Krankenversicherung, mit der Kriminalität und der schlechten Hygiene? Dass er dort nie im Wald spielen, nie mit dem Fahrrad durch die Gegend düsen würde, das war kein leichter Gedanke für seine Großeltern.

»Es bringt aber nichts, sich Sorgen zu machen. Ich habe getan, was ich konnte, den beiden einen Start in die gemeinsame Zukunft zu ermöglichen«, sagt Helmut Sedlmayr. Und seine Frau fügt hinzu: »Man kann über alles reden. Aber eines ist uns ganz wichtig: Sie muss selbst wissen, was sie für richtig hält. Es ist ihr Leben.«

Amits Familie ist da ganz anders. In Indien, sagt Amit, sei es völlig normal, dass sich jeder einmische, jeder seinen guten Rat loswerden wolle, egal ob er danach gefragt wurde oder nicht. Manche deutschen Eltern mag es ärgern, dass sie selbst sich zurückhalten, die andere Familie aber ständig mitentscheiden will. Hierzulande ist schließlich eines ganz wichtig: das Abnabeln. In anderen Kulturen gilt das Loslassen dagegen nicht als etwas Erstrebenswertes – im Gegenteil: Kind bleibt Kind, egal ob es drei ist oder 30. Eine arabische oder südamerikanische Familie wird es daher vielleicht merkwürdig finden, dass sich die deutschen Eltern so selten zu Wort melden: Interessiert es sie nicht, was das eigene Kind macht? Kümmern die sich denn gar nicht? Dann kann ihnen ihr Kind ja nicht viel bedeuten.

Ein paar Wochen ist es nun her, dass Helmut und Elisabeth Sedlmayr mal wieder ganz aufgeregt am Frankfurter Flughafen standen und die Schiebetür beobachteten, durch welche die gerade gelandeten Passagiere kamen. Wie der Kleine wohl reagieren würde? Ob er sich freute, Oma und Opa zu sehen? Oder vielleicht Angst hatte, weil er sie kaum noch kannte? Schließlich hatten sie sich acht Monate lang nicht gesehen, für einen Dreijährigen eine Ewigkeit. Rohan war hundemüde, als Susanne, Amit und er endlich in die Ankunftshalle kamen. Aber ein Grinsen konnte er sich dennoch nicht verkneifen, als er Oma und Opa sah. Darüber freuten sich die beiden wahnsinnig.

»Susanne erzählt immer sehr positiv von zu Hause«, sagt Elisabeth Sedlmayr, »das macht wohl viel aus, der Kleine freut sich, wenn er hierherkommt.«

Nach der langen Abstinenz ist jetzt in Dettenhausen wieder Großfamilie angesagt – 24 Stunden am Tag. Amit wird für ein paar Wochen bleiben, Rohan und Susanne sogar einige Monate; Susanne ist schwanger und möchte ihr Baby lieber in Deutschland bekommen, vor einer Geburt in Indien hat sie zu viel Angst.

»Die sind da gröber«, sagt sie. »Ich habe einfach keinen Arzt gefunden, dem ich voll vertraue.«

Jetzt liegen im Wohnzimmer der Sedlmayrs also wieder ein Spielteppich, Duplosteine, Spielzeugautos – als ob sie selbst ein Kind hätten. Rohan flitzt durchs Haus, als wäre er nie weggewesen. Zum Mittagessen hat Elisabeth Sedlmayr heute indisch gekocht, aber der Enkel hat keine Lust, am Tisch zu sitzen. Dann lockt Susanne ihn doch an seinen Platz: »Komm, du darfst auch mit den Fingern essen.« Rohan matscht also mit der Hand im Reis, hat die Currysoße und den Joghurt bald bis zum Ellbogen kleben. Daran müssen sich seine Großeltern gewöhnen, schließlich kennt ihr Enkel es aus Indien nicht anders.

Manchmal versucht Opa Helmut ihn auszutricksen. Er war früher Fremdsprachenlehrer und probiert nun, seinem Enkel ein paar englische Worte abzuluchsen. Aber Rohan trennt da fein säuberlich: Englisch gibt es nur mit Papa, Hindi mit Oma und Opa in Indien und Deutsch mit Oma und Opa in Deutschland. Da macht er keine Ausnahme, auch wenn der Opa noch so tolles Englisch spricht.

»Es ist so schön, wenn sie hier sind«, sagt Elisabeth Sedlmayr. Sie mag es, ihren Enkel den ganzen Tag um sich zu haben, den Trubel im Haus.

»Es ist auch manchmal anstrengend, so von null auf hundert«, sagt hingegen Susanne. »Mein Bruder kann auch mal für eine Stunde zu Besuch kommen. Für uns gibt es nur: ganz da oder ganz weg.«

Wenn das Baby auf der Welt ist und die ersten Wochen überstanden sind, dann geht es wieder von hundert auf null zurück, dann werden die Sedlmayrs die Duplosteine wieder einpacken, dann können sie Rohan nicht mehr knuddeln, ihm nicht mehr beim Spielen zuschauen. Sie sehen ihn dann nur noch auf dem Computerbildschirm, wenn sie mit Susanne in Indien skypen. Rohan sitzt dann manchmal auch nur stumm vor der Kamera und beobachtet Oma und Opa. Er versteht die Sache mit der Internettelefonie noch nicht so richtig, etwa, dass seine Großeltern ihn auch hören können.

»Wenn wir aus Indien mit Skype telefoniert haben, dann fand er es zwar lustig, dass da Opa und Oma dran sind«, erzählt Susanne. »Aber sagen wollte er nichts. Und wenn ich aufgelegt habe, dann wollte er noch mal anrufen.«

Elisabeth Sedlmayr graut schon vor dem Tag, an dem sie wieder zum Flughafen in Frankfurt fahren müssen, dieses Mal zur Abflughalle. Das Tschüss-Sagen ist jedes Mal schwer. Sie versucht sich dann damit zu trösten, dass sie sich ja auf den nächsten Besuch freuen kann – und damit, dass sie und ihr Mann immer noch daran glauben, wozu sie sich einst entschieden haben: Ihre Kinder sollen nicht das werden, was ihre Eltern wollen. »Sie sollen das werden«, sagt Helmut Sedlmayr, »was sie sich selbst wünschen.«

Wie es ist, wenn man nicht an den gleichen Gott glaubt

(und die Familie das ganz furchtbar findet)

NEUSTRELITZ, 20. AUGUST

Ich komme zu spät zu meiner eigenen Hochzeit. Es ist schon fünf Uhr durch, verdammt noch mal, kann ich denn nicht ein einziges Mal pünktlich sein? Da draußen warten die Gäste schon seit einer halben Stunde! Panisch laufe ich die Stufen der langen Treppe im Schlosshotel hinunter. Das Kleid! Ich habe vergessen, mein Kleid anzuziehen! Stattdessen trage ich nichts außer einem uralten knallroten T-Shirt. Doch zum Umdrehen ist es zu spät – ich kann die anderen schließlich nicht noch länger warten lassen. Endlich schaffe ich es durch die Tür. Da vorn: die Wiese. Plötzlich merke ich, dass ich völlig durchnässt bin – es regnet in Strömen. Aus meinen Haaren rinnt das Wasser über die Schultern, der Rasen wird immer matschiger, meine Füße versinken im Schlamm. Als ich hinunter schaue, sehe ich, dass an jedem Bein ein riesiger Bar-

ren Blei hängt. Je mehr ich mich anstrenge, desto langsamer geht es voran! Am Ende der Wiese wartet Roberto, das weiß ich genau. Warum nur wird die Wegstrecke immer länger und länger? Wo sind meine Freunde, unsere Familien, wo sind die Musiker, die heute doch spielen sollen? Und wann, verdammt, hört es endlich auf zu regnen?

Ein Geräusch lässt mich aufschrecken. Verwirrt öffne ich die Augen und schaue mich um: ein Bücherregal, ein Schreibtisch, ein Kleiderschrank – mein altes Zimmer. Draußen bellt unser Hund. Es war nur ein Traum, denke ich und setze mich erleichtert auf, nur ein Traum! Meine Hochzeit ist erst morgen, ich komme nicht zu spät, und an meinen Füßen hängt auch kein Blei.

Verschlafen schaue ich auf mein Handy: gerade mal acht Uhr. Dabei könnte ich eigentlich so lange schlafen, wie ich will. Aber mein Adrenalinspiegel scheint täglich zu steigen – und Adrenalin und Schlaf, das verträgt sich nun mal nicht.

Mal sehen, wie es draußen aussieht. Vorsichtig schiebe ich die Gardine neben meinem Bett beiseite und linse durch die Fensterscheibe. Nachdem es nun drei Tage lang genieselt hat, wäre ich mittlerweile ja schon mit einem einfachen Wolkenhimmel zufrieden. Hauptsache, es regnet nicht! Heute werden die Spanier nach und nach in Deutschland eintreffen. Dank der Lotsen nun also doch per Flugzeug. Am Abend erwarten wir außerdem einen Großteil der deutschen Gäste. Und dann geht es los mit dem Feiern! Wir haben mehrere große Tische in einem Biergarten reserviert und ein großes Grillbuffet bestellt. Wenn es allerdings weiternieselt, klappt das mit dem Draußensitzen wohl nicht. Doch als ich nun mit noch müden Augen hinausschaue, kann ich es kaum glauben: Da ist tatsächlich ein Stückchen blauer Himmel zu sehen!

Zwar umgeben von zahlreichen Wolken – aber immerhin! Es sollte doch nicht etwa ein sonniger Tag werden? Nur keine zu hohen Erwartungen aufbauen, sage ich mir selbst, tief durchatmen, Ruhe bewahren.

Gestern rief bereits eine spanische Freundin an, die vor der Hochzeit noch einige Tage in Berlin verbrachte. Ob es denn in Mecklenburg genauso kalt sei wie in der Hauptstadt, wollte sie wissen. Sie habe fast nur Sommerkleider dabei, auch für die Trauung. Aber jetzt laufe sie schon drei Tage frierend durch Berlin und frage sich, ob sie sich nicht besser einen warmen Pulli kaufen sollte.

Ich konnte da nur auf die Wettervorhersage verweisen: Mittlerweile zeigten die Zeichnungen auf den Webseiten neben einigen Wolken auch hier und da eine sehr hübsch und sehr gelb strahlende Sonne. Eine Vorhersage lehnte sich sogar so weit aus dem Fenster, zu behaupten, es werde am morgigen Samstag 26 Grad warm!

Und tatsächlich steigen schon heute im Laufe des Tages die Temperaturen. Endlich keine Herbststimmung mehr! Gut gelaunt mache ich mich auf den Weg zur Maniküre. Roberto kauft derweil einen Fußball, um auf die Ankunft seiner spanischen Freunde optimal vorbereitet zu sein. Vor den Ferienwohnungen, in denen einige von ihnen unterkommen, befindet sich nämlich ein Eins-a-Rasen. In Spanien ist grüner Rasen selten, denn so etwas muss dort täglich gegossen werden. Deshalb sind spanische Jungs nur sandig-staubigen Untergrund gewohnt, wenn sie Fußball spielen. Echter Rasen bedeutet für sie puren Luxus. Und deshalb ist klar: Gleich nach der Ankunft wird erst einmal gekickt.

Während meine Hände hochzeitstauglich gefeilt werden, klingelt das Telefon. Es ist meine Cousine Ida. »Hast du daran gedacht, dass Karim kein Schweinefleisch essen darf?«, fragt sie. Idas Mann ist Tunesier und damit Moslem. Und morgen werden zum Lammfleisch Bohnen mit Speck gereicht – Speck aus Schweinefleisch. Woran man alles denken muss!

»Mist, das habe ich vergessen«, sage ich. »Aber ich melde es gleich nachher im Schlosshotel an: eine Portion ohne Speck.«

Was tun wir nicht alles für unsere Gäste! Nur auf Essen und Trinken bis nach Sonnenuntergang verzichten, das können wir nicht. Genau das ist aber der Grund, warum Aminu nicht kommen wird, der Freund meiner Cousine Anna. Es ist Ramadan. Und im Ramadan wird gefastet, solange die Sonne am Himmel steht.

Das hat Aminu auch bei der Geburtstagsfeier meiner Oma im letzten Jahr durchgezogen. Er saß mit uns allen am Tisch, aß aber nichts – und musste sich deshalb ständig erklären. Jeder wollte wissen, wie genau Ramadan denn nun funktioniere, und ach, man dürfe tagsüber auch nichts trinken, gar nichts? Das war Aminu zu viel der Fragerei, zu viel der Aufmerksamkeit, zu viel der Anstrengung. Deshalb hat mir Anna schon vor einiger Zeit gesagt, dass ihr Freund dieses Mal leider nicht dabei sein wird.

So viel Religion in meiner Familie – das ist neu. Meine Eltern sind atheistisch aufgewachsen, genau wie meine Geschwister und ich. Als mein Stiefvater sich von einer Sekte anwerben ließ, war es mit der Ehe zu meiner Mutter bald vorbei. Die stundenlangen Hare-Krishna-Gesänge und Meditationen waren einfach nicht auszuhalten. Religion kann kompliziert sein, denke ich, während ich auf meine Fingernägel schaue. Religion macht Beziehungen so viel anstrengender – zumindest, wenn man sie nicht teilt. Wie gut, dass Roberto und ich uns in unserem Nicht-Glauben einig sind!

Der Rest des Tages ist vollgestopft mit Kleinigkeiten und Erledigungen: Ich besorge Dankeskarten und Pralinen für das

Hotelpersonal. Zusammen mit Nicole bringe ich mehrere Kisten roten und weißen Wein ins Schloss. Roberto kümmert sich derweil um die ersten spanischen Gäste. Und mehrere meiner Freunde aus Uni-Zeiten ziehen in ein Ferienhaus gleich nebenan ein. Aufregend ist das alles!

Dann brechen wir alle gemeinsam in den Biergarten auf. Plötzlich strömen von allen Seiten bekannte Gesichter auf mich zu – mein Vater, meine zukünftigen Schwiegereltern, Morten, Freunde aus Hamburg, Mainz, Heidelberg und Tübingen; alle trudeln sie nach und nach ein.

Bald brutzeln Steaks und Würstchen auf dem Grill, vor den Salatschüsseln hat sich eine lange Schlange gebildet. Und das Beste: Es scheint tatsächlich die Abendsonne auf uns herab. Ich kann mein Glück kaum fassen: Sowohl die Fluglotsen, als auch das Wetter spielen mit!

»Glücklich?«, fragt mein Freund neben mir und grinst. »Glücklich«, gebe ich strahlend zurück. »Vielleicht gibt es ja doch einen Gott.«

Roberto lächelt. »Ich wette, daran ist einfach nur dein unglaubliches Glück schuld.« Ich nicke zufrieden und fülle mir ein paar gegrillte Tomaten auf den Teller. Von den spanischen Tischen schallt lautes Lachen herüber; Anekdoten aus der Schulzeit machen die Runde. Als es zu dämmern beginnt, stapelt mein Onkel in einer großen Feuerschale Holzscheite übereinander. Nach einigen Minuten schlagen wohlig warme Flammen aus der Schale gen Himmel, bunte Lampions tauchen die Szenerie in ein schummeriges Licht. Mir ist allerdings wenig schummerig zumute – denn durch meine Adern pumpt nicht Blut, sondern Adrenalin! Immer wieder wechsele ich meinen Sitzplatz, um ja keinen der Gäste zu vernachlässigen. Schließlich lande ich am gleichen Tisch wie meine Cousinen Anna und Ida.

»Schade, dass Aminu das nicht erleben kann«, sage ich und deute in die Runde. Schließlich dürfte so eine lautstarke Familienzusammenkunft ganz nach seinem Geschmack sein.

»Er fand es einfach so anstrengend letztes Jahr bei Omas Geburtstag«, sagt Anna. »Und er will nicht am Tisch sitzen, wenn alle essen und er fasten muss.«

»Ist das denn so eine strenge Pflicht, dass er nicht mal einen Tag aussetzen darf?«, frage ich.

»Ramadan ist für Moslems so etwas wie für euch Weihnachten«, sagt Karim, Idas tunesischer Ehemann. »Wir lieben Ramadan. Man isst tagsüber nichts und kommt dann abends mit der ganzen Familie zusammen. Das ist toll, da ist immer viel Stimmung. Da fastet man nicht nur, weil man muss, sondern auch, weil man es will. Aber natürlich gibt es Moslems, die es nicht ganz so streng nehmen. Mich zum Beispiel.«

»Stört es euch gar nicht, dass ihr nicht die gleiche Religion habt?«, frage ich. »Macht das die Sache nicht kompliziert?«

Ida zuckt mit den Schultern. »Wieso? Er betet ab und zu, aber auch nicht jeden Tag. Er isst kein Schweinefleisch. Und wenn er Ramadan feiert, geht er in die Moschee. Viel mehr bekomme ich davon gar nicht mit.«

»Eigentlich sollte ich jeden Tag fünfmal beten«, sagt Karim. »Und ich sollte auch keinen Alkohol trinken. Aber daran halte ich mich nicht so genau.«

»Aber was macht ihr denn, wenn ihr mal Kinder bekommt?«, frage ich.

»Dann sind sie nach meinem Glauben automatisch Moslems«, antwortet Karim.

»Aber das heißt ja nicht, dass sie in die Islamschule gehen oder wie in einer Sekte indoktriniert werden«, wendet Ida ein. »Ich sehe das doch bei Karims Eltern: Die haben ihren

Kindern den Glauben zwar nahegebracht, die Details überlassen sie ihnen aber selbst.«

»Und du hast kein Problem damit, dass deine Kinder eine andere Religion haben werden, als du?«, frage ich erneut nach.

Ida schüttelt den Kopf. »Nö. Ich finde es gut, wenn man in einem Glauben Halt findet. Da beneide ich ihn manchmal richtig.«

Meine Cousine scheint ihre Beziehung tatsächlich kein bisschen kompliziert zu finden. Dabei ist sie selbst christlich erzogen worden – ist es da nicht natürlich, dass man seinen Kindern das Christentum weitergeben will?

»Für mich ist das nicht so wichtig«, sagt Anna. »Aber natürlich möchte ich mit dem leben können, was Aminu unseren Kindern beibringt. Ich hatte mal einen Arbeitskollegen, der mit einer jüdischen Frau verheiratet war. Der war überhaupt nicht einverstanden mit dem, was seine Frau mit den Kindern machte. Deshalb haben sie sich letztendlich auch getrennt. Sie hat den Sohn zum Beispiel beschneiden lassen, als das Baby acht Tage alt war. Ohne Narkose! Das hat ihn richtig verfolgt. Er hat sich immer gefragt, ob er als Vater nicht hätte einschreiten müssen. Heute sagt er, dass er nie wieder eine Beziehung zu jemandem mit einer anderen Religion eingehen würde.«

»Vielleicht sehen wir das mit den Religionen in ein paar Jahren ja entspannter, auch, was Beziehungen zwischen Christen und Moslems betrifft«, klinkt sich Nicole von der anderen Seite des Tisches in das Gespräch ein. »Schaut doch mal in Deutschland 50, 60 Jahre zurück: Als meine katholische Oma einen protestantischen Flüchtling heiratete, war das auch ein kleiner Skandal. Also was soll's.« Sie zuckt mit den Schultern. »Kommt doch eh darauf an, was jedes Paar für sich draus macht.«

Als später die ersten Gäste aufbrechen, stehe ich noch eine Weile am erlöschenden Feuer und sehe in die Flammen. Meditativ ist das. Ich denke nach. Andere würden vielleicht sagen: Ich spreche mit Gott. Ja, ich bin froh, dass Roberto und ich uns in der Glaubensfrage einig sind. Er ist zwar als Katholik aufgewachsen und auch auf eine katholische Schule gegangen, bezeichnet sich aber mittlerweile wie ich als Atheist. Oder, wie ich gerne sage: als Humanist. Aber wie machen das nur Paare, die sich lieben – und in dieser einen elementaren Frage unterschiedliche Überzeugungen haben? Fragen die sich nicht manchmal: Wie viel kann ich, will ich tolerieren?

Bring ihn mir, ich tauf ihn dir!

In Ecuador laufen Beziehungen so ab: Entweder, man trifft sich über Jahre heimlich, schläft heimlich miteinander, und das endet im schlimmsten Fall mit einer unehelichen und nicht zu verheimlichenden Schwangerschaft. Oder man lernt sich kennen, stellt seinen Partner sehr bald zu Hause vor – und ist damit so gut wie verlobt. Mariana erntet deshalb immer wieder die gleiche ungeduldige Frage: Wann heiratet ihr endlich? Schließlich ist es schon vier Jahre her, dass sie bei einem Besuch im heimischen Cuenca ihren Freund Lennart mitbrachte – und noch immer tragen sie keinen Ring am Finger. Obwohl sie sogar zusammenwohnen! Das könne nur am schlechten Vorbild ihrer Schwester liegen, schimpft Marianas Vater manchmal. Die habe sich schließlich auch mit einem Europäer eingelassen, einem Österreicher, ohne zu heiraten. »Was soll ich nur den Nachbarn sagen, der Familie?«, fragt der Vater immer wieder. Seine Strategie liegt im Vermeiden. Zum Beispiel, als Mariana für einige Monate von Ecuador nach Mexiko zieht, weil Lennart dort ein Praktikum macht. Da erzählt der Vater allen: Meine Tochter geht nach Mexiko, sie macht ein Praktikum. Als sie später Lennart ein halbes Jahr lang in Deutschland besucht, heißt es: Meine Tochter geht nach Deutschland, sie lernt Deutsch.

Lennart taucht in den Erzählungen des Vaters nicht auf. Als richtig ernsthaft kann er die Beziehung sowieso nicht ansehen. Schließlich sind die beiden noch nicht verheiratet. Dass sie trotzdem ein Sexleben haben könnten, davor verschließt er lieber die Augen.

Marianas Mutter dagegen weiß wohl, dass Mariana und Lennart nicht nur Händchen halten. Aber immer, wenn sie eine Pillenpackung sieht, sagt sie: »Gütiger Gott, warum tust du das, das ist nicht gut!« Und auch der Bruder hat etwas gegen die Beziehung einzuwenden: »Ich traue diesem Deutschen nicht.«

Mariana ist umgeben von Menschen, die sich aus ihrer eigenen Sicht völlig logisch verhalten: wie gute Katholiken eben. Solange sie mit Lennart im Ausland ist, stört sie das kaum. Aber immer dann, wenn sie mit den Eltern telefoniert oder die Familie besucht, wird ihr klar, dass sie dem Bild der vorbildlichen Katholikin nicht mehr entsprechen kann. Schon deshalb, weil sie Lennart niemals in der Kirche wird heiraten können. Denn ihr Freund ist ungetauft und glaubt nicht an Gott. Er bezeichnet sich als Agnostiker. Ohne Taufe aber keine katholische Hochzeit. Und damit auch keine vor Gott legitimierte Ehe.

Das ist harter Tobak für eine Familie, deren Leben vom täglichen Beten, vom Kirchgang und von der katholischen Moral geprägt ist. Marianas Mutter fragt deshalb immer wieder: »Wann lässt sich Lennart denn nun endlich taufen? Bring ihn mir her, dann mache ich das!« Manchmal sagt sie auch: »Diese Beziehung ist nicht gut! Gott will das nicht!« Abends betet Marianas Mutter für Lennart, damit er zum Glauben finden möge.

»Ich finde das irgendwie witzig«, sagt Lennart. »Dass die glauben, ich könnte meine Überzeugung ändern, wie man eine Meinung ändert. Obwohl das für sie natürlich kein Witz ist. Es ist ihnen sehr ernst damit.«

Hätte Lennart sich in eine Muslima verliebt, so wäre er wohl auf religiöse Komplikationen vorbereitet gewesen. Schließlich gibt es unzählige Geschichten über dieses Thema, die Zeitungen sind voll davon. Aber welcher Deutsche rechnet schon bei einer Katholikin damit, dass die Religion ein Problem sein könnte?

Lennart weiß: Wenn er Mariana eines Tages heiratet, dann werden ihre Eltern das nicht als Hochzeit ansehen. Nur standesamtlich, nicht vor Gott – für sie kann das keine Ehe sein. Und weil Ecuador ein Land ist, in dem die Familie, die Gemeinschaft alles bedeuten, wird es für Mariana ein schwieriger Schritt sein, ihre Eltern derart zu enttäuschen. Sie selbst träumt ja auch schon seit Kindertagen von einer Hochzeit in der Kirche. Dass sie das wohl nie haben wird, ist hart. »Aber Lennart gibt es nun mal nur so«, sagt sie.

Glauben ist nicht nur eine Sache eines einzelnen Menschen, das haben Mariana und Lennart in den letzten Jahren gemerkt. Glauben ist etwas, das Familien zusammenhält, Menschen zu einer Gemeinschaft macht – oder sie davon ausschließt.

Lennart sagt: »Hier in Deutschland stört uns das nicht weiter.« Er sitzt bei geöffneter Balkontür in der knallrot gestrichenen Küche seiner Wohngemeinschaft, die Haare noch etwas verwuschelt; er ist gerade erst aufgestanden. Neben ihm schmiert sich Mariana ein Brötchen. Sie ist seit ein paar Monaten wieder einmal bei ihm in Deutschland, lernt Deutsch und wohnt mit ihm in seinem Altbau-WG-Zimmer. Ihren Eltern hat sie gesagt, sie wolle bis September bleiben. Jetzt aber möchte sie verlängern. Deshalb grübelt sie schon seit Tagen darüber nach, wie sie ihrem Vater das nun wieder beibringen soll. Sicher wird es Tränen geben. Und sie wird wieder das Gefühl haben, eine Enttäuschung zu sein.

Wenn Lennart und Mariana hier in Münster sind, findet niemand ihre Lebensweise komisch. Erst einmal lernt man sich gut kennen, schließt eine Ausbildung ab, sucht sich Arbeit, dann heiratet man, wenn man denn möchte – so ist es in Deutschland normal. Und solange sie keinen Fanatiker an ihrer Seite haben, finden die meisten es egal, ob der Partner nun Katholik ist, Buddhist oder eben Atheist.

Mariana findet das schön. Sie findet aber auch: Die Deutschen haben ein komisches Verhältnis zu ihren Familien. »Für einen Ecuadorianer ist es merkwürdig, dass ein Kind schon mit 18 von zu Hause auszieht. Für ihn ist das ein Anzeichen dafür, dass die Eltern ihr Kind nicht richtig lieben und das Kind nicht die Eltern. Für mich bedeutet die Familie alles. Das ist ja ein Prinzip der Kirche: Die eigene Mutter so zu lieben, wie die Mutter Gottes.«

Als sie Lennart vor vier Jahren in Ecuador kennenlernte, fragte Mariana ihn manchmal: »Wie geht es deiner Mama?«

Und er sagte dann: »Weiß nicht.«

»Wann hast du mit ihr gesprochen?«

»Vor einem Monat.«

Wenn sie davon erzählt, schüttelt Mariana noch heute den Kopf. »Ich telefoniere jede Woche mit meiner Familie.«

»Manchmal sogar jeden Tag«, fügt Lennart hinzu. »Aber über vieles kannst du mit deinen Eltern doch gar nicht reden. Über die Beziehung zum Beispiel oder gar über Sex, undenkbar. Ich rede mit meinen Eltern zwar seltener, aber dafür völlig offen über alles.«

»Lennart sieht seine Eltern als Freunde«, sagt Mariana. »Bei mir ist das anders. Seine Eltern fragen, wann er mit dem Studium fertig ist, was er danach machen will. Meine Eltern fragen, wann wir endlich nach Ecuador kommen und Kinder bekommen. Weil wir nicht dem üblichen Weg folgen, wollen sie wissen, wo diese Beziehung hinführt.«

Wohin diese Beziehung wohl führt, das hat Mariana sich selbst viel zu spät gefragt – als sie schon bis über beide Ohren verknallt war. Damals, vor vier Jahren, zog Lennart als der Neue in ihre Sechser-Wohngemeinschaft in Quito ein. Lennart machte ein Praktikum in der ecuadorianischen Hauptstadt, Mariana studierte an der Universität. Die beiden verstanden sich gut. Mehr wollte Mariana eigentlich nicht. Sie hatte genug Freundinnen, die mit Männern aus Europa zusammen waren, und sie sah, was das bedeutete. Auch ihre Schwester hatte sich gerade in einen Österreicher verliebt. Immer diese Sehnsucht, die Tränen, die Unsicherheit, das Was-soll-nur-Werden – darauf hatte Mariana keine Lust. Sie wollte eine normale Beziehung. Aber andererseits: Mit Lennart konnte man einfach wunderbar reden. Vielleicht nicht über Gott, aber über die Welt. Und nach ein paar Wochen küsste er sie sogar.

Mariana fragte ihre Schwester um Rat – und die ermunterte sie: »Genieße es, er bleibt doch nur drei Monate, er will doch auch nur was Kurzes.«

Als Lennart schließlich Ecuador verließ, um ein Jahr lang im benachbarten Kolumbien zu studieren, da machten sie Schluss. Wie sollte das mit ihnen auch funktionieren? Vermutlich war es besser, sich einfach nie wiederzusehen, dachte Mariana. Das dachte auch Lennart. Aber was zählen schon Gedanken, wenn man etwas ganz anderes fühlt? Ein paar Wochen später stand Lennart deshalb erneut bei Mariana vor der Tür.

Die dachte an die Worte ihrer Schwester: »Das ist ein netter Kerl, du wirst es gut mit ihm haben! Genieß es einfach weiter.« Also genossen die beiden die gemeinsame Zeit. Bald darauf besuchte Mariana ihren Freund in Kolumbien. Und so nahmen vier Jahre Fernbeziehung ihren Anfang. Vier Jahre lang organisierten sie sich Praktika in Mexiko, Besuche in Ecuador und Aufenthalte in Deutschland. Seit vier Jahren überkommt Mariana kurz vor der Abreise immer wieder diese Panik: »Wie sollen wir das nur hinbekommen?« Und seit vier Jahren antwortet Lennart darauf: »Irgendeine Möglichkeit finden wir schon. Wie immer!«

Nächstes Jahr macht Mariana ihren Abschluss an der Uni in Ecuador. Auch Lennart wird sein Studium bald beenden. Mittelfristig, so stellen sie sich das momentan vor, wollen sie gern in Lateinamerika leben. Nicht in Quito, jedenfalls nicht mit Kindern – zu gefährlich. Aber Deutschland soll es auch nicht unbedingt sein.

Würden sie irgendwann doch einmal in Ecuador leben, so würde sich für Lennart und Mariana sicher manches ändern. Mariana würde wieder regelmäßig in die Kirche gehen, was sie in Deutschland so gut wie nie tut. Sie würde sich wohl immer wieder das Drängen der Eltern anhören müssen, Lennart solle sie zum Gottesdienst begleiten. Zwar will Mariana nicht, dass ihr Freund etwas tut, ohne davon überzeugt zu sein, aber manchmal fragt sie sich dann doch: Warum kann er nicht Katholik, warum nicht wenigstens getauft sein?

Einmal hat Lennart ihr den Unterschied zwischen einem Atheisten und einem Agnostiker erklärt: Ein Atheist glaubt nicht an eine höhere Macht. Einem Agnostiker ist es schlichtweg egal, ob es eine höhere Macht gibt. Das hat Mariana verletzt. »Zu wissen: Lennart geht davon aus, dass Gott existieren könnte, aber selbst wenn dem so wäre, wäre es ihm egal – das ist hart«, sagt sie. »Dass es Gott gibt, ist für mich etwas ganz Wichtiges. Es wäre für mich angenehmer zu denken, dass er daran einfach nicht glauben kann. Aber dass es ihm egal ist ... Da sind wir sehr verschieden.« Mariana zuckt die Schultern. So häufig sei das alles ja auch gar nicht Thema zwischen ihnen. Allerdings: Wenn die gemeinsamen Kinder einmal genauso denken würden wie Lennart – »das würde mich sehr stören. Er ist eine Sache. Eine andere Sache sind meine Kinder.« Bei manchen Fragen sind Kompromisse schwierig. Ein bisschen glauben – das gibt es nun mal nicht.

Was glaubst du?

Für Paare wie Lennart und Mariana ist die Familiengründung aber nicht nur der Punkt, an dem sie sich die Gretchenfrage stellen müssen: Wie halten wir's mit der Religion? In den vielen Jahren der Kindererziehung – das wissen sie – werden ständig Fragen hinzukommen. Und die werden von Mariana intuitiv oft anders beantwortet werden als von Lennart. Schließlich sind sich schon deutsch-deutsche Paare in der Kindererziehung oft uneinig. Da kann es sogar wichtiger sein, dass man einen ähnlichen Bildungshintergrund und ähnliche Werte teilt, als aus dem gleichen Kulturkreis zu stammen oder an denselben Gott zu glauben.

Dass der gemeinsame Glaube nicht so wichtig ist, sehen in Ecuador allerdings viele anders. Einmal etwa erhält Mariana von ihrer ältesten Schwester einen Anruf. Die Eltern haben damals Geldsorgen, und Marianas Schwester befindet düster: »Dass es unseren Eltern so schlecht geht, daran seid ihr schuld, weil ihr unehelich zusammenlebt. Gott bestraft uns dafür.« Mariana wiegelt ab. Sie könne diese Wahrheit nicht erkennen, weil sie nicht richtig glaube, sagt ihre Schwester. Schließlich gehe sie viel zu selten in die Kirche. Dann fügt sie hinzu: »Wenn du das nächste Mal nach Hause kommst, müssen wir reden, und dann wird sich einiges ändern.« Genau die gleichen Worte sagt sie auch zur mittleren Schwester, die mittlerweile bei ihrem Freund in Österreich lebt. Dort erzeugen ihre Worte deutlich mehr Wirkung: Die junge Frau ist verunsichert. Sollte sie wirklich schuld an der Misere der Familie sein? Für eine Ecuadorianerin ist das ein furchtbarer Gedanke, der furchtbarste überhaupt. Also geht sie in Wien zu einem Priester, der spanisch spricht. »Padre«, fragt sie ihn, »kann es sein, dass Gott meine Familie für mein sündhaftes Zusammenleben mit einem Mann straft?«

Der Priester verneint. »In der Bibel steht nirgendwo, dass wir für das Schlimme verantwortlich sind, das unseren Eltern widerfährt«, sagt er. Was für eine Erleichterung! Marianas Schwester ruft sofort zu Hause bei den Eltern an und berichtet von den Worten des Padre. Das angedrohte Familiengespräch findet somit auch für Mariana niemals statt. »Ich bin mir aber sicher«, sagt sie, »dass meine Schwester sich getrennt hätte, wenn der Priester ihren Verdacht bestätigt hätte. Sie hätte es nicht ausgehalten, für das Unglück meiner Eltern verantwortlich zu sein.«

Ich glaube was, was du nicht glaubst – für viele internationale Paare ist das weniger ein Problem als für ihre Umgebung. Plötzlich werden Selbstverständlichkeiten über den Haufen geworden. Es wird mit Traditionen gebrochen. Und die Eltern beginnen sich zu fragen: Wenn dieser junge Mann noch nicht einmal ein guter Gläubiger ist – woher sollen wir dann wissen, ob er ein guter Mensch ist?

»Gerade das habe ich meiner Mutter immer wieder gesagt«, erzählt Anjali. »Was für ein toller Mensch Max ist. Und ich habe immer gehofft, dass meine Mutter das irgendwann wichtiger finden würde als Herkunft oder Religion.« Anjalis Familie stammt aus Indien, oder nun gut, wohl eher aus Australien. Genau genommen sind nur ihre Großeltern in Indien selbst geboren. Doch obwohl Anjalis Eltern ihre sechs Kinder in Melbourne großgezogen haben, haben sie immer indisch gelebt. Sie glaubten an die Hindu-Götter, feierten indische Feiertage, sprachen einen Hindi-Dialekt – und für sie kamen immer nur Inder als Heiratskandidaten in Betracht.

Der Himmel über Melbourne ist wieder einmal blau, als Anjali vor fünf Jahren in ihr Elternhaus spaziert und all das infrage stellt.

Sie ist aufgeregt. Schließlich steht da ein Mann an ihrer Seite, den sie bisher nur als »einen Freund« vorgestellt hat. Der aber in Wirklichkeit ihre große Liebe ist. Es ist Max aus Deutschland: groß, schlank, blonde Haare, sympathisches Lächeln, gutaussehend. Anjali und er möchten heiraten – und heute ist der Tag, an dem sie das der Familie beichten wollen. Anjali weiß: Aus Sicht ihrer Mutter ist Max der Falsche. Obwohl er höflich und weltoffen ist, studiert hat, sich zu benehmen weiß, aus gutem Hause kommt. Für eine deutsche Mutter der Traumschwiegersohn. Doch hier ist Max vor allem eins: kein Inder.

Als Anjali ihrer Mutter endlich die Wahrheit sagt, klopft ihr Herz schnell und hart. Sie ahnt, dass jetzt nichts Gutes kommen kann. Und trotzdem hofft sie auf ein Wunder. Sieht die Mutter denn nicht, dass Max ihr guttut? Was für ein großartiger Mensch er ist? Gleichzeitig weiß sie: Ihre Mutter ist gerade Witwe geworden – und will nun mehr denn je die Tradition in Ehren halten, den Willen des Vaters fortführen. Eine ganze Weile schweigt Anjalis Mutter. Dann sagt sie leise: »Du weißt, was ich darüber denke. Wenn du jemanden außerhalb der indischen Gesellschaft heiratest, bist du nicht länger Teil dieser Familie.« Max lässt sie wissen: »Du bist hier nicht willkommen.« Und damit ist aus ihrer Sicht alles gesagt.

Alles, was Anjali in diesem Moment fühlen kann, ist Schuld. Sie kann ihre Mutter nicht stolz machen. Sie ist keine gute Tochter. Sie verhält sich egoistisch. Doch dass Max neben ihr steht, gibt ihr Kraft. Sie weiß, dass sie jetzt kämpfen muss – und für diesen Mann ist es das wert. Sie wird in den folgenden Wochen und Monaten häufig mit ihrer Mutter streiten, meistens per Brief, sie wird oft traurig sein und manchmal weinen. Aber sie wird sich durchsetzen und Max heiraten. In Deutschland. Ohne die eigene Familie.

Es ist eine Gemengelage aus Tradition und Religion, mit der Anjali und Max seither zu kämpfen haben. Denn hat es nun religiöse Gründe, dass Anjalis Mutter den deutschen Schwiegersohn ablehnt? Liegt es daran, dass er nicht an die gleichen Götter glaubt? Oder findet sie es vor allem wichtig, dass die Tochter der Tradition folgt? Wahrscheinlich ist es beides. Denn natürlich lässt sich der Hinduismus nicht von Indien trennen, und Indien nicht vom Hinduismus. Anjali sagt: »You can take an Indian out of India, but not India out of an Indian.« Selbst wenn ein Inder also sein Land verlässt, wird er seine Heimat immer mit sich herumtragen.

Anjalis Eltern wuchsen in Afrika auf. Dort lebten sie in einer indischen Gemeinschaft, als wären sie nicht in Kenia, sondern in Kerala. Nach ihrer Hochzeit zogen sie erst nach England und schließlich nach Australien.

»Dabei haben sie nicht mitbekommen, dass sich auch in Indien Dinge ändern«, sagt Anjali. »Sie bewahren die Traditionen ihrer Kindheit. Je weiter weg sie von zu Hause sind, umso wichtiger ist das.«

Als Inderin in der Diaspora wuchs sie in einer klaren Hierarchie auf – in der sie zu ihren Eltern aufschaute, immer. Das Wichtigste dabei: zu tun, was die Eltern für richtig hielten. Sie stolz zu machen. Sie zu ehren. »Für Menschen aus dem Westen ist es oft schwierig zu verstehen, wie in Asien die Beziehungen zwischen Kindern und Eltern funktionieren«, sagt Anjali. »Kinder wissen nach dieser Überzeugung nicht immer, was gut für sie ist. Aber die Eltern wissen das.«

Wenn man mit solchen Grundsätzen groß geworden ist, tut jeder Verstoß gegen die Regeln weh. Etwa nach sich selbst zu schauen, »egoistisch zu sein«, wie Anjali sagt. Ihr ganzes Leben lang tänzelt sie schon zwischen den zwei Welten. Eine, die ihr sagt, sie habe ein Recht auf größtmögliches Glück. Und eine, die sagt, es gebe nichts Schlimmeres, als seine Wurzeln zu vergessen.

Der Konflikt, der bei Mariana aus Ecuador nur im Hintergrund schwelt, hat bei Anjali von Anfang an die Ausmaße eines Flächenbrandes. Bei beiden hat die Ablehnung der Eltern mit ihrem Glauben zu tun. Bei beiden setzten sich die Töchter gegen die Eltern durch. Und beide schmerzt das mehr, als ein Westeuropäer es sich jemals vorstellen könnte.

Anjalis Mutter sagt immer wieder: »Was würde dein Vater nur sagen! Wie kannst du ihm das antun? Wie kannst du mir das antun?« Oder auch: »In zehn Jahren wirst du geschieden sein – aber dann brauchst du nicht mehr nach Hause zu kommen!«

Liebe am Gipfel

Das alles hatte Anjali geahnt, als sie Max auf einer Reise durch Lateinamerika kennenlernte, mitten in den peruanischen Anden. Damals wanderte sie drei Tage lang auf dem berühmten Inca-Trail, dessen Pfade bis nach Machu Picchu führen. Machu Picchu, diese sagenumwobene Stadt. Sie raubt ihren Besuchern nicht nur wegen ihrer Schönheit den Atem – sondern auch, weil hier oben, auf über 2000 Metern, die Luft dünn ist. Anjali war die langsamste in ihrer Wandergruppe. Als der schmale Pfad an einer Stelle steil nach oben führte, machte sie wieder einmal Pause und schnappte nach Luft. Da stand plötzlich ein junger Mann neben ihr. Er war der Schnellste der Wandergruppe, die hinter Anjalis Truppe lief. Sie kamen ins Gespräch. Und plötzlich fiel auch das Weitergehen leichter. Es war so einfach, mit diesem Max aus Deutschland zu reden, und es fühlte sich für Anjali an, als würde sie ihn schon ihr ganzes Leben lang kennen. Ein merkwürdiges Gefühl. Und das bei einem, der sieben Jahre jünger war als sie selbst, einem Studenten!

Am letzten Tag ihrer Wanderschaft erkundeten Anjali und Max gemeinsam Machu Picchu, danach fuhren sie mit dem Zug zurück nach Cuzco. Max sagte, er werde am Abend mit Freunden in eine Bar gehen – sie könne ja auch kommen, wenn sie Lust hätte. Anjali gab zurück, da müsse sie ihre Freundin fragen, mit der sie sich in Cuzco ein Zimmer teilte. Gleichzeitig wummerte es in ihrem Kopf: Bloß nicht verlieben! Er ist kein Inder!

Die Freundin fühlte sich an diesem Abend nicht gut und wollte lieber nicht ausgehen. Auch Anjali war müde von der Tour, die hinter ihr lag. Sie saß auf dem Bett und dachte: Soll ich allein in diese Bar gehen? Zu einem Mann, den ich kaum kenne?

Wäre sie an diesem Abend nicht doch noch losgezogen, so hätte sie Max vermutlich nie wiedergesehen. Es war sein letzter Abend in Cuzco. Nachdem sie E-Mail-Adressen ausgetauscht hatten, reiste er gen Norden weiter. Anjalis Pläne führten sie in den Süden. Eigentlich. Doch sie vermisste Max, wie sie noch nie jemanden vermisst hatte. »Lass uns in zwei Tagen in La Paz treffen«, schrieb sie ihm deshalb. Und hoffte, dass er irgendwann in diesen zwei Tagen in ein Internetcafé gehen würde, um seine Mails abzurufen. Er tat es. Und als sie sich schließlich wiedersahen, war beiden klar: Das hier war mehr als eine nette Reisebekanntschaft.

Anjali liebt diese Geschichte. Und sie liebt Max. So sehr, dass sie zwei Jahre nach dem Kennenlernen den Kampf mit der Mutter auf sich nimmt, und ein weiteres Jahr darauf Max heiratet. Aus Anjalis Familie reisen dafür nur zwei Schwestern an, drei Geschwister und die Mutter bleiben abwesend. Max' Familie versucht diesen Verlust zu ersetzen: Seine Mutter organisiert eine Mehndi-Party, bei der sich alle Frauen Hände und Füße mit kunstvollen und verschlungenen Mustern bemalen lassen. Viele der Gäste erscheinen indisch gekleidet. Anjali selbst trägt einen cremefarbenen Sari. Strahlend schön steht sie neben ihrem nervösen Bräutigam am Ufer eines Flusses. Zusätzlich zur standesamtlichen Trauung wollten die beiden eine Hindu-Zeremonie feiern. Sie beten also mit dem indischen Priester zu Ganesh, dem Gott der Weisheit und des Wissens, legen sich gegenseitig Blumenketten um, strahlen um die Wette. Dann folgt der Höhepunkt der Zeremonie: Max legt Anjali die »Mungal Sutra« um – eine Kette, die signalisiert, dass sie nun verheiratet sind.

Kein Brief aus Australien erreicht Anjali, kein Glückwunsch. Irgendwann im Laufe des Tages ruft sie zu Hause an. »Ich habe den ganzen Tag an dich gedacht«, sagt sie zu ihrer Mutter. Dass es ihr Hochzeitstag ist, bleibt unausgesprochen.

Die Mutter fragt: »Bist du glücklich?«

»Das bin ich«, antwortet Anjali. »Sehr glücklich.«

Anjali weiß, dass jetzt eine Politik der kleinsten Schritte angesagt ist. Der wichtigste dieser Schritte ist die Geburt ihres Sohnes Shivam. Denn natürlich möchte die frischgebackene Oma ihren Enkel gerne kennenlernen. Und natürlich gehört dazu, die Vergangenheit ruhen zu lassen. Als Anjali und Max beschließen, mit Shivam nach Australien zu reisen, wird die Familie deshalb eingeladen, im Haus der Mutter zu wohnen – für Max eine nicht gerade angenehme Idee.

»Was, wenn uns das den ganzen Urlaub versaut?«, fragt er. Schließlich spricht seine Schwiegermutter nicht einmal mit ihm. Anjali fühlt sich einmal mehr zwischen den Fronten. Sie weiß: Die Einladung war keine leichte Entscheidung für ihre Mutter. Jetzt abzulehnen, das wäre eine schlimme Zurückweisung. Schließlich kann sie Max überzeugen – und die beiden ziehen mit ihrem Sohn für zwei Wochen in Anjalis Elternhaus.

»Dass das möglich ist, hätte ich vor drei Jahren nie gedacht«, sagt Anjali. »Vielleicht liegt es auch daran, dass meine Schwester einen Inder geheiratet hat und mittlerweile schon wieder geschieden ist. Ich dagegen bin sehr glücklich verheiratet. Das hat meine Mutter wohl zum Nachdenken gebracht.«

Zwar fallen zwischen Max und seiner Schwiegermutter kaum mehr als Höflichkeitsfloskeln – aber immerhin. »Ich bin geduldig«, sagt Anjali. »Es ist sehr hart für meine Mutter, sich zu ändern. Aber sie ist ja kein schlechter Mensch. Und ich verstehe ihren Standpunkt auch. Ich teile ihn nur nicht.«

Anjali, Max und Shivam wohnen heute in Berlin-Mitte. Internationale Paare gehören hier zum Alltag. Anjali hat sogar eine Freundin gefunden, die ihren regionalen Heimatdialekt spricht und den Kleinen ab und zu babysitten kann. Durch ihre große Wohnküche schallen häufig Kinderlieder aus den Boxen – mal adrett und akkurat auf Deutsch, mal lustig auf Englisch, mal orientalisch anmutend auf Hindi. Noch ist Shivam erst ein Jahr alt, aber schon jetzt soll er alle drei Sprachen kennenlernen. Und natürlich auch beide Religionen. Jeden Abend um 18 Uhr stellt Anjali deshalb ein kleines Tablett vor Shivam auf den Tisch, entzündet darauf eine Kerze, klingelt mit einer Glocke und spricht ein paar Gebete. Will der Kleine mit der Figur des Gottes Ganesh spielen, so hält sie ihn sanft, aber sehr bestimmt davon ab. Er soll begreifen, dass das hier kein Spielzeug ist, sondern etwas ganz Besonderes.

18 Uhr war schon vor Shivams Geburt ihre heilige Zeit. »Ich bin überzeugt, dass es uns besser geht, wenn ich jeden Tag bete«, sagt Anjali. Anfangs war ihr das vor Max noch unangenehm. Mittlerweile aber zündet er die Kerze für sie an, wenn sie am Abend nicht daheim sein kann.

Sollte Shivam sich eines Tages für das Christentum interessieren, dann würden sie ihm alle Fragen geduldig beantworten, sagen Anjali und Max. Shivam soll seinen Weg selbst wählen – auch, wenn das nicht Anjalis Weg ist. »Ich bin schon gespannt, ob ich das dann wirklich akzeptieren kann«, sagt sie. »Oder ob ich dann vielleicht auch manchmal denke: ›Ich weiß aber viel besser, was gut für dich ist!‹«

»Ein Ägypter? Tu mir das nicht an!«

Groß, dunkelhaarig, gebildet – und religiös. All das ist Walid, als er und Sabine sich kennenlernen. Und all das gefällt ihr an ihm. Sabine ist Christin, Walid Moslem. An einen Gott zu glauben, das ist eine Gemeinsamkeit zwischen ihnen. Dass es sie irgendwann einmal trennen könnte, kann sich Sabine bei ihrer ersten Begegnung mit Walid noch nicht vorstellen. Dieses erste Treffen ereignet sich im Jahr 1986. Sabine, damals 29 Jahre alt und Designerin, ist nach Ägypten gereist, um einige Geschäftspartner zu treffen. Unter ihnen ist auch Walid. Seine Ausstrahlung wirft

Sabine vom ersten Moment an völlig um. Da ist dieses Gefühl, vor ihr stehe ihre andere Hälfte, ihr Zwilling – so hat sie noch nie für einen Mann empfunden. Hals über Kopf verliebt sich die Deutsche. Doch Walid macht ihr schnell klar: Will sie als anständige Frau gelten, als Frau zum Heiraten, dann dürfen sie nicht miteinander ins Bett gehen, ja, nicht einmal für längere Zeit miteinander allein sein. So verlangt es der Koran. Walid und Sabine beschließen deshalb am zweiten Tag ihres Kennenlernens, dass sie heiraten werden. Nach diesem Versprechen steigt die junge Frau ins Flugzeug, das sie zurück nach Deutschland bringt. Von nun an schreiben sie und Walid Briefe, ein halbes Jahr lang. Manchmal fragt sich Sabine in dieser Zeit: Wie kann das sein, dass sie sich in nur zwei Tagen verliebt hat? Ist Walid wirklich der Mann ihres Lebens? Oder war das vielleicht alles nur ein Hirngespinst? Doch dann steht Walid am Frankfurter Flughafen wieder vor ihr, und die Gefühle sind immer noch die gleichen. Er ist nach Deutschland gekommen, weil er bei ihren Eltern um ihre Hand anhalten will. Damals übernachtet er bei Sabines Großeltern im Erdgeschoss, getrennt von ihr – damit der Anstand gewahrt wird. Sechs Wochen bleibt er. Am Ende steht fest: Sobald alle Papiere besorgt sind, wird er wiederkommen, Sabine heiraten – und dann mit ihr nach Alexandria in Ägypten ziehen.

25 Jahre sind seitdem vergangen. Bis heute hat Sabine kaum jemandem davon erzählt, was in dieser langen Zeit alles passiert ist. Wie sie zum Islam konvertierte und wieder zurück zum Christentum, wie sie kontrolliert wurde und manchmal auch geschlagen, wie sie sich mit aller Kraft im ägyptischen Familienclan gegen Verschwörungen behauptete, unter Depressionen litt und schließlich die Schei-

dung verlangte. Obwohl sie all das erlebt hat, sagt sie noch heute über Walid: »Er ist der Mann meiner Träume. Und ich möchte auch keinen anderen mehr.«

Aber zurück ins Jahr 1986: Damals haben Sabine und Walid erst einmal nur mit der Skepsis ihrer Umgebung zu kämpfen. Sabines Vater etwa ist nicht sehr glücklich mit der Hochzeit. Er macht oft Geschäfte mit Arabern, er weiß, in was für eine Welt sich Sabine da begeben will. »Tu mir das nicht an«, bittet er sie. Und auch von Walids Familie kommt nicht nur Freude über die Verbindung. Seine Mutter findet jedenfalls: Eine Ausländerin ist nichts für ihren Sohn.

Und dann steht da diese schlanke Deutsche mit den langen blonden Haaren vor ihrer Tür in Alexandria, als ihre neue Schwiegertochter. Obwohl Sabine und Walid in Deutschland bereits standesamtlich, kirchlich und auch in der Moschee und im ägyptischen Konsulat geheiratet haben, wird nun noch einmal auf ägyptisch gefeiert: groß. Sabine zieht erst ein selbst entworfenes Kleid an und dann alle Blicke auf sich. Eine blonde blauäugige Braut – in Alexandria ist das eine kleine Sensation. Nach der Hochzeit werden sie und Walid häufig eingeladen. Man ist neugierig: Wer ist diese Europäerin? Weil sie reitet, bewegt sich Sabine oft in nobler Gesellschaft. Sie ist die einzige Frau im Reitclub, hat als Geschäftsfrau schon viel erlebt und wird deshalb sehr geachtet – gleichzeitig ist sie das Klatschthema des ganzen Viertels.

Erst nach und nach lernt sie, was es bedeutet, dauerhaft in einem vom Islam geprägten Land zu leben. Einem Land, in dem der Koran das soziale Leben regelt. Und in dem Frauen und Männer meist in getrennten Welten ihren Tag verbringen.

Wenn Sabine heute von Ägypten erzählt, dann berichtet sie auch von Bikini tragenden Frauen, von pro-westlichem Enthusiasmus, von Emanzipation. Ein solches Ägypten gab es in den 1960er- und 70er-Jahren. »Meine Schwiegermutter sah da auf den Fotos aus wie Liz Taylor«, sagt Sabine. Sie erzählt aber auch vom Ägypten der 1980er- und 1990er-Jahre, das sie selbst kennengelernt hat: eine Zeit, in der die Frauen sich zunehmend verhüllten – und einander manchmal selbst die größten Feinde waren.

Einmal sitzt Sabine damals bei einer jungen Familie zum Abendessen. Sie erzählt, dass sie beruflich nach Paris müsse und fragt: »Soll ich euch etwas mitbringen, braucht ihr etwas?« Statt einer Antwort auf diese Frage gibt die junge Gastgeberin zurück: »Mein Vater reist ja auch sehr viel nach Paris. Aber er hätte es nie gewagt, mich als ehrbare ägyptische Frau dorthin mitzunehmen. Das ist zu gefährlich, die Männer dort sind ja total unberechenbar.« Sabine erkennt erst im Nachhinein, was das Ziel der Frau war: Sie wollte die Ehre der Deutschen anzweifeln, sie bloßstellen.

»Ehre« und »Status«, das sind fortan zwei allgegenwärtige Konzepte in Sabines neuem Leben. Sie selbst hat einen recht hohen Status – schließlich kennt sie durch ihren Reitsport viele einflussreiche Menschen. Außerdem ist sie Geschäftsfrau, kann sich mit nur 30 Jahren selbst ein Auto kaufen, während die meisten anderen Frauen vor jeder größeren Ausgabe um Erlaubnis ihrer Männer bitten müssen. »Ich habe mein eigenes Geld verdient und musste nicht bei meinem Mann buhlen«, sagt Sabine rückblickend.

Für die Männer im Reitclub ist Sabine damals in Ägypten eine geschätzte Gesprächspartnerin. Sie kann Kontakte nach Deutschland vermitteln, bei Geschäften beraten. Doch wenn sie länger als fünf Minuten mit einem Mann spricht, wird schnell getuschelt. Dabei hält sich Sabine an alle wichtigen Regeln: senkt den Blick, wenn sie einem Mann gegenübersteht, bleibt zurückhaltend. Länger als sechs, sieben Minuten redet sie mit keinem Fremden.

Dass sie sich an solche Regeln hält, ist auch dringend notwendig – schließlich gilt es, gegen ein Klischee anzukämpfen. Denn genau wie die meisten Deutschen ein Bild von islamischen Ländern im Kopf haben, haben die Ägypter ein Bild von Europa. »Die dachten, dass in Deutschland ein Mann über die Straße läuft und sich dort einfach eine Frau aussuchen kann«, sagt Sabine. »Man spricht sie an und geht dann mit ihr nach Hause, wie im Katalog oder im Schlaraffenland.« Wie kann man als einzelne Frau ein solches Bild schon revidieren?

Einer weiß Sabines Anpassung besonders zu schätzen: ihr Schwiegervater. Mit ihm versteht sie sich von Anfang an bestens. Er ist derjenige, der sie auch immer wieder in Schutz nimmt, wenn jemand fragt: »Warum ist sie denn keine Muslima?« – »Das ist nicht eure Sache«, antwortet er dann. Selbst die anfangs so skeptische Schwiegermutter ist Sabine irgendwann gewogen. Vielleicht auch deshalb, weil Sabine ihr zumindest in einem Punkt keine Konkurrenz macht: »Ich habe es ihr überlassen, mit ihren Kochkünsten zu glänzen«, sagt Sabine. Kochen muss die Deutsche damals sowieso nur, wenn sie Lust dazu hat. Sie führt in Alexandria ein gut laufendes Modedesignbüro und beaufsichtigt für deutsche Firmen Kleidungsproduktionen in Ägypten. Für die Hausarbeit kann sie sich deshalb eigene Angestellte leisten. Im Laufe der Zeit baut Sabine mit ihrem Mann außerdem zwei Boutiquen und ein Restaurant auf.

Als Sabine ihm damals Geld aus ihren Geschäften geben will, reagiert Walid allerdings sauer. »Was mein ist, ist auch dein – dieser Grundsatz gilt im Islam nicht«, sagt Sabine. Es sei die Aufgabe des Mannes, die Frau so zu versorgen, wie es zuvor der Vater getan hat. Für Walid käme es daher einer Entwürdigung gleich, Geld von ihr anzunehmen – als könne er nicht richtig für sie sorgen. »Was der Frau gehört, gehört deshalb nur ihr allein«, sagt Sabine. »Solche Regeln kannte ich gar nicht, da war ich komplett uninformiert.«

Von außen betrachtet führt Sabine in Ägypten ein Leben, um das sie auch deutsche Frauen beneiden könnten. Vielen ägyptischen Frauen aber ist ihre Eigenständigkeit nicht geheuer. Hinter ihrem Rücken, so bekommt Sabine es irgendwann mit, wird über sie gelästert: »Hast du schon das Neueste von der Deutschen gehört?« Die Frauen laden sie auf Partys ein – aber vor allem deshalb, weil sie sehen wollen, was die Modedesignerin aus Deutschland für ein Kleid trägt. Wenn diese Frage geklärt ist, wird sie langweilig. Einmal wird sie von der Frau eines Geschäftspartners ihres Mannes nach Hause eingeladen. Sabine freut sich riesig, schließlich hätte sie so gern eine Vertraute unter den ägyptischen Frauen. Nach dem ersten Treffen ruft sie wieder und wieder bei der vermeintlichen neuen Freundin an – und die lässt sich immer wieder entschuldigen. Heute ahnt Sabine: »Für die Frau war es offenbar eine Genugtuung, dass da ständig diese Deutsche anruft und sie sie abblitzen lassen kann. So hat sie ihren Status erhöht.«

Weil sie mit den Frauen so gar nicht warm wird, liegt Sabine in diesen ersten ein, zwei Jahren nachts oft wach und weint. »Warum hast du das nur gemacht?«, fragt sie sich dann. Sie vermisst ihre Freunde, die Familie, die Eltern.

Nur die Liebe zu Walid lässt sie das alles aushalten – und die Momente, in denen sie doch einmal ein kurzes gutes Gespräch führen oder auf ein tolles Fest gehen kann. Als etwa der damalige deutsche Weltmeister im Springreiten nach Ägypten kommt, da freuen sich alle im Reitclub, dass sie eine deutsche Frau aufbieten können, die den Gast zu Empfängen begleitet.

Doch innerlich erdrücken Sabine die Erwartungen, die die ägyptische Gesellschaft an sie stellt. Denn die potenzieren sich noch einmal, als sie Mutter wird. Sie heißt nun für viele nur noch »Umm Aron«, »Mutter von Aron« – in Ägypten gilt das als eine Art Ehrentitel, man würdigt damit Sabines Mutterschaft. Doch mit der Ehre kommen auch die Pflichten, und die lauten: daheim bleiben, sich um die Kinder kümmern, den Haushalt vorbildlich führen, dem Willen des Mannes folgen. »Sobald ein Kind da ist, wird man von der Außenwelt kritischer beobachtet«, sagt Sabine. »Man steht mehr im Blickpunkt der Öffentlichkeit.« Diesen Druck spürt auch Walid. Ihm wird es deshalb immer wichtiger, den Regeln des Islams zu folgen, als guter Gläubiger zu leben – kurz: ein Vorbild für seinen Sohn zu sein.

»Geschlagen werden, das fand ich fast schon normal«

Elisabeth Reif kennt dieses Phänomen: »Viele Menschen verhalten sich plötzlich strenger als zuvor, wenn ein Kind auf die Welt kommt. Das sorgt häufig für Konflikte, etwa wenn es darum geht, wie oft das Kind in die Kirche oder die Moschee mitgenommen werden soll.« Die Mediatorin vermittelt zwischen Österreichern und ihren ausländischen Partnern. Dabei erlebt sie immer wieder, dass Gläubige weitergeben möchten, was sie selbst in ihrer Kindheit erfahren haben. »Als Erwachsener geht man vielleicht Kompromisse ein, hält sich dem Partner zuliebe zurück«, sagt Elisabeth Reif. »Aber den Kindern möchte man ein gutes Vorbild sein. Da tritt bei der Kindererziehung das religiöse Element oft viel stärker hervor als im eigenen Leben.« Das kann dann etwa so aussehen, dass die Christin plötzlich regelmäßig vor dem Essen betet, der Moslem völlig auf Alkohol verzichtet, der Jude sich streng an den Sabbat hält – obwohl sie das alles vorher nicht so wichtig genommen haben.

Solche Rückbesinnungen erleben natürlich auch Menschen, die nicht gläubig sind: Fast jeder macht sich vor der Geburt eines Kindes Gedanken, welche Werte und Grundsätze er ihm mitgeben möchte. Da können die Meinungen zwischen den Eltern schnell auseinandergehen.

Auch bei Sabine und Walid kommt es immer öfter zu Streit, nachdem der kleine Aron auf der Welt ist. Etwa, wenn sie wieder einmal das Haus verlässt, ohne ihn vorher zu fragen. Aber sie will sich nicht einsperren lassen, nicht jede Bewegung mit ihrem Mann abstimmen – sie will atmen können. Also fährt sie zu den Pferden, zum Strand und zu Terminen. Dann kann es passieren, dass Walid bei der Arbeit einen Anruf bekommt und jemand scheinbar beiläufig sagt: »Ich habe deine Frau heute Mittag im Reitclub gesehen.« Natürlich tut Walid dann so, als wüsste er von dem Ausflug – schließlich will er nicht als ein Mann dastehen, der seine Frau nicht unter Kontrolle hat. Zu Hause aber macht er Sabine Vorwürfe. »Für meinen Mann war es ein Albtraum, dass ich so mobil war«, sagt sie.

Manchmal fragt Walid auch den kleinen Sohn, wo die Mama denn tagsüber gewesen sei. Sabine ist ihm noch heute dankbar, dass Aron damals zu ihr hält und sogar lügt. Denn Walids Ausraster werden zunehmend aggressiver. Schließlich kommt der Tag, an dem er zuschlägt.

»Damals fand ich das fast schon normal«, sagt Sabine rückblickend. »Denn jede ägyptische Frau – arm oder reich – hatte das gleiche Schicksal. Der Mann zeigt der Frau, wo ihre Grenzen sind, das war die klassische Vorstellung von Ehe.« Sabine sagt heute, in all ihren Jahren in Ägypten habe sie keine Ausnahme von dieser Regel gefunden. »Es steht im Koran, dass man unter Umständen auch handgreiflich werden darf. Und ich kenne keine ägyptische Ehe, in der das nicht so gehandhabt worden wäre.«

Was Sabine erzählt, ist ihre ganz persönliche Geschichte. Nicht in allen Ländern wird der Islam gleich gelebt, der Koran gleich ausgelegt, auf dem Land mag es andere Ansichten geben als in der Stadt, unter alten Menschen andere als unter den jungen, Studierte werden anders denken als Analphabeten. Und doch gibt es Erfahrungen, die Sabine mit vielen Frauen teilt. Frauen, die wie sie der Liebe wegen in ein Land gezogen sind, in dem der Islam Staatsreligion ist. Natürlich werden nicht alle geschlagen, natürlich müssen sich nicht alle verhüllen – aber alle sehen sich mit Erwartungen und Forderungen konfrontiert. Sich ihnen zu entziehen, ist vor allem dann schwer, wenn sie mit dem Koran begründet werden. Denn dann ist jede Diskussion zu Ende, dann gibt es keinen Verhandlungsspielraum mehr. Gegen den Koran kann man nicht argumentieren.

Zum Beispiel das Verbot männlicher Freunde: »In islamischen Ländern ist es gewollt, dass Männer und Frauen nicht viel miteinander zu tun haben, es sei denn, sie sind verwandt oder verheiratet«, sagt Elisabeth Reif. »Es wird eigentlich schon als Vertrauensbruch gewertet, wenn eine Frau sich mit einem Nicht-Verwandten allein in einem Raum aufhält.« Die gängige Auffassung lautet: Zwischen Mann und Frau herrscht immer eine sexuelle Anziehungskraft. Und diese Kraft ist so stark, dass sich ihr niemand entziehen kann. Befinden sich ein Mann und eine Frau bei geschlossener Tür allein in einem Raum, werden sie sich also zwangsläufig zueinander hingezogen fühlen. »Man ist dort der Überzeugung, dass ein Mann und eine Frau leicht sexuell verführt werden können. Einfach, weil sie den Sexualtrieb als so stark und allgegenwärtig ansehen. Durch diese Annahme sind viele Situationen tatsächlich sexuell aufgeladen. Da ist dann wirklich Spannung.«

Eine der wichtigsten Anweisungen für Muslime lautet deshalb: Bringe dich nicht in Versuchung. Die Geschlechtertrennung, die in vielen Ländern herrscht, stellt quasi eine präventive Maßnahme dar. Mit dem Westen verbinden nicht nur die tratschenden Bekannten von Sabine das Gegenteil dieses strengen Ehrenkodex. Im Westen, so nehmen viele an, sei wegen der fehlenden Geschlechtertrennung Zügellosigkeit an der Tagesordnung. »Manche islamischen Männer haben da regelrechte Fantasien über die extreme Freizügigkeit westlicher Frauen«, sagt Elisabeth Reif. Wer wie Sabine diesem Bild nicht entsprechen will, muss umso strenger den Erwartungen an eine ehrbare Frau gerecht werden. Sonst könnte es ihr wie der Amerikanerin gehen, von der ich neulich in einem Buch las: Sie heiratete in den USA einen muslimischen Kenianer und zog später mit ihm in sein Heimatland. Weil sie aber vor der Ehe mit dem Mann geschlafen hatte, hielt er ihr das immer wieder als moralisches Vergehen vor. Wenn sie vor der Ehe Sex gehabt habe, so seine Annahme, sei sie sicher auch zu anderen Sünden fähig.

Der Umzug ins Land des anderen kann unter solchen Umständen einen Schock für den Partner bedeuten. Denn dann ändert sich oft das eingespielte Verhalten. Weil sich etwa der Mann nun den Erwartungen seiner Familie und seiner Umgebung ausgesetzt sieht, wird es plötzlich viel wichtiger als zuvor, regelmäßig in die Moschee zu gehen. Plötzlich sind Berührungen in der Öffentlichkeit tabu. Plötzlich will er der Ehefrau den Kontakt zu alten (männlichen) Freunden verbieten. Und plötzlich ist es nicht mehr so selbstverständlich, dass man sich Haushalt und Kindererziehung teilt. Eine Frau muss dann herausfinden: Mit welchen Regeln kann ich leben, weil sie für meinen Mann essenziell sind? Welche Anforderungen gelten zwar in seiner Gesellschaft als normal – sind aber für mich nicht akzeptabel? Und kann ich damit leben, dass mich andere schief ansehen oder sogar ausschließen, wenn ich mich nicht regelkonform verhalte, sondern so, wie ich es aus meinem Heimatland kenne? Und dann gibt es natürlich noch den umgekehrten Fall: dass man sich auch im eigenen Land an die Regeln des Partners hält. Dann kommt die Frage auf: Kann ich es aushalten, von meinen eigenen Freunden schief angesehen zu werden, weil ich etwa ein Kopftuch trage oder Alkohol meide?

Meine Cousine Anna kennt solche Balanceakte. Als sie etwa mit ihrem Freund Aminu aus dem Niger zusammenziehen wollte, da lehnte der ab. Nicht einmal übernachten wollte er bei ihr. Er ging auch nicht mit ihr gemeinsam aus, stellte sie nie seinen Freunden vor. Denn, so sagte er: »Wir sind nicht verheiratet. Wenn du mit mir leben willst, müssen wir auf islamische Weise Mann und Frau werden.« Anfangs sträubte sich Anna dagegen. Sie wollte Aminu nicht heiraten, bevor sie mit ihm zusammengewohnt hatte. Aber nach vier Jahren heimlicher Beziehung willigte sie schließlich doch ein – mit einem Kompromiss: Sie würde mit in die Moschee kommen und sich in einer islamischen Zeremonie trauen lassen, dafür verzichtete er auf eine große Feier. Also setzte sie sich gemeinsam mit ihrer Schwester eines Tages Kopftücher auf und folgte Aminu zum ersten Mal in seine Moschee. Die hatte weder Kuppel noch Halbmond, sondern war in einem ganz normalen Gebäude untergebracht. Der Imam, ein Deutscher, sprach eine Weile über den Islam und über die Ehe. Dann fragte er beide, ob sie einander heiraten wollten. Die Zeremonie dauerte etwa eine dreiviertel Stunde, und am Ende waren Anna und Aminu Eheleute. Jedenfalls, wenn man Aminu fragt. Anna dagegen fühlt sich nicht verheiratet. »Schließlich waren wir nicht auf dem Standesamt«, sagt sie. Vor dem deutschen Staat gelten beide weiterhin als ledig – im Niger dagegen als Ehepaar.

Bisher ist Anna noch nie in Aminus Heimat gewesen. Denn kennengelernt hat sie ihn in Hamburg, und in Hamburg will sie auch bleiben. Auch Aminus Leben ist jetzt voll und ganz in Deutschland, er will sich sogar einbürgern lassen. Dass Anna Christin ist, spielt für ihn keine Rolle. »Denn – Entschuldigung – der Mann ist immer stark«, sagte er mir einmal. »Er will damit sagen, dass im Islam der Mann in der Familie das Sagen hat und die Religion der Kinder bestimmt«, erklärte Anna. Für sie ist das kein Problem. »Ich finde es gut, wenn Kinder mit einer Religion aufwachsen, einen Halt haben. Ich selbst bin ja nicht sehr gläubig.«

Immer wieder Kompromisse finden zu müssen – das kennt meine Cousine also sehr gut. Zu manchen dieser Kompromisse muss sie sich durchringen, wie die islamische Hochzeit, andere machen ihr nichts aus: Wenn Aminu zum Beispiel in sein Zimmer verschwindet, weil sie Freundinnen eingeladen hat. Für ihn gehört es sich eben nicht, bei den Frauen zu sitzen. Oder wenn seine Freunde zu Besuch kommen und sie Anna zur Begrüßung nicht einmal die Hand geben. Weil es sich für sie wiederum nicht gehört, die Frau eines anderen Mannes zu berühren. Jeder hat seinen Freundeskreis, seinen eigenen Freiraum. »Das ist doch in Ordnung«, sagt Anna. Sie weiß auch, dass Aminu es nicht gerne sähe, wenn sie männliche Freunde hätte. »Die hatte ich aber sowieso noch nie«, sagt sie. Dass er es überhaupt nicht mag, wenn sie Alkohol trinkt, ignoriert sie dagegen ab und zu. Dann nämlich, wenn sie mit ihren Freundinnen auf die Piste geht. »Aminu hatte auch seine wilde Phase«, sagt sie. »Da hat er auch mal getrunken. Er war ja nicht immer so religiös wie heute.«

So rein wie ein Neugeborenes

Alkohol ist gläubigen Muslimen verboten. Sie beten fünfmal am Tag, fasten im Monat Ramadan und verpflichten sich, keinen anderen Göttern neben Allah zu huldigen. Außerdem sollten sie einen Anteil ihres Besitzes den Armen zukommen lassen und einmal im Leben eine Pilgerfahrt unternehmen. Diese »fünf Säulen« des Islams kennt auch Sabine gut – weil sie während ihrer Zeit in Ägypten gar nicht anders kann, als sich mit ihnen zu beschäftigen. Denn damals fängt ihr kleiner Sohn Aron plötzlich an, Fragen zu stellen: »Mama, warum glaubt der Papa an Mohammed und du an Jesus? Und warum soll ich wie der Papa glauben?« Um für ähnliche Fragen in Zukunft besser gewappnet zu sein, beginnt Sabine, sich einzulesen. Die Familie ist begeistert: Die Christin interessiert sich für den Islam! Weil sie immer mehr Zuspruch erhält und immer mehr Gemeinsamkeiten zwischen Islam und Christentum entdeckt, beschließt Sabine schließlich zu konvertieren.

Heute sagt sie darüber: »Ich war fest davon überzeugt, das Richtige zu tun.« Sie deutet auf eine durchsichtige Flasche mit einem roten Deckel. »Wenn dir alle Welt sagt, diese Flasche sei unten rot, dann fängst du irgendwann auch an zu sehen, wie der rote Deckel auf die Flasche runterstrahlt.«

Der Tag, an dem sie konvertiert, ist für Sabines ägyptische Familie ein Freudentag. Plötzlich genießt Sabine eine Art Heldenstatus. Sie ist die Auserwählte, mit der Gott etwas Besonderes vorhat, während alle anderen ja nur ganz normal in den Islam hineingeboren wurden. Ihre ägyptische Familie befindet: »Du bist rein wie ein neugeborenes Kind!« Menschen halten auf der Straße an, um ihr ausführlich zu gratulieren. Und Sabine fühlt sich, als sehe sie nun alles in Farbe, wo sie vorher nur schwarz-weiß gesehen hatte. Alles scheint jetzt Sinn zu machen. Als äußerliches Zeichen ihres neuen Glaubens trägt sie Kopftuch – allerdings weiterhin mit moderner Kleidung und auch mal mit 60er-Jahre-Sonnenbrille. In dieser Zeit lernt sie auch andere gläubige Frauen kennen, die einen moderneren Islam leben. »Die durften sich kleiden wie sie wollten und gehen wohin sie wollten, weil sie sehr gut informiert waren«, sagt Sabine. »Mit denen habe ich mich gut verstanden.«

Doch nach einiger Zeit merkt sie, wie fremd ihr der Islam noch immer ist. Zwar betet sie zum selben Gott, zwar glaubt sie auch jetzt an einen Propheten – »aber ich habe zunehmend gedacht: Hey, du bist Christin, und das aus tiefstem Herzen!« Das Problem: Ein Moslem kann den Islam nicht straflos verlassen. Als Christin wurde sie toleriert – würde sie aber vom Islam zum Christentum zurückkehren, wäre das, als würde sie sich von der Wahrheit abwenden. Sabine hält ihren Sinneswandel deshalb geheim. Nur das Kopftuch legt sie wieder ab. Im Stillen betet sie nun wieder, wie sie es als Christin gelernt hat. Erzählen kann sie davon aber niemandem.

Dabei hat sie eigentlich schon genug Probleme – denn nach der Euphorie über ihre Konvertierung schwindet der Rückhalt in Walids Familie allmählich. Die Erste, die eine Wandlung durchmacht, ist ihre Schwiegermutter. Als Sabine wieder einmal eine Woche nach Deutschland reist, lässt sie ihren kleinen Sohn daheim und bittet Walids Mutter, sich um ihn zu kümmern. Die Mutter darf in dieser Woche im Haus ihres Sohnes wohnen, mit all den Hausangestellten. Sie bekommt mehr Geld zum Einkaufen und ist glücklich, wenn sich Walid die Zeit für einen abendlichen Strandspaziergang mit ihr nimmt. »In dieser Woche hat sie gemerkt: Sie ist der Mittelpunkt des Universums, wenn ich nicht da bin und das Kind bei ihr ist«, sagt Sabine. Dass die Schwiegermutter dem kleinen Aron erzählte, seine Mama würde nie wiederkommen, erfährt sie erst viel später – und seitdem ist das Verhältnis vergiftet. Die Familie steht dabei auf der Seite von Walids Mutter. Sie beginnen, in Sabines und Walids Geschäfte reinzureden, wollen teilhaben am Wohlstand. »Da hatte ich kein Stimmrecht mehr«, sagt Sabine. Eines Tages bekommt sie auch noch mit, wie die Familie versucht, ihrem Mann eine andere Frau zu vermitteln. Eine, die sich besser einfügt in ihre Rolle als Hausfrau und Mutter. Sabine ist schockiert, traurig, noch einsamer – und wird langsam depressiv.

Und dann kommt der Tag, an dem Walid völlig ausrastet. Sie streiten wieder einmal, und in seiner Wut greift Walid zum Nächstbesten, um es in ihre Richtung zu schleudern. Es ist eine Schere. Sie verfehlt Sabines Auge nur um wenige Zentimeter. Mit einer Platzwunde steht sie vor ihm, kann es kaum glauben, weint.

Auch Walid ist plötzlich still. Er weiß, dass er zu weit gegangen ist. Sein Bruder hat den Vorfall mitbekommen, packt Sabine ins Auto und herrscht Walid an: »Du fährst sie nicht ins Krankenhaus!« Alle in der Familie sind schockiert von Walids Gewaltausbruch, auch die Schwiegermutter.

Für Sabine ist das der Tag, an dem Ägypten für sie stirbt. Und in gewisser Weise stirbt auch ihre Liebe zu Walid.

Obwohl ihr Ehemann sich reumütig zeigt, nimmt Sabine ihren Sohn und auch die mittlerweile geborene Tochter, steigt in ein Flugzeug und zieht zurück nach Deutschland. Erst nach einiger Zeit lässt sie zu, dass Walid ihr folgt. Schließlich wünscht sie sich so sehr eine intakte Familie! Es folgen Jahre, in denen sich einmal mehr herausstellt, dass es für Walid nur einen einzigen richtigen Weg geben kann: seinen. Hier in Deutschland, findet er, machen die Menschen alles falsch: Männer und Frauen berühren sich, etwa beim Händegeben. Frauen schauen den Männern ungeniert in die Augen, ohne den Blick zu senken. Sie sind schmutzig, so, wie ihr Essen schmutzig ist, weil die Tiere nicht auf die von Allah bestimmte Weise geschlachtet werden. Walid weiß, dass er nur akzeptiert wird, wenn er sich äußerlich anpasst. Aber er hasst sich dafür. Wenn langjährige Kunden von Sabine sie mit Küsschen auf die Wange begrüßen, hält er das kaum aus. Und auch Sabine muss sich erst umgewöhnen, in der Gegenwart eines Mannes nicht mehr automatisch auf den Boden zu sehen.

Es gibt in diesen Jahren in Deutschland lange Zeiten, in denen Walid sich bemüht, im Haushalt hilft, seine Frau charmant umwirbt, diplomatisch und betont westeuropäisch auftritt. Und dann gibt es wieder Aussetzer, Krach und Handgreiflichkeiten, wenn sich Frau und Kinder nicht nach seinen Anweisungen richten.

Sabine schließt sich in dieser Zeit einer Gruppe von Gläubigen an, die allen Glaubensrichtungen offen steht, um ihren Mann nicht unnötig zu verärgern. Ihre Kinder werden weiterhin muslimisch erzogen – so steht es schließlich auch im Ehevertrag. Trotzdem gibt es oft Streit über den richtigen Glauben. Sabine will jetzt vor allem die Familie zusammenhalten. Ihre Gefühle für Walid aber sind erkaltet. »Die Hand, die mich liebt, schlägt mich auf der anderen Seite – das konnte ich nicht ertragen«, sagt sie.

Nach 20 Jahren Ehe ist schließlich klar: Walid und sie, das geht nicht mehr. Da sind sie im Urlaub in Ägypten, und immer wieder hört Sabine den Satz: »Es ist doch so schön hier, sollen wir nicht wieder herziehen?« Für sie kommt das nicht infrage. Gleichzeitig sagen ihre Kinder: »Mama, es ist so viel entspannter, wenn der Papa nicht da ist!« Sabine gibt ihrem Mann deshalb zu verstehen, er solle in Ägypten bleiben. Der nimmt das erst nicht ernst. Dann aber sagt auch sein Sohn: »Papa, es ist besser, wenn du nicht mehr nach Deutschland kommst.« Sabine ist in dieser Zeit »knallhart«, wie sie sagt. Obwohl sie Angst davor hat, wozu ihr Mann fähig sein könnte, tritt sie ihm selbstbewusst entgegen. Das verschafft ihr wohl Respekt. Walid willigt schließlich in die Scheidung ein. »Zum Glück wurde sie in Deutschland vollzogen«, sagt Sabine. »Sonst wäre es vielleicht nicht so einfach gewesen, die Kinder zu behalten.« Zwar hatte sie bei der Hochzeit im Ehevertrag festhalten lassen, dass ihre Kinder im Fall einer Trennung bei der Mutter aufwachsen sollten. Doch in Ägypten besagt geltendes Recht das Gegenteil: Die Kinder gehören dort im Streitfall zum Vater. Wäre Walid also in Alexandria vor Gericht gegangen, hätte der Ehevertrag Sabine nicht geholfen. Schließlich kann auch kein Ägypter nach Deutschland kommen und das Recht seines Landes durchsetzen oder darauf pochen, dass ihm laut Ehevertrag die Kinder zustünden – hierzulande wird nach dem Wohl des Kindes entschieden. Ist nach Ansicht eines Richters das Wohl bei der Mutter eher gegeben, so hebelt das jeden Ehevertrag aus.

Aber selbst wenn die Scheidung in Ägypten vonstattengegangen wäre – Sabine hätte sich zu helfen gewusst. Denn ihr größter Trick ist immer gewesen, sich bei den ägyptischen Frauen abzuschauen: Wie machen die das? Wie setzen die sich durch? Damals etwa, als sie das Haus verlassen und sich nicht ständig Walid erklären wollte, bat sie einfach ihren Schwiegervater um Erlaubnis. Schließlich war der meist auf ihrer Seite – und als Oberhaupt der Familie eine Autorität. Gelernt hatte sie das von den Ägypterinnen. Und auch im Falle einer Scheidung hätte sie deren Tricks anzuwenden versucht. »Manche Frauen wussten nämlich zu umgehen, dass der Mann die Kinder behält«, erzählt Sabine. »Sie sagten dann: ›Gut, dass du die Kinder nimmst, dann kann ich wenigstens wieder heiraten.‹ Dass die Frau sich einen neuen Mann sucht, wollten die Väter dann aber auch nicht. Also haben sie ihr die Kinder gegeben. Eine Frau mit Anhang findet dort schließlich keinen Mann mehr.«

Kann man nach all diesen Erfahrungen wirklich sagen, man habe »die Liebe des Lebens« verloren? Sabine findet: ja, kann man. »Walid war für mich schon der Richtige«, sagt sie. »Nur die Umstände haben nicht gestimmt. Die unterschiedliche Denkweise in der Religion, die Regeln des täglichen Lebens, damit war ich oft überfordert.« Sie hofft, dass andere es besser machen, sich genauer informieren, bevor sie in ein Land wie Ägypten ziehen. Und ist gleichzeitig unendlich pessimistisch: »In meiner Generation kenne ich keine Verbindung zwischen einer Deutschen und einem Ägypter, die glücklich geendet hätte.« Sabines ganz persönliches Happy End sind ihre Kinder. »In meiner Familie habe ich mir einiges aus Ägypten bewahrt. Warmherzig zu sein, offen. Wie man sich umeinander kümmert und sorgt.« So ganz möchte sie das Kapitel Ägypten eben doch nicht hinter sich lassen. Trotz ihrer Erfahrungen.

Wie zwei es bis zur goldenen Hochzeit schafften

(obwohl alles mit einer Ohrfeige begann)

NEUSTRELITZ, 21. AUGUST

Augen aufgemacht, Vorhang beiseitegeschoben, rausgeschaut, Luftsprung gemacht – so war mein Morgen. Wer hätte das gedacht? Die Sonne strahlt vom Himmel! Es sind bestimmt schon 25 Grad, und aus dem Blumengarten der Ziegelei zieht ein wunderbarer Duft ins Zimmer. Marike läuft draußen bereits auf der Wiese herum und stellt Biertische und Stühle für das große Mittagessen mit den Spaniern auf. Nur von Roberto ist noch nichts zu sehen.

»Moinsen!«, rufe ich Marike entgegen, als ich mit einer Tasse Kaffee in der Hand barfuß über den Rasen zu ihr laufe. »Dein Göttergatte ist noch nicht da, oder?«

»Nee«, antwortet Marike. »Der hat gestern Abend mit den Spaniern noch ewig gefeiert. Du weißt ja: Wenn Roberto Besuch hat, dann weicht er dem nicht mehr von der Seite. Er hat dann auch gleich mit seinen Leuten in Neustrelitz im Hotel

geschlafen, so kann er mit der Sprache helfen und im Blick haben, dass es allen gut geht. Ich hoffe mal, der ist nachher fit«, sagt Marike. »Er liegt gerade bestimmt noch im Bett und schnarcht.«

Während ich mich in die Sonne setze, überlege ich, was sich der liebe Gott dabei gedacht haben mag, als er die Nasenscheidewand und das Rachenzäpfchen erfunden hat. Ohne diese anatomischen Fehlentwicklungen, die ja zum Überleben nicht allzu wichtig sein dürften, wäre vermutlich manche Ehekrise vermeidbar gewesen. Aber an Ehekrisen wollen wir heute mal nicht denken und auch nicht auf dem lieben Gott herumhacken. Schließlich hat er phantastisches Wetter organisiert und sich ganz frech über die Meteorologen hinweggesetzt, die Dauerregen vorhergesagt hatten.

Als ich von außen durchs Fenster ins Wohnzimmer blicke, sehe ich Marikes Kleid am Schrank hängen. Natürlich ist es noch eingepackt, damit Roberto es nachher nicht sehen kann. Das wird so ein toller Tag, denke ich: Das Wetter ist märchenhaft und der Plan für die Zeremonie heute Nachmittag auch. Der See, an dem die beiden heiraten wollen, ist einfach wunderschön und Marikes Mutter wird aus ihrem Blumengarten den Brautstrauß zusammenstellen. Außerdem wird ein Streichquartett den Pachelbel-Kanon spielen, während die Braut im Sonnenschein die lange grüne Wiese herunterkommen wird. Ich seufze in Gedanken. Das Schöne am Heiraten ist ja, dass man seinen Hang zum Kitsch hemmungslos ausleben darf.

Ich liebe Hochzeiten. Erstens wegen des vielen Essens und Trinkens. Zweitens, weil auf Hochzeiten eigentlich immer getanzt wird. Und drittens, weil ich mich als Gast immer freue, dass nicht ich es bin, die das weiße Kleid trägt. Ich finde nämlich, dass der Job als Braut eine äußerst undankbare

Aufgabe ist. Auf jeden Fall wird die Disziplin, die eine Braut an den Tag legen muss, deutlich unterschätzt. Was etwa die wenigsten bedenken: Meist ist der Tag der Hochzeit gleichzeitig der letzte Tag einer wochenlangen Diät. Eine Qual, die ja gar nicht nötig wäre, wenn nicht irgendjemand mal entschieden hätte, dass Brautkleider weiß sein müssen. Dieser jemand kann von der optischen Wirkung der Kleidungsfarbe auf die wahrgenommene Körperfülle wirklich keine Ahnung gehabt haben. Marike musste zwar nicht abnehmen, hat sich dafür aber seit Wochen jeden Morgen und jeden Abend mit Sit-Ups gequält, um ihren Bauch in eine brautkleidkompatible Form zu bringen.

Zusätzlich erschwert wird so eine Hochzeit normalerweise durch die Erwartungshaltung von Leuten wie Tante Erna und Opa Hans, dass die Braut die jeweiligen Stammesrituale ihrer Sippe ohne Gegenwehr mitmacht, vom Schleiertanz, bei dem auch jeder Onkel zweiten Grades noch einmal das Tanzbein schwingen will, bis zum Strumpfbandwerfen, das ja nicht so schlimm wäre, wenn der Bräutigam dafür nicht unter den Rock krabbeln müsste, um das Band mit den Zähnen vom Bein der Braut abzuziehen (an dieser Stelle seien alle potenziellen Bräute gewarnt: Meiner Erfahrung nach können Reifröcke bei diesem Brauch zu ganz besonders entwürdigenden Momenten führen).

Insofern hat Marike Glück: In Ostdeutschland sind solche Bräuche nämlich weit weniger verbreitet als in meiner Heimat in Südwestfalen. Und auch die Spanier erweisen sich als äußerst human. Mehr als die »Qué se besen«-Rufe, auf die hin das Paar sich küssen muss, hat Marike nicht zu befürchten.

Wenn Morten und ich heiraten würden, ginge es da deutlich rabiater zu: In Dänemark wird der Bräutigam gegen Mitternacht von den anderen Männern eingekesselt, hochgeho-

ben, und ihm werden die Spitzen seiner Socken abgeschnitten. Schlimmer noch im Sudan: Da muss die Braut dem Mann den rechten Fuß waschen, nachdem der damit ein Ei zertreten hat. Und in manchen Teilen Kenias bespuckt der Brautvater seine Tochter mit Milch – das soll in Sachen Furchtbarkeit helfen.

Zum Job der Braut gehört es auch, den ganzen Tag zu lächeln, als hätte sie psychedelisch wirkende Pilze gegessen. Sogar dann, wenn Tante Erna – schon leicht beduselt – noch einmal erzählt, wie das damals war, als die Braut, drei Jahre alt, nackig durch den Schrebergarten flitzte (dieser Part der Hochzeit hat an Grausamkeit gewonnen, seit auch Leute wie Tante Erna wissen, wie man kompromittierende Fotos in eine Powerpoint-Präsentation einfügt).

Auch wenn ich die Rolle der Braut also gerne anderen überlasse, bin ich mittlerweile ein umso professionellerer Hochzeitsgast: Ich bin Profi im Korsagenschnüren, ich kann Schleppen unversehrt von der Kutsche in die Kirche bringen, aufgeregten Bräuten Mut zusprechen und habe immer Pflaster für geschundene Füße in der Handtasche.

Marike tut natürlich so, als sei sie die Ruhe selbst. Selbst als wir nach dem Mittagessen zum Schloss aufbrechen – gemeinsam mit den 25 Spaniern, die übrigens entgegen Robertos Befürchtung ohne größere Probleme um halb eins Spaghetti arrabbiata essen konnten. Denn neben den ganzen Pflichten bringt das Brautsein natürlich auch einige Privilegien mit sich: Man darf sich zum Beispiel jede Menge Kleinmädchenträume erfüllen, ohne für eine Tussi gehalten zu werden. Bei Marikes Hochzeit heißt das unter anderem, dass sie eigens eine Friseurin ins Schlosshotel beordert hat, die uns beiden die Haare machen wird (neben der Friseurin hat Marike übrigens auch zwei Haarteile aus Echthaar bestellt, die ihre

Hochsteckfrisur auffüllen sollen. Aber das darf ich nicht weitererzählen.)

Die Lockenwickler dampfen schon, als wir im Ankleidezimmer der Braut ankommen. »Und, wie war die letzte Nacht vor der Hochzeit?«, fragt Friseurin Silvia und holt währenddessen schon mal eine extra große Dose Haarspray raus. »Konntest du schlafen?«

»Ich schon«, antwortet Marike. »Aber ich hoffe, dass der Bräutigam auch genug geschlafen hat, damit er heute Abend durchhält.« Sie erklärt Silvia noch einmal, wie sie sich ihre Frisur vorstellt: ein großer Knoten im Nacken, ohne viel Klimbim und ohne Schleier. Zum Glück hat Silvia einen guten Geschmack. Da ich sehr viele und sehr lange Haare habe und manche Friseurin angesichts dieser Möglichkeiten vor lauter Euphorie alle Techniken in einer Frisur vereinen möchte, die sie je für lange Haare gelernt hat, hatte ich auf einigen Hochzeiten Angst, ein Vogel könnte auf meinem Kopf landen. Schließlich wirkte meine Frisur wie ein optimaler Platz zum Brüten.

Aber zunächst ist natürlich die Braut an der Reihe. Marike hat heute Morgen noch ein paar Blüten im Blumengarten der Ziegelei gepflückt, die nun verarbeitet werden. Nach all dem Fluglotsen- und Wetterstress ist sie zum ersten Mal seit Tagen entspannt. »Irgendwie war ich in den letzten Wochen so mit Organisieren beschäftigt«, sagt sie, »dass ich jetzt erst realisiere, was ich Roberto nachher eigentlich versprechen werde.«

»Du willst doch nicht etwa 'nen Rückzieher machen?«, frage ich scherzhaft.

»Quatsch. Aber es ist schon eine große Sache, einem Menschen zu sagen, dass man sein Leben mit ihm teilen möchte. Ehefrau sein – das klingt so furchtbar erwachsen!«

»Ich habe mal einen Artikel gelesen, da meinte ein Paartherapeut, dass es zwei Feinde der Ehe gebe: erstens fehlende Toleranz und zweitens Langeweile. Und zumindest mit der Langeweile solltet ihr ja keine Probleme bekommen.«

»O ja. Langweilig wird es ganz sicher nicht«, sagt Marike. »Und ich hoffe mal, dass wir das mit der Toleranz auch hinbekommen.«

»Manchmal muss man auch einfach nur Durchhaltevermögen zeigen. Genau das hat mir neulich mal Astrid gesagt, eine Bekannte meines Vaters. ›Nicole‹, meinte sie, ›man sollte sich nicht gleich ratzfatz trennen. Denn dann kommt der Nächste, und mit dem hast du genau die gleichen Probleme. Und vielleicht noch ein paar andere mehr.‹«

Siebzehn Jahr, blondes Haar

Mit Beziehungen kennt Astrid sich aus. Dieses Jahr feiert sie mit ihrem Mann goldene Hochzeit, 50 Jahre haben es die beiden miteinander ausgehalten. Viele Freunde um sie herum haben sich scheiden lassen, haben wieder geheiratet und sich dann doch wieder getrennt. Astrid und ihr Mann aber sind immer zusammengeblieben, auch wenn die Nachbarn bei ihrer Hochzeit dagegen wetteten. »Alle haben gedacht, dass das mit uns beiden nie etwas Gescheites werden könne«, erzählt Astrid. Nein, Astrid hatte keinen so schönen Start in die Ehe wie Marike und Roberto. Es war vielmehr eine Katastrophe. »Meine Mutter hat bei der Heirat nur geweint, die ganze Trauung lang.« Mit Rührung hatte das allerdings nichts zu tun. Astrids Eltern waren einfach der Meinung, dass ihre Tochter gerade einen riesigen Fehler beging. Sie fürchteten, dass sie sie vielleicht nie wieder sehen würden. Und das aus durchaus verständlichen Gründen.

Aber von vorne: Eigentlich kann man nicht sagen, dass Astrid, damals 17 Jahre alt, etwas Verbotenes tat. Klar, ihr Vater hatte sie gewarnt. »Komm mir bloß nicht mit einem Katholiken nach Hause«, hatte er gesagt. Schließlich waren die Schröders Protestanten, man wollte keine Mischehe. Astrid hielt sich an die Worte des Vaters. Von einem Moslem hatte der ja schließlich nie gesprochen.

Es war im Sommer 1961, als Astrid im sauerländischen Letmathe in einer Milchbar saß. In Berlin wurde gerade die Mauer gebaut, John F. Kennedy hatte die ersten Monate als Präsident der Vereinigten Staaten von Amerika hinter sich und der Russe Juri Gagarin flog als erster Mensch ins Weltall. Doch in Astrids Universum gab es nur Wadi, der ein paar Tische weiter saß.

»Vom ersten Moment an, als wir uns in der Milchbar trafen, war mir klar: Den willst du, und keinen anderen«, sagt sie heute. Dabei war ihre Zuneigung nicht von Anfang an von großem Tiefgang geprägt. Sie mochte einfach Wadis Haare: Die schönen schwarzen Locken, die hatten die anderen Jungs nicht. Und wenn Wadi sich heute erinnert, was er an Astrid so toll fand, dann sagt er: »Sie war blond.«

Wadi kommt aus Tripoli, Libanon. Als er am 17. Oktober 1960 in Letmathe nach sieben Tage Reise aus dem Zug ausstieg, fror er wahnsinnig. Im Libanon war es damals noch Spätsommer mit über 20 Grad, so eine Kälte wie in Deutschland hatte er noch nicht erlebt. Er hatte nur ein T-Shirt an. Wadi wollte damals in Deutschland arbeiten, wenn möglich noch studieren. Ein Freund seines Bruders hatte ihm die Stelle im Sauerland organisiert.

Jeden Morgen stand er nun pünktlich auf, um wie die anderen um sechs bei der Arbeit zu sein, er lernte schnell Deutsch und er aß, was man ihm vorsetzte. Irgendwann steckte er, der Moslem, sich zum ersten Mal in seinem Leben sogar ein Stück Schweinefleisch in den Mund. Es schmeckte ihm, genau wie die Kartoffeln und das Gemüse.

»In meinem Pass stand, dass man sich dort anpassen muss, wo man hinreist«, sagt Wadi.

Und er nahm diese Pflicht sehr ernst. In den ersten Wochen und Monaten nach seiner Ankunft war Wadi der einzige Ausländer weit und breit in Iserlohn, Italiener und Türken kamen erst später. Die Leute glotzten ihn an. Kaum einer der Dorfbewohner war schon einmal im Ausland gewesen – außer im Krieg natürlich. Nachdem sie Wadi ein paarmal in der Milchbar getroffen hatte, beschloss Astrid, den schönen Fremden ihren Eltern vorzustellen. Aber auch ihre Mutter hatte noch nie zuvor einen Menschen aus einem anderen Land gesehen, einen Fernseher besaß die Familie noch nicht. »Der sieht ja aus wie ein Neger!«, rief sie entsetzt, als Astrid mit Wadi zum ersten Mal auf dem Bauernhof ihrer Eltern auftauchte. Dabei war Wadi kaum dunkler als sie selbst.

Allerdings muss man die Reaktion von Mutter Schröder im Nachhinein als vergleichsweise gelassen betrachten. Ihr Mann brachte seine Meinung über die Wahl seiner Tochter nämlich noch drastischer zum Ausdruck: mit einer Tracht Prügel für Astrid.

Astrid durfte fortan nicht mehr ausgehen, musste um 19 Uhr zu Hause sein. Und die Nachbarn hetzten ihren Vater auf, er solle etwas unternehmen gegen die Beziehung zu diesem Fremden. Allerdings führte das bei seiner

Tochter nur dazu, dass sie Wadi nun noch mehr wollte als zuvor. So sehr, dass sie ein dreiviertel Jahr später schwanger war.

»Ich war überhaupt nicht aufgeklärt«, erzählt Astrid heute. Zuerst sagte sie ihrer Mutter, was los war, die versuchte es dann schonend dem Vater beizubringen. »Du bist eine Nutte«, schrie er Astrid an. »Was sollen die Nachbarn nun denken? Schwanger! Und dann auch noch von einem Ausländer.«

Die Nachbarn waren damals tatsächlich der Meinung, dass das mit den beiden sowieso nichts werden könne. Mein Vater etwa erinnert sich noch, wie er und seine Freunde als kleine Jungs gafften, als die blonde Astrid und dieser schwarzhaarige Mann durchs Dorf spazierten. Wie gespannt sie später waren, einmal einen Blick in den Kinderwagen zu erhaschen. Und wie enttäuscht, als sie darin ein blondes Baby sahen.

Während der Schwangerschaft versuchte Astrid das Bäuchlein so lange wie möglich zu verdecken. Schließlich wäre sie sofort von der Schule geflogen, wenn die Lehrer erfahren hätten, dass sie ein Baby bekommt. Sie hielt so lange durch, bis sie ihren Realschulabschluss hatte, dann war der Bauch nicht mehr zu verheimlichen. Jetzt wollte sie so schnell wie möglich mit Wadi aufs Standesamt. Und Astrids Eltern steckten damit in einer Zwickmühle.

Einerseits wollten sie nicht, dass ihre Tochter diesen dunkelhaarigen Lockenkopf mit dem komischen Nachnamen heiratete. Andererseits konnten die jungen Leute ja auch nicht unehelich zusammen sein. Die einzige Lösung: Wadi musste irgendwie verschwinden. Daher schmiedeten Astrids Eltern einen Plan: Wadi sollte zurück in den Libanon fahren, um seine Eltern zu fragen, was er nun tun solle. Sie dachten, dass er dann die Chance nutzen könnte, um einfach dortzubleiben.

Doch keine drei Wochen, nachdem sich Wadi im Sauerland in den Zug nach Tripoli gesetzt hatte, stand er wieder bei den Schröders auf dem Hof. Denn die Meinung seiner Eltern zu der Sache war eindeutig: »Fahr sofort zurück und heirate das Mädchen«, hatte sein Vater zu ihm gesagt.

Das war allerdings gar nicht so einfach. Nicht nur, dass alle möglichen Papiere aus dem Libanon zu beschaffen waren und Astrid mit ihren Eltern zum Jugendamt musste – schließlich war sie noch keine 21. Die Standesbeamten hatten auch keine Ahnung, was nun eigentlich zu tun war. Eine Ehe zwischen einem Ausländer und einer Deutschen hatten sie noch nie geschlossen. Also suchten sie sich ein paar Informationen zusammen und setzten dann ein Schreiben auf, das sie vor der Trauung laut vorlasen, und das Astrid und ihre Eltern unterschreiben sollten. Wenn man dieses Dokument liest, dann kann man den Tränenausbruch ihrer Mutter durchaus verstehen.

»Wir sind soeben vom Standesbeamten des Standesamtes Letmathe belehrt worden«, hieß es dort, »dass …

a) die Braut, Astrid Elfriede Schröder, mit der Eheschließung zwangsläufig die Staatsangehörigkeit ihres Mannes erwirbt; eine Beibehaltung der deutschen Staatsangehörigkeit erkennt die Republik Libanon nicht an,

b) in den islamischen Ländern außer Tunesien und der Türkei der Mohammedaner berechtigt ist, bis zu vier Frauen gleichzeitig zu ehelichen,

c) der Mohammedaner berechtigt ist, seine Frau jederzeit ohne Angabe von Gründen zu verstoßen,

d) die Frau nur in Ausnahmefällen berechtigt ist, die Aufhebung der Ehe zu begehren,

e) die Frau während des Ablaufs der Wartezeit nach Verstoßung keinerlei Anspruch auf Unterhalt hat, sondern während dieser Zeit auf die vereinbarte Morgengabe angewiesen ist,
f) die aus der Ehe hervorgegangenen Kinder dem Vater folgen müssen,
g) die Kinder ausnahmslos in der Religion des mohammedanischen Vaters zu erziehen sind,
h) der Ehemann berechtigt ist, der Frau zu verbieten, den ehelichen Aufenthaltsort, die eheliche Wohnung, ohne seine Erlaubnis zu verlassen.«

»O Gott«, sagt Marike, »da würde ich als Mutter auch ausflippen.« Silvia hat inzwischen die Haarteile so auf ihrem Kopf angebracht, dass man tatsächlich keinen Unterschied zu ihren echten Haaren erkennen kann.

»Das meiste aus dem Vertrag stimmte natürlich nicht«, erkläre ich. »Astrid hat bis heute ihre deutsche Staatsbürgerschaft, und ihr Mann hat keine anderen Frauen mehr geheiratet. Weil's zu teuer wäre, sagt er im Scherz. Die Kinder der beiden sind auch keine Moslems geworden, sondern alle getauft.«

»Ich dachte, dass die Kinder eines muslimischen Vaters automatisch Moslems werden.«

»Ja, das stimmt schon. Aber Astrid und ihre Eltern wollten die Taufe, und Wadis Vater auch. Er sagte, dass die Kinder die Religion der Mutter bekommen sollten. Er hatte Angst, dass seine Enkel als Moslems in der Schule gehänselt würden.«

»Der scheint aber ein wirklich toleranter Mann gewesen zu sein«, sagt Silvia, während sie die letzten Blümchen in Marikes voluminösem Haarknoten platziert. Dann tritt sie einen Schritt zurück. »Gefällt es dir so?« Marike dreht ihren

Kopf erst nach rechts, dann nach links und nickt schließlich zufrieden.

»Bei Astrid und Wadi war die Situation schon kurios«, erzähle ich. »Die Familie im Libanon war ja einverstanden, dass die Kinder evangelisch getauft werden, aber der deutsche Pastor nicht. Er sagte, dass er keine Kinder taufen würde, die einen muslimischen Vater hätten. Aber dann hat Wadis Chef einen anderen Pastor gefunden, der das gemacht hat. Heute unvorstellbar, oder?«

»Echt unglaublich«, Marike schüttelt den Kopf.

»Nicht bewegen!«, ruft Silvia, die nun mit dem Schminken begonnen hat. »Sonst hast du gleich Wimperntusche an den Haaren.« Dann sagt sie: »Man muss ja überlegen, dass das alles Anfang der 60er passierte. Da war es noch erlaubt, seine Kinder zu prügeln, und ich glaube, man konnte sich in Westdeutschland als Frau nicht ohne Weiteres scheiden lassen.«

»O ja«, stimme ich ihr zu. »Astrid hat erzählt, wie spießig das damals alles war, dass sie etwa vor der Hochzeit schon ein Zimmer für Wadi, sich und das Baby eingerichtet hatte und Wadi auch dort wohnte. Aber wenn Besuch kam, dann wurde sein Oberbett woanders hingelegt. Die Eltern hatten Angst, dass die Nachbarn sie wegen Unzucht anzeigen könnten.«

»Die war doch längst schwanger!«, sagt Marike und lacht.

»Ja natürlich! Und sie war ganz baff, als sie in den Libanon reiste und es da oft fortschrittlicher zuging, als bei ihr zu Hause im Sauerland.«

»Die treten ja nur im Rudel auf!«

Es war 1963, als Astrid und Wadi ihre Koffer packten, um zum ersten Mal gemeinsam nach Tripoli zu fahren. Astrid war furchtbar aufgeregt. Schließlich hatte sie bisher erst einmal eine Reise gemacht: mit der Arbeiterwohlfahrt nach Sylt.

Sieben Tage lang saß sie nun mit Wadi im Zug. Draußen zog Österreich vorbei, Ungarn, dann Bulgarien. Es wurde immer heißer und das Sitzen im Zug immer furchtbarer, vor allem nachts. In Istanbul wechselten sie auf die Fähre, und nach sieben Tagen waren sie endlich da.

Tripoli, Großstadt, Schmelztiegel der Kulturen und Religionen. Astrid war fasziniert und verstört zugleich. Die Familie ihres Mannes war relativ wohlhabend. Dort gab es im Badezimmer sogar ein Bidet, in Letmathe dagegen hatten viele Leute nur ein Plumpsklo neben dem Kuhstall oder eine Gemeinschaftstoilette im Treppenhaus. Aber Astrid vertrug das Essen nicht, die Gerüche, wurde krank, verstand kein Wort, saß nur in der Ecke. Irgendwie passte sie einfach nicht dorthin: Ihre neue Familie war liebevoll und stürmisch, Astrid war schüchtern und verklemmt. Sie kannte das Umarmen und Küssen von zu Hause nicht, und dann war es auch immer und überall so laut.

»Die treten ja nur im Rudel auf«, sagt sie heute, »Wadi hat noch neun Geschwister«.

Zumindest kümmerte sich die Familie sehr liebenswert um sie. Sie gingen gemeinsam zum Strand, badeten im Mittelmeer, kochten Unmengen zu essen, und jeder war fasziniert von ihren Haaren – weil die so schön weiß waren, wie sie sagten.

»Ich hätte da nie hinziehen können«, sagt Astrid. »Ich wäre todunglücklich geworden. Und ich weiß auch heute erst, was ich damals von meinem Mann verlangt habe. Ich habe es immer selbstverständlich gefunden, dass er sich hier integriert, dass er sich anpasst.«

Wadi versuchte damals tatsächlich mit wahnsinnigem Ehrgeiz, ein echter Letmather zu werden. Er trat in den Turnverein ein, aß Wiener Würstchen und Kartoffelsalat, lernte Kegeln und trank Bierchen mit den Nachbarn. Er arbeitete 12 Stunden am Tag, wurde Vorarbeiter, und dann sogar Betriebsratschef. »Da haben mich die Deutschen gewählt«, sagt er und lacht. »Das ist schon allerhand, woll?«

Aber was sich so leicht anhört, war harte Arbeit. »Ich habe die Zähne zusammengebissen«, erzählt Wadi. »Ich musste mich integrieren, sonst wäre ich verloren gewesen.« Also ertrug er die Kälte im Winter und die Kälte der Menschen, er arbeitete fleißig, erkaufte sich die Freundschaft von Astrids kleinen Brüdern mit regelmäßigen Taschengeldzahlungen, und irgendwann liebten ihn sogar Astrids Eltern. Die Leute im Turnverein mochten ihn und seine Lebensfreude sowieso, schnell warf er die Kegelkugel wie ein echter Letmather, brachte das Sauerländische »woll?« über die Lippen, als wäre er dort aufgewachsen, und sein Chef sah in ihm bald einen weiteren Sohn. Nur einer mochte ihn nicht: der Pastor. Wadi wollte nämlich auch noch den letzten Schritt der vollständigen Anpassung in sein neues Leben gehen, er wollte Christ werden, Protestant, wie seine Frau. In die Moschee ging er ohnehin nie. Doch der Pfarrer machte ihm einen Strich durch die Rechnung. »Wenn du getauft werden willst«, sagte er, »dann musst du erst zwei Jahre lang mit den 14-Jährigen zum Konfirmandenunterricht gehen.«

Das war Wadi dann doch zu viel Arbeit. Schließlich hatte er jede Menge anderer Aufgaben: Er hatte jetzt einen Sohn, den er Volker nannte. »Nach dem Sohn meines lieben Chefs«, sagt er. Er musste sich also um seine Familie in Deutschland kümmern und auch den Kontakt zu seiner Familie im Libanon halten. Das war gar nicht so einfach: Die Telefonverbindung kostete damals sieben Mark pro Minute und musste vorher angemeldet werden. Wadi saß dann vor dem Telefon und wartete auf die Freigabe der Leitung, oft viele Stunden lang. Und wenn er dann endlich den Anruf bekam, dann war schon Mitternacht, und in Tripoli hob niemand mehr ab. Er schrieb daher Briefe. Und einmal im Jahr quetschte er seine Astrid, oft auch noch die Schwiegereltern und seine beiden Schwager in ein Auto, um völlig überladen, mit dem Kind vorne im Fußraum des Beifahrers, 5000 Kilometer bis nach Tripoli zu fahren.

Wadi fügte sich mit vollem Engagement in sein neues Leben, nur eine Sache machte ihm zu schaffen: dass aus der kleinen 17-jährigen Astrid langsam eine Frau wurde, die ihren eigenen Kopf durchsetzen wollte. Er wollte nicht, dass sie irgendwo alleine hinging. Wenn sie mit ihren Arbeitskollegen eine Weihnachtsfeier hatte, dann sollte sie spätestens um zehn zu Hause sein.

»Er war wahnsinnig eifersüchtig«, erzählt Astrid. »Er kam auch nicht damit klar, dass andere Frauen hier in Deutschland vor der Ehe so viele Freunde hatten. Aber ich habe mir meine Freiheit Stück für Stück erarbeitet.« Sie grinst. »Es hat gedauert, aber ich bin da sehr geschickt: Er denkt, er hat das Sagen, aber im Grunde tut er alles, was ich will.«

»Das ist also das Geheimnis einer langen Ehe«, sagt Marike, die mittlerweile fertig geschminkt auf dem Hotelbett sitzt. »Manipulation! Das muss ich mir merken.«

»Na ja, so gut hat das bei ihr wiederum auch nicht geklappt«, sage ich und setze mich auf den Frisierstuhl. »Wadi tut etwa bis heute keinen Handschlag im Haushalt. Obwohl: Mittlerweile geht er einkaufen, und er kann die Spülmaschine einräumen. Nur anstellen kann er sie noch nicht.«

»Das können viele deutsche Männer dieser Generation aber auch nicht«, sagt Silvia, und dreht den ersten Lockenwickler in meine Haare.

Ich nicke. »Stimmt, das sagt Astrid auch. Aber es stört sie, dass die arabischen Freunde, die sie mittlerweile in Letmathe haben, offenbar denken, sie sorge nicht genug für ihren Mann. Die Frauen kochen immer Unmengen und geben das Wadi dann in Tupperdosen nach Hause mit. Und wenn er sagt, dass er zum Mittagessen Linsensuppe hatte, dann haben sie Mitleid. Weil es ja keine Hauptspeise gab!«

Marike grinst. »Das kommt mir doch irgendwie bekannt vor.«

Fünf Würstchen und ein libanesischer Bollerkopp

Mittlerweile sieht man Wadi an, dass er immer gut bekocht wurde. Ein stattlicher Bauch wölbt sich unter seinem runden Gesicht. Seine einst schwarzen Locken sind heute grau. »Wenn wir feiern«, sagt er, »dann kaufe ich Gambas und Filet. Dann fühlen sich alle sauwohl bei uns.« Er mag es, die Gastfreundschaft seiner Heimat nach Letmathe zu bringen, und seine Frau steht dann geduldig in der Küche und kocht tonnenweise deutsches und arabisches Essen. »Turnverein, Kegelklub, die waren alle schon hier. Aber wenn die einladen, dann gibt es fünf Würstchen für zwölf Leute«, schimpft er.

Ja, aufregen kann sich Wadi. Sehr sogar. »Man kann halt überhaupt nicht mit ihm streiten«, sagt Astrid. »Er wird dann laut, tut mir mit Worten weh, das kann er wirklich gut. Er macht das vor allen Leuten, er findet Streit eben überhaupt nicht schlimm. Aber mir ist das peinlich.« Gestritten haben sie wirklich viel in ihren 49 Ehejahren. Oder besser: Wadi hat sich aufgeregt – und Astrid hat ihn ignoriert. »Es bringt ja nichts, wenn zwei rumblöken«, sagt sie. »Ich kenne mich da aus. Mein Vater war auch so ein Bollerkopp.«

Mit Wadis Art zu streiten hat sich Astrid irgendwann abgefunden, denn nach einer halben Stunde hat er meist schon vergessen, worüber er sich so aufgeregt hat. Nur einmal geriet sie in Panik, dass es einen ernsthaften großen Zwist geben könnte. »Als ich schwanger war mit der Jüngsten«, sagt sie, »da dachte ich: O Gott, eine Tochter! Was passiert, wenn die mal flügge wird?«

Aus der Nachbarstadt kannte Astrid einen Arzt aus Syrien, der seinen Töchtern nie etwas erlaubte, und die Mädchen hassten ihn dafür wie die Pest. »Ich hatte Angst, dass Wadi unsere Tochter einsperren könnte, dass er auf ihren Ruf achten würde und Angst haben könnte, dass die Leute sagen: Warum passt der nicht besser auf seine Tochter auf.«

Als Melanie 16 war, brachte sie tatsächlich einen Jungen mit nach Hause. Wadi blieb erst einmal ruhig, es schien schließlich ein netter Typ zu sein. Aber eines Samstagabends wollte der junge Mann nicht nach Hause gehen und übernachtete bei Melanie. Astrid machte kaum ein Auge zu, überlegte die ganze Zeit, wie sie den Jungen am nächsten Morgen an Wadi vorbei aus dem Haus schmuggeln konnte. Und gerade an diesem Morgen ließ Wadi sich

Zeit, trank in Ruhe seinen Kaffee, aß sein Frühstück, las Zeitung. »Willst du nicht mal mit dem Hund gehen?«, fragte Astrid.

»Nein«, entgegnete er seelenruhig, »es regnet doch.«

Astrid hatte Angst: Wadi würde dem Jungen den Hals umdrehen, dachte sie. Aber Wadi ging und ging nicht.

Sie hatte ja keine Ahnung, dass er längst wusste, wer da oben wie die Maus in der Falle saß. Und Wadi genoss es, seine Frau schmoren zu lassen.

»Natürlich hätte ich Melanie nicht verboten, einen Freund zu haben«, sagt er heute. »Ich kann ihr das doch nicht verbieten, wenn ihre Freundinnen es alle dürfen. Im Libanon wäre das natürlich etwas anderes gewesen.«

Ich frage mich, ob ich mich genauso anpassen könnte, wenn ich in ein streng muslimisches Land zöge. Vermutlich eher nicht. Meiner Tochter etwa zu erzählen, sie dürfe keinen Sex vor der Ehe haben, oder meinem Sohn zu sagen, er dürfe auf keinen Fall schwul sein, das könnte ich mir nicht vorstellen. Die Grenze zwischen Anpassen und Verrat der eigenen Werte ist da wohl fließend.

Ob es leichter gewesen wäre, wenn Astrid einen deutschen Mann geheiratet hätte und Wadi eine Libanesin, darüber haben die beiden sich nie Gedanken gemacht. »Für mich war immer klar: Wir gehören zusammen«, sagt Astrid. »Natürlich gab es Krach, und ich dachte, jetzt will ich nicht mehr. Aber dann haben wir geredet und dann war es wieder gut.«

Bald haben die beiden 50. Hochzeitstag. Und Astrid wünscht sich nichts mehr, als dass die beiden dann endlich kirchlich heiraten können. Heute geht das ja auch ohne dass Wadi getauft ist.

»Apropos Hochzeit«, unterbricht mich Marike. »Ich glaube, wir müssen hier langsam mal fertig werden.« Dann steht sie auf und greift nach ihrem Kleid. »Wer hilft mir hier rein?« Sonja und ich drapieren den Unterrock, bringen die Träger an die richtige Stelle. »So«, sage ich zufrieden. »Bauch rein, Brust raus!«

»Jetzt bin ich doch tatsächlich ein kleines bisschen aufgeregt«, sagt Marike.

»Du machst das schon.« Ich drücke sie vorsichtig.

Dann gehe ich hinunter zum See. Dort sind bereits alle versammelt. Opa Willi ist da, Marikes Mutter, Schwiegermama Victoria natürlich, die 24 anderen Spanier, die deutschen Freunde – und auch Roberto hat es geschafft, seinen schwarzen Anzug rechtzeitig anzuziehen und die schmale Krawatte umzubinden. Jeder sucht nach einem schattigen Platz unter den Bäumen, die Spanierinnen fächeln sich Luft zu. Wer hätte gedacht, dass uns die Hitze zu schaffen machen würde?

Nur Roberto kann nicht still stehen: Er tigert auf und ab, den Zettel mit seinem Gelöbnis in der Hand. Ich bin wirklich froh, jetzt nicht in seiner Haut zu stecken. Schließlich sind alle Augen auf ihn gerichtet.

Da ist es doch viel schöner, sich entspannt zurückzulehnen und anderen dabei zuzuschauen, wie nervös sie sind. Allerdings ist man mit gut 1,80 Meter Körperlänge und blonden, frisch drapierten Locken auf einer deutsch-spanischen Hochzeit auch als Gast eine kleine Attraktion. Die spanischen Männer gucken mir zuerst auf die Brüste – die sind schließlich mehr oder minder auf Höhe ihrer Augen –, dann auf die Schuhe, um zu sehen, wie hoch meine Absätze sind, und dann wieder nach oben – in Kenntnis der geringen Absatzhöhe jetzt mit einem doch etwas verstörten Gesichtsausdruck.

Meine Aufgabe ist es nun, alle in einem Halbkreis aufzustellen. Wir schauen zum See und zu dem riesigen Strauß Blumen, der auf einem Tisch mit weißer Decke steht. Als das Streichquartett einsetzt, drehe ich mich um, und mir läuft ein kalter Schauer den Rücken herunter. Oben am Schloss erscheint Marike, ganz in Weiß, mit den blauen Blüten im Haar und einem bunten Strauß Gartenblumen in der Hand.

Für solche Fälle habe ich immer ein paar Rechenaufgaben parat. 571 plus 693 minus 259. Ist? Genau: 1005. Ja, ich bin nah am Wasser gebaut und bei jeder »Nur die Liebe zählt«-Sendung sofort bereit, hemmungslos zu weinen. Also rechne ich – das lenkt ab. Man sollte das übrigens nicht zu oft machen. Ich habe mal gehört, dass sich dann im Hirn andere Verknüpfungen ergeben können: dass man irgendwann, sobald man rechnet, anfängt zu heulen.

Ob das stimmt, weiß ich nicht. Was ich weiß ist, dass Roberto den Trick mit dem Rechnen noch nicht kennt: Seine Augen werden immer feuchter, als Marike strahlend die Wiese hinunterläuft. Sie vergießt übrigens kein einziges Tränchen – sehr souverän.

Als das Streichquartett zu Ende gespielt und Roberto seine Fassung wiedererlangt hat, beginnt die Zeremonie. Ich soll nun auch meine kleine Rede halten. Normalerweise ist das ja kein Problem – aber bei Hochzeiten gerate ich leider immer etwas außer Kontrolle. Also: Schnell noch eine Rechenaufgabe lösen, Tränen runterschlucken, und dann immer schön Marike ansehen. Die strahlt nämlich auch dann noch, als die Gäste mit ihrer Rührung kämpfen. Ich erzähle Marike und Roberto also ein paar schlaue Gedanken, die sich andere Leute über die Ehe gemacht haben. Dann hält der spanische

Trauzeuge eine Rede auf Spanisch. Schließlich sind Marike und Roberto dran. Da kein Pastor und kein Standesbeamter dabei ist, halten auch sie eine kleine Rede und fragen sich am Ende einfach gegenseitig: »Möchtest du dein Leben mit mir teilen?«

»Ja«, antwortet Marike. Roberto versucht ihr daraufhin den Ring anzustecken, scheitert aber zunächst an Marikes von der Wärme leicht angeschwollenen Fingern. Mit etwas Nachdruck klappt es schließlich, und dann darf auch Roberto »Si« sagen. Er bekommt seinen Ring – und dann einen innigen Hochzeitskuss.

Victoria möchte ihrem Sohn natürlich als eine der Ersten gratulieren. Sie nimmt Robertos Gesicht in beide Hände, um ihn schließlich, immer noch mit feuchten Augen, ausgiebig zu herzen.

Doch dann ist es mit der Rührseligkeit schnell vorbei: Auf der Terrasse wartet nämlich schon das ganze Schweinebein, das Victoria und Juan mitgebracht haben, ein exzellenter Schinken. Während Robertos Bruder mit einem riesigen Messer hauchdünne Scheibchen davon abschneidet, Victoria die Delikatesse den Gästen serviert und sich die allgemeine Aufregung langsam legt, gerät einer immer mehr in Wallung: Opa Willi. Schließlich hat er seit Wochen auf seinem Schifferklavier »La Paloma« geübt und seinem großen Auftritt entgegengefiebert. Während alle noch an ihren Sektgläsern nippen und etwas spanische Gazpacho probieren, tritt er mit breitem Grinsen aus dem Schloss, winkt Marike und Roberto zu sich heran, und haut dann in die Tasten. Opa Willi steht so unter Strom, dass er mindestens fünf Zentimeter größer ist als sonst, er spielt mit vollem Körpereinsatz, seine weißen Haare schwingen im Takt, sein Gesicht ist so rot wie ein Feuerwehrauto. Und direkt neben ihm, den Arm um seine Schul-

tern gelegt, schunkeln: Juan und Victoria. Mit keinem Wort können die drei sich verständigen. Aber eines können sie: zusammen singen. »Ay chinita que si, ay que dame tu amor!« Victoria breitet die Arme aus, strahlt über das ganze Gesicht – und die Spanier grölen und pfeifen.

Vergessen sind Opa Willis Sorgen, dass er wegen des ausfallenden Kaffees und Kuchens hungern müsste. Vergessen sind auch Marikes und Robertos Angst vor streikenden Fluglotsen, vor 15 Grad, Regenwetter und einer Trauung unter Hirschgeweihen. Es wird ein rauschendes Fest. Julius, Hannes, Paul, Anna und ich bringen unser Stück einigermaßen fehlerfrei über die Bühne. Roberto bedankt sich bei seiner neuen deutschen Familie mit einer Rede, die er zwar selbst nur zur Hälfte versteht (seine Deutschlehrerin hat ihm geholfen), die ihm aber unter den Spaniern (die natürlich noch nicht einmal wissen, worum es geht) einen Ruf als Sprachgenie einbringt. Victoria legt mit ihren Söhnen einen heißen Flamenco aufs Parkett, irgendwann geht die Lampiongirlande auf der Terrasse in Flammen auf und Opa Willi läuft wie beseelt von Tisch zu Tisch und schäkert mit den Spaniern. »Ich habe neun Enkel«, sagt er immer wieder. Dabei stimmt das nicht mehr. Seit diesem Abend hat er noch einen zehnten aus Spanien.